정조가
묻고

다산이
답하다

養民

정조가 묻고 다산이 답하다

신창호 지음

판미동

머리말

정조와 다산, 오늘날 그들이 주는 메시지

1

새천년을 맞이한 것이 엊그제 같은데, 벌써 21세기도 4분의 1을 지나가는 시점이다. 이 시간의 흐름 동안, 대한민국 사회는 얼마나 진보했을까? 진보하는 가운데 필연적으로 발생하는 퇴보는 또 어느 정도였을까? 진보이건 퇴보이건, 그 걸음걸이가 삶을 풍요롭게 만들었을까? 시간과 공간이 인생의 경위經緯를 엮어 가는 세월이 쌓이면, 그만큼 인간도 단련되기를 기대하게 된다. 하지만, 세상이 복잡해질수록 생각도 함께 복잡해져 얽히는 법이다.

2

얼마 전, 대통령을 파면하는 탄핵 선고가 있었다. 대한민국 헌정사에서 벌어진 세 번째 탄핵 심판이었다. 직접 선거에 의해 선출된 국가수반, 즉 대통령이 탄핵의 대상에 오른다는 것은 대단히 큰일이다. 그것만으로도 국민의 한 사람으로서 의미심장한 성찰의 계기를 제공받게 된다.

어떤 부류는 탄핵 반대를 외치고, 또 어떤 부류는 탄핵 찬성을 외친다. 이 타협하기 힘든 전투의 현장은 무엇을 의미할까? 민주民主와 법치法治를 중심에 놓고 볼 때, 후진성을 면치 못하는 국민이 막무가내로 저지른 국가적 수치일까? 아니면, 국민의 민주적 성숙도가 제대로 발동한 주권의 참모습일까?

21세기에 들어서면서, 대한민국은 당당하게 경제협력개발기구인 OECD 국가의 대열에 합류했다. 이른바 경제적 선진국이 된 것이다. 그런데 세계적으로 신뢰를 받을 만큼 성장한 나라에서, 대통령 탄핵 사건이 세 번이나 일어나고, 그 가운데 두 번은 대통령이 파면되었다. 선진국에서, 이렇게 단기간에, 이런 일이 벌어질 수 있는가?

파면은 잘못을 저지른 사람에게 직무나 작업을 중지시키는 일이다. 공무원의 경우, 관직을 박탈하는 행정처분이다. 그 누구를 막론하고, 부여된 역할과 기능을 제대로 수행하지 않고 책임을 소홀히 하며, 사적 이익에 매달려 국민에게 신뢰를 주지 못하고 국민을 배신하거나 배반했다면, 파면당하는 것은 마땅하다. 당연히 그래야 한다! 그렇지 않다면, 그런 나라는 민주주의나 법치가 존재하지 않는 낙후된 국가일 뿐이다. 반대의 경우도 마찬가지다.

세계가 인정하는 선진국 대한민국에서, 국격國格에 맞지 않게, 왜 이런 일이 벌어졌을까? 아무리 생각해도 지혜가 없는 어리석은 자들이 지도자 행세를 하며 '혹세무민惑世誣民'을 한 것 이외에 다른 이유가 떠오르지 않는다. 그것은 지도급 인사가 갖추어야 할 자질과 품격을 저버린 것이며, 정치철학의 부재와 정책 수행의 나태함을 드러낼 뿐 아니라, 국민의 다양한 요구에 개방적으로 접근하지 않았음을 보여 준다.

대한민국 지도급 인사들의 공부가 이렇게도 미비한가! 모름지기 지도급 인사는 역사를 알아야 한다. 철학을 가져야 한다. 임무를 정확히 파악하고, 자신에게 충실하며 타자를 배려해야 한다. 그것은 자신의 임무와 관련된 선행 사례를 조사하고 탐구하여 검토하면서, 시대정신에 맞게 반영하려는 의식적 활동과 연관된다. 열정을 갖고 배우며 실정에 맞게 정진하려는 노력 없이는 불가능하다.

3

지도자로서, 각 분야의 리더로서, 자질을 함양하고 품격을 체득하는 공부는 필수적이다. 군주주의와 현대 민주주의의 패러다임이 다르기는 하지만, 지나간 시대의 역사가 뼈저린 교훈을 던지기도 한다. 왕정시대에도 '군주-신하-백성' 사이에서 엮어 나가는 삶의 현장은 치열함 그 자체이기 때문이다.

맹자孟子는 "노심자勞心者 치인治人, 노력자勞力者 치어인治於人"이라고 표현했다. 정신노동에 힘을 쏟는 '노심자'와 육체노동에 힘을 쏟는 '노력자'는 분업의 원칙을 통해 서로를 이해하고 배려해야 함을 강조한 것이다. 즉, 노심자는 백성인 사람을 다스리고, 노력자는 임금인 사람에게 다스림을 받는다는 이론이다. 이는 당시 시대 한계상, '지배-피지배'의 구조에서, 강제와 착취, 복종과 순종의 덕목이 삶에 파고들어 있었기 때문에 나올 수 있는 담론이었다. 그러나 그 엄격한 계급 질서 속에서도 보살핌과 애착, 포용과 동정심의 덕목이 스며들어 있었다. 군주는 백성을 사랑하는 데 온 힘을 기울이고, 백성은 군주를 존중하며 충성을 다했다.

당시 사람들은 '책문策問/策文'이나 '상소上疏'라는 의사소통 체계를 통해 민생, 즉 삶을 위한 정책을 고민했다. 조선 역사를 볼 때, 과거 시험을 통해 중앙 정계에 지도자의 길로 나아간 사람과 지역에서 지도자나 야인 학자들이 내놓았던 책문과 상소는, 당시 사회를 이끌어 가는 데 크고 작은 힘을 발휘했다. 국가의 정책 대안으로서 심각하게 논의되기도 하고, 정치를 구현하는 과정에서 의미 있는 충고와 격려가 되기도 하였다.

4

특히, 조선 후기의 정조正祖와 다산茶山은 특별한 군주와 신하의 관계였다. 왕과 관료일 뿐 아니라, 당대 최고의 학자學者였다. 게다가 서로의 뜻이 맞아, 다양한 영역에 걸쳐 국가의 대소사에 관한 의견을 주고받으며 국가 운영의 대책을 고심했다.

세상을 떠나기 전 10여 년간, 40대의 원숙기에 이른 정조는 다산과 정치 문답問答을 즐겼다. 아니, 정치 구현의 마당에서 끊임없이 밀려오는 고민을 해결할 돌파구를 찾아 가슴 졸였다. 이를 기다리다 응하기라도 하듯이, 20대 후반에 과거 급제를 하고 30대의 혈기왕성한 다산은 정조의 총애를 받으며, 곁에서 성심껏 보좌했다. 이 두 천재는 어떤 문답으로 자신의 의견을 펼치며, 국가의 비전을 제시했을까?

그들이 문답하며 던진 정책 대안은, 국정 전반에 관한 고민과 대책으로 이어졌다. 인재 등용을 비롯하여 문교文敎 정책, 적폐 청산, 농업 정책, 재난 구제, 지리, 소금, 운송, 국방 등 국가의 핵심 정책이 거론되었다. 이 모두는, 국가의 번영과 국민 생활의 풍요로움을 소망하는, 인간으로서 염원할 수 있는, 최고 최대의 간절한 기도였다. 철저하게 공공의 이익을 위한 열정과 노력이 투영되었다. 이들의 문답과 대화는 아무런 부담 없이 차 한잔 놓고 즐기는 잡담이 결코 아니었다. 역사적 근거와 실증적 사례를 들어 실용적 노선을 표방하고, 현실을 직시하여 정확히 반영하려는 의지가 녹아들어 있었다.

이는 시대를 막론하고 응용應用 가능한 보편적 원리로 드러난다. 예를 들면, 과거에 가장 중요한 산업이 자연지리에 의존하는 농사였다면, 현재는 첨단 기술에 기반한 정보산업이다. 먹고사는 수단과 방식은 달라졌지만, 먹고산다는 원리는 변함없이 동일하다. 문제는 현대적 응용이다. 이는 시대정신을 확인하고, 그에 맞추어 새롭게 빚어내는 창의적 활동이자 비전을 제시하는 것으로 완성된다. 지도자에게 가장 필요한 덕목은 사람들이 잘 살아갈 수 있게 해 주는 '삶에 관한 비전'이기 때문이다.

정치, 경제, 사회, 문화, 역사, 교육 등 다양한 분야의 지도자로 나서는 사람들은, 정조와 다산의 애민愛民과 민생民生의 방식을 한번 챙겨 보기를 간절히 바란다. 꼭 지도자가 아니더라도 우리 모두는 이 사회의 일부를 각자 책임지고 있다. 그러므로 마땅히 눈을 부릅떠서 보고, 귀를 기울여 듣고, 생각을 담아 곱씹고, 마음을 펼쳐 실천하기 위하여 다시 한번 들춰 보시면 좋겠다. 실제적이고 실질적인 정책의 원리 원칙들이 어떻게 점차 더 깊이 있게 고민되었는지 확인할 수 있을 것이다.

5

이 책은 『여유당전서』 제4책(문집3)과 『다산시문집』 제8권과 제9권의 「대책對策」 「책문策問」에 실린 내용 가운데 주요 부분을 발췌하여 번역하고, 현대적 의미를 보충하여 해설한 것이다. 원문은 정조와 다산의 문답이 상당히 복잡하게 얽혀 있다. 가독성可讀性과 현대적 의미를 더하기 위해 원문의 순서를 조정하여 재배치하고, 필요한 부분은 현대적 개념으로 바꾸기도 하며, 간략한 설명과 각주를 보탰다. 내용과 상황에 맞추어 각 장의 제목이나 주제를 현대식 문장으로 정돈하였다. 그리고 다산을 이해하는 데 도움을 주기 위해, 부록으로 '다산 정약용의 일생'을 재정돈하여 붙였다.

사학자 에드워드 카E. H. Carr가 얘기했듯이, "역사는 현재와 과거 사이의 끊임없는 대화다!" 과거 조선의 '정조가 묻고 다산이 답한' 그 시절의 역사는 현재 대한민국에서 '국민이 묻고 정부가 답하거나 정부가 묻고 국민이 답하는' 이 시대의 역사와 소통하며 대화해야 한다. 대한민국 국민이 안정과 평화와 행복을 누릴 수 있도록, 국민주권시대의 민생을 위한다면, 더욱 간절하게 역사의 교훈을 점검해야 한다.

 상당수의 지성인이 고심한다. 시대가 혼란스러울수록 근원과 원리원칙을 돌아볼 필요가 있다고 말이다. '대한민국 학보學寶'라고도 하는 정약용, 그의 책문에서 근원의 양식을 조금이나마 읽을 수 있으면 좋겠다는 바람이다.

2025년 4월 곡우절
안동 시우실時雨室 망천서재輞川書齋에서

신창호

차례

머리말 정조와 다산, 오늘날 그들이 주는 메시지 … 5

1부 뜻이 맞는 사람과 함께 세상을 만들다

인재 선발의 막중함을 잊지 말라 … 17
전문성을 살리는 인사 정책을 만들어 보자 … 21
사람을 쓰임 있는 곳에 바르게 쓰다 … 27
숨어 있는 인재를 발굴하라 … 36
문장에는 시대정신이 녹아 있다 … 40
우리의 언어와 문장을 반성해 보라 … 46

다산의 질문① 나라의 폐단을 어떻게 바로잡아야 하는가
다산의 질문② 재야 및 지방의 선비들을 살펴보라

2부 함께 잘사는 나라를 꿈꾸다

먹고산다는 것, 경제적 번영을 고민하라 … 69
생산은 하늘과 땅과 사람의 일이다 … 73
아쉬움이 없도록 근면함을 깨우라 … 77
풍요로운 사회를 꿈꾸다 … 83
먹고사는 일에도 이치가 있다 … 87

다산의 질문③ 고난은 함께 헤쳐 나가야 하지 않겠는가
다산의 질문④ 소금에서 국가 운영의 해법을 찾아보자

3부 작은 일에서 나라의 미래를 본다

병사와 농부는 하나다 … 117
해적을 물리치고 경계를 늦추지 말라 … 122
하나된 마음으로 국토를 수호하라 … 128
성곽을 정비하고 국방을 튼튼히 하라 … 131
한반도에 있던 고대 국가들을 기억하라 … 139

다산의 질문⑤ 국방은 어느 모로 보나 최후의 보루다
다산의 질문⑥ 도량형 통일이 공정함의 기초다

4부	지리는 민생경제의 발원지다	173
전국의 균형 잡힌 발전을 이끌다	실정에 맞는 지리 조사와 정책이 필요하다	177
	조선 팔도의 아름다운 발전을 돌아보라	182
	땅의 특성과 세금의 문제를 함께 고민하라	185
	지리는 스스로를 아는 것이다	194
	세상은 너무나 넓지 않은가	200
	흥미로운 신화와 전설을 살펴보다	207

다산의 질문⑦ 수로 운송으로 국가 재정을 튼튼히 하자
다산의 질문⑧ 화폐 개혁, 어떻게 할까

5부	시대에 맞는 경서 해석이 중요하다	231
고전으로 바른 마음을 기르다	경전을 열정적으로 탐독하라	237
	『중용』의 가르침을 실천하라	253
	『맹자』의 교훈에서 배우라	256
	시대에 따라 『맹자』는 다르게 읽힌다	264

다산의 질문⑨ 방위에 스며든 이치를 점검하라
다산의 질문⑩ 대나무를 실용적으로 활용하라

부록	다산 정약용의 일생	289

1부

뜻이 맞는 사람과 함께 세상을 만들다

어떤 일을 시행하건, 차례와 순서, 그리고 질서가 있다. 국가의 정책 대안을 제시할 때도 마찬가지다. 시대정신에 근거하여, '과거-현재-미래'를 꿰뚫어 보며, '단기-중기-장기' 계획과 전망을 논리적으로 구축해야 한다. 그 과정에서, 많은 사람이 동의하며 바르게 기획된 일은 적극적으로 찬성하면서도, 완전히 검증되지 않거나 전망이 불투명한 견해에 대해서는 신중하게 검토하여 조심스럽게 다루어야 한다. 무조건 따라서는 곤란하다. 함께 심사숙고하는 과정에서 충고와 질책을 통해 의미 있는 정책 대안을 창출하여 시행해야 한다.

인재 선발의
막중함을
잊지 말라

'인사人事가 만사萬事다.'라는 말이 있다. 이는 인재를 원칙에 따라 공정하게 선발하고, 능력에 따라 적재적소에 배치하는 등, 인사 문제에 신중해야 함을 지적하는 말이다. 인재 선발과 배치, 업무 수행이 어떠하냐에 따라 국가의 흥망성쇠가 좌우될 수도 있다. 그만큼 인사 문제는 크고 작은 조직과 국가 사회의 중대사 가운데 하나다. 인사청문회를 통해 인사검증을 하듯이, 인격, 자질, 업무 수행 능력, 품성 등 다양한 측면에서 충고와 격려가 요청된다.

정조가
물었다

인재를 얻는 일! 그것은 옛날부터 어려운 일이었다. 더구나 여러 가지 재주를 아울러 갖고 있는 사람을 어찌 쉽게 찾을 수 있겠는가? 한 사람이 문학이나 경제, 그리고 군사에 대해 어떤 영역을 맡기더라도 못 하는 것이 없다면, 이는 여러 재주를 아울러 지닌 사람이다. 어떻게 해야 그런 사람이 많아질 수 있겠는가?

> 다산이
> 답했다

지금 눈앞을 보십시오!

국가가 인재를 기르는 정책에 대단히 소홀히 하고 있습니다. 하지만 사람을 써야 할 곳은 여러 군데입니다. 인재를 선택하는 방법도 매우 엉성합니다. 그러나 사람에게 책임을 지우는 일은 여러 가지입니다. 이렇게 해서야 되겠습니까?

주제넘은 생각인지는 모르겠습니다만, 저는 임금님의 마음 또한 일찍이 인재에 대해 걱정하지 않고, 평화로운 시대에 오직 자리나 채우고 인원만 맞추고 있는 것은 아닌가 하는 의문이 있었습니다.

하지만, 오늘 임금님의 물음이 너무나 간곡한 것 같습니다. 그 큰 뜻은 두 가지로 귀결됩니다. 하나는 '여러 가지 업무를 맡고 있는 사람에게, 또 다른 일을 겸직하게 하여 책임을 지울 수는 없다!'이고, 다른 하나는 '어떤 잡기雜技라도, 곧 보잘것없이 보이는 것일지라도 무엇 하나 버릴 것이 없다!'입니다.

임금님의 말을 듣고 크게 감동받았습니다. 임금께서는 밤낮으로 남들이 모르는 근심과 깊은 염려를 오래도록 이어 오셨습니다. 하지만 구체적인 해결책을 마련하지 못하고 오늘에까지 이르게 된 것은 부득이한 일이었음을 알 수 있었습니다.

제가 감히, 가까운 자신의 몸뚱이에 비유해서 말씀드리겠습니다. 이 두 가지 일은 임금께서도 그 책임의 무게를 느끼지 않을 수 없는 문제입니다.

사람은 우주 자연의 정기를 부여받은 존재입니다. 사지四肢를 부리는데, 어찌 그 쓰임을 발휘하기 어렵겠습니까? 하지만 오관五官이 맡은 일과 육장六臟의 쓰임은 모두 한 가지만을 전문으로 맡고 있어 모든 곳에 두루 통하지는 않습니다.¹ 그러므로 귀는 눈의 역할을 맡지 못하고, 눈은 귀의 역할을 맡지 못합니다. 손으로는 걷지 못하고, 발로는 잡지 못합니다. 간肝은 음식을 소화하지 못하고, 위胃는

1 오관은 다섯 가지 감각 기관으로 눈, 귀, 코, 혀, 피부를 말한다. 육장은 여섯 가지 장기로 간, 심장, 허파, 콩팥, 지라와 심포(心包)를 말한다.

피를 간직하지 못합니다. 왜냐하면, 정기는 하나의 일을 하는 데서 전문적인 기능이 되고, 힘은 두 가지 일을 할 때엔 분산되기 때문입니다. 그러므로 이것을 들어 저것에 사용하려면 기능이 서로 모순되는 폐단이 있습니다.

그러나 한 몸에서도 그 각각의 쓰임새는 어떻게 적응하느냐에 따라 달라질 수 있습니다. 예를 들어, 습관을 들이기에 따라 바뀌면서 선과 악이 나누어집니다. 바른말을 듣고 바른 음악을 듣는 것은 '귀가 잘 길러졌다!'고 할 수 있습니다. 하지만 음탕한 가곡歌曲이나 음악에 빠지면 상황이 달라집니다. 바른 일을 보고 바른 색깔을 보는 것은 '눈이 잘 길러졌다!'고 할 수 있습니다. 하지만 마음이 비뚤어지고 한쪽으로 치우친 글이나 음란한 기예에 현혹되면 상황이 바뀝니다.

모든 것이 그러합니다. 이는 외부에서 들어온 감각들이 사람을 그렇게 억누르는 것이 아닙니다. 사람이 자기 한 몸을 운용할 수 있는 것은, 신령스럽고 밝은 마음이 주재하여 오므리거나 펼치기 때문입니다.

임금님에게 세상의 모든 사람은 한 사람의 몸, 그리고 마음과 같습니다! 그러면 제가 앞에서 비유했던 내용을 다시 낱낱이 종합하여 설명해도 되겠습니까?

문관文官이 군사를 제대로 훈련하지 못하고, 무관武官이 예악禮樂을 제대로 일으키지 못하는 것은 오관五官이 서로 역할을 바꿀 수 없는 것과 같습니다. 임금께서 다스리는 조정의 기강이 문란하여 상황이 수시로 바뀌는데, 사람에게 여러 가지 일을 책임 지운다면 전문적으로 맡은 사업이 원활할 수 있겠습니까?

예악禮樂으로 가르치고, 효도하고 청렴한 사람을 다스리는 일은 한 사람의 몸에 습관을 바르게 들이는 일과 같습니다.[2] 임금님의 가르침과 이끎이 정당성을 잃고 사회 분위기가 경쟁으로 점철되었기에 인재가 양성되지 못하고 있습니다. 이미 없어져 버린 것들을 유치하여 제각기 그 성과를 이루게 하는 것은 다섯 가지 감각기관이 하나도 없는 것과 같습니다. 임금님의 인재 등용이 원만하지 못하여 재주가 뛰어난 사람들이 버려져 있습니다. 인재가 폐기되는 사례가 이렇게나 많습니다. 이 어찌 애석한 일이 아니겠습니까?

인재 등용을 주관하고, 제대로 선발하여, 뜻대로 부리십시오. 임금님의 권한을 최대한 발휘하여 수시로 오므리고 펼치십시오. 제가 앞에서 할 수 없이 "임금께서 책임져야 한다!"라고 말씀드린 것은 간절한 마음에서 나온 말이었습니다. 지금 임금께서 근심 걱정으로 성찰하며 물으시니, 제가 어찌 감히 임금님의 뜻을 널리 알리지 않을 수 있겠습니까!

---

2 '예'는 사회적 질서와 윤리적 행동 규범을, '악'은 음악과 예술을 통한 정신적 조화를 의미한다.

전문성을 살리는
인사 정책을
만들어 보자

오늘날에도 우리는 전문가가 제 역할을 하지 못하고, 자주 바뀌는 자리 이동으로 인해 혼란이 발생하는 현실을 마주하고 있다. 정조와 다산이 비판한 조선의 인사 정책처럼, 직책을 남발하고 겸직을 남용하면 결국 일의 효율성과 전문성이 떨어질 수밖에 없다. 각자의 역량을 고려하여 적합한 자리에 배치하고, 한 분야에서 경험과 전문성을 쌓을 수 있도록 기회를 보장하는 것이 중요하다. 오랜 시간이 지나도 여전히 유효한 이 조언을 바탕으로, 우리 사회의 인사 제도를 함께 돌아보자.

정조가
물었다

중국의 고대 역사를 보면, 법과 형벌에 능통한 고요皐陶는 재판관인 사사士師가 되어 정의를 바로잡았고, 음악에 뛰어난 기夔는 악樂을 맡아 조화를 이루었다. 또한 예법을 깊이 아는 백이伯夷는 예禮를 담당하여 도덕과 규범을 정립하였으며, 농사에 정통한 후직后稷은 곡식을 파종하였다.

이는 고요가 예를 알지 못한 것이 아니고, 후직이 음악에 전혀 어두웠기 때문이 아니다. 다만 저것은 잘했으나 이것은 상대적으로 잘하지 못한 영역을 적용한 것이다. 즉 한 사람을 등용할 때, 모자란 것을 버리고 잘하는 것을 취했기 때문이다. 백이가 사사를 맡고 후직이 악정樂正을 겸했다면, 후세에 어찌 순임금이 사람을 제대로 파악했다고 하겠으며, 어찌 백이와 후직이 본래 자신이 가장 잘할 수 있는 역할을 두고 서로에게 양보한 것이라고 하겠는가?

한나라와 당나라 이후에는 사람을 등용하는 데 그 이전의 제도를 따르지 않았다고 한다. 그러나 역사가들의 기록을 보면, 대개 하나의 벼슬로 평생을 마친 사람이 많았다는 것을 알 수 있다. 관청을 설치하고 직책을 분담시킨 본래의 뜻이 없어지지 않은 것이다. 그런데 어째서인지 요즘 우리나라의 분위기를 보면 모두 이와는 반대로 흘러가는 듯하다.

이조吏曹나 병조兵曹의 업무를 두루 관통하면서 사헌부司憲府에도 나가고, 아침에는 농사를 담당하는 직책을 맡았다가 저녁에는 군대와 관련된 일을 보며, 형조刑曹와 예조禮曹는 당연히 겸직하는 것으로 생각하는 이들이 상당히 많다. 국방을 담당하는 비변사備邊司와 국가의 토목 및 기계를 관장하는 공조工曹는 번갈아 맡는 자리가 되었고, 학문을 연구하는 홍문관弘文館은 한쪽으로는 군대에 관한 일을 수행하는 기관이 되었다. 중앙의 요직을 모두 누리고도 변방의 큰 사령관을 두루 거치는 등, 겸직한 직함이 어떤 때는 열아홉이 넘기도 한다.

재능도 없이 자리만 차지하고 있는 자가 한둘에 그치지 않으니, 이 어찌 인사 정책의 본뜻이라고 할 수 있겠는가? 관직이 넘쳐나지 않을 수 없고, 일이 그르쳐지지 않을 수 없다!

> 다산이
> 답했다

저는 일찍부터 생각했습니다.

'옛날 제왕들이 관청을 설치하여 직책을 분담시킨 까닭은, 결코 사대부士大夫의 이력을 빛나게 하거나 직함을 화려하게 만들어 주기 위해서가 아니다!'

이조吏曹는 현명한 인재를 추천하여 등용하는 곳인데도, 그 자리를 맡기면서 "그 사람은 식견이 있고 공정한 마음을 가졌으니 마땅하다."라고 평가하지 않습니다. 다만 "그 사람은 일찍이 어디의 벼슬을 지냈으니, 자질과 이력이 이조에 맡길 만하다."라고 의논을 끝내 버립니다. 사헌부의 직책은 잘못을 규탄하는 곳인데도, 그 자리를 맡기면서 "그 사람은 풍채와 태도 및 능력이 있고 권력이 있는 세력조차도 가볍게 여긴다."라고 평가하지 않고, "그 사람은 이제 높은 관직에도 올랐으니, 그의 됨됨이가 사헌부의 직책을 맡길 만하다!"라고 말해 버리고 맙니다.

또 농사를 담당한 관리도 자주 바뀌므로 세입歲入이 얼마나 많고 경비가 얼마나 적은지를 담당자가 알 수 없습니다. 병조兵曹의 담당자도 자주 바뀌므로 군대의 일 가운데 무엇을 먼저 처리해야 하는지 징하지 못합니다. 심지어 무관 중에서 누가 쓸 만한지를 재상조차 기억하지 못합니다. 그리고 법률 담당관이 자주 바뀌어, 전임자에게서 결정된 재판이 후임자에게서 번복되어 옥살이나 소송이 신뢰를 잃고 원망이 많습니다.

옛날 정해진 의식儀式이 오늘의 규정에 어두운 것은 예조의 담당관이 자주 바뀌기 때문으로, 의례儀例를 적절히 고증할 수 없습니다. 재정을 관리하는 주사籌司는 당연히 겸직하는 자리가 되었고, 그로 인해 묘당廟堂에서 세운 정책은 제대로 시행되지 못하는 처지가 되었습니다.[3] 또한 국가의 토목과 기계를 담당하는 공조工曹는 잠시 머무는 자리로 전락하여 산천山川에서 생산해야 할 이득이 개발되지 못하고 있습니다.

> 3 묘당은 원래 조종(祖宗)의 신위를 모신 사당을 뜻하는 말인데, 국왕을 직접 보좌하며 나라의 정책을 결정하는 최고 관료들의 회의체를 의미한다. 주로 의정부(議政府)를 가리킨다.

학문을 연구하는 홍문관에 앉아서 군대의 일을 처리하고 있는 사람이 어찌 중국 전국시대 문무를 겸비한 장수인 염파廉頗나 이목李牧과 같은 명장이 될 수 있겠습니까? 더구나, 조정의 요직을 모두 차지하고 중요한 군사적 요충지까지 맡은 사람이 어찌 장수이자 재상을 겸할 만한 훌륭한 인재여서 그렇다 할 수 있겠습니까?

겸직이 열아홉 개가 넘으면 각각의 맡은 바 일은 어찌 되겠습니까? 겨우 말단 행정이나 장부를 정리할 정도의 수준에 불과하게 될 것입니다. 재능도 없이 자리만 차지하고 있는 자가 한둘에 그치지 않으니, 허수아비나 어리석은 자가 자리만 채우고 있을 뿐입니다. 사람 쓰는 일이 이렇게 개념이 없어서야 되겠습니까? 당연히 인재를 구하기가 어렵게 되고, 그러면 자연히 나라도 망쳐지기 마련입니다!

제가 일찍이 정부와 민간의 기록을 두루 살펴보았습니다. 옛날 나라가 발전하던 시대에는 붕당朋黨이 고질병처럼 굳어지지 않았고, 사회 기강도 무너지지 않아 분위기가 좋았습니다. "어떤 훌륭한 분이 중앙에 들어갔으니, 세상의 다행이다!"라고 평하기도 하고, "어떤 간사한 자가 사헌부와 사간원에 들어갔으니, 세상의 근심이다!"라고 평하기도 했습니다. 그때는 발전을 거듭하던 시대였지만, 오늘날은 이마저도 어렵습니다. 어떤 훌륭한 분이 나랏일을 맡는다 한들 세상에 무슨 보탬이 되겠으며, 어떤 간사한 자가 사헌부와 사간원에 들어간다 한들 어찌 세상을 황폐하게 만들겠습니까? 이를 보면, 옛날에 인재를 등용하는 방법이 반드시 이와 같지 않았을 것입니다.

아! 전문적으로 하는 공부가 없어지면서 학문을 익히는 것이 정밀해지지 못하게 되었습니다. 오랫동안 한 사람에게 같은 임무를 맡기는 법이 없어지면서 공적을 쌓아 가지 못하게 된 것이 이와 같습니다. 그러므로 우리나라의 관료들은 낮은 직책에서는 사헌부·사간원·홍문관 같은 삼사三司를 거치고, 높게는 중앙의 요직에 앉아 있으면서도 흐리멍덩한 이들이 많습니다. 그리하여, 자신이 무슨 일을 하고 있는지도 모르는 자가 대부분을 차지했습니다.

다만, 지방 관청에 소속되어 있는 하급 관리, 즉 이서吏胥들만이 오랫동안 같은 자리에서 업무를 담당하고 있기에, 옛날 제도에 훤하고 행사를 진행하는 데도 숙련되어 있습니다.[4] 따라서 굳세면서도 밝고 재간이 있는 관료라 할지라도, 그들에게 여러 문제를 묻지 않을 수 없게 되었습니다. 그러다 보니 자연스럽게 그들의 권력이 세지고 말았습니다. 그들의 간사하고 거짓된 행동이 날로 더해지면서, 세상에는 이런 말까지 유행하게 되었습니다.

"이 땅은 이서吏胥의 나라다!"

[4] 이서는 하급 관리나 행정 실무를 담당하던 아전(衙前)과 서리(書吏)를 가리키는 말이다. 특히 조선 후기로 갈수록 이서 출신들이 세력을 키우고, 지방에서 실권을 행사하면서 부정부패와 연결되는 경우가 많았다.

임금께서는 빨리 이 점을 개혁해야 합니다. 지금의 관리 제도와 인사 정책을 차츰 혁신하십시오!

작은 부서와 낮은 관직에서부터 쓸데없는 것들을 없애고, 하나의 자리만을 두어 전담하게 하십시오! 문반文班과 무반武班의 관리들도 각기 한 사람을 뽑아 오랫동안 임무를 맡겨 책임감을 가지고 일하게 만드십시오! 밖으로는 감사나 수령도 명성과 공적이 있는 사람을 가려, 임기의 연한을 늘려 주십시오.

이렇게 하면, 인재가 모자라지 않게 되고, 사람들이 그 혜택을 받을 것입니다.

사람을
쓰임 있는 곳에
바르게 쓰다

모든 사람은 제각기 고유한 특성이 담긴 자질이나 재능을 지니고 있다. 그것은 장점으로서 한 사람의 능력으로 드러나기도 하고, 단점으로 작용하여 인생을 그르치는 문제가 되기도 한다. 특별한 경우를 제외하고, 훌륭한 지도자의 인재 등용은 간단하다. 사람의 장점과 단점을 파악하면서, 그에 녹아 있는 현명함과 우둔함을 장악하여 실제 쓰임새에 적용하면 된다. 모름지기 사람들에게 이로움을 주는 정치는 쓰임새 있는 곳에 복무할 수 있는 장점과 지혜를 발굴하여, 사람들에게 일할 수 있도록 자부심을 주는 데 있다.

> 정조가
> 물었다

인재를 등용하는 문제가 쉽지 않다. 인재를 뽑는 과정 자체는 치우치지 않고 공정하게 이루어지지만, 막상 뽑고 나면 애초의 의도에서 벗어나게 될까 걱정하지 않을 수 없다.

부모의 덕으로 벼슬을 얻은 무인武人이나 신분적 한계를 안고 살아가는 서얼庶孼, 시골 마을에서 평범하게 살아가는 서민이나 세상에 이름이 알려지지 않은 인재들 중에도 뛰어난 사람들이 많다. 그들은 오랜 세월 경험을 쌓고도, 가난과 설움 속에서 기회를 얻지 못한 채 재능을 펼치지 못하고 있다. 하늘이 인재를 낸 본래의 뜻이 어찌 이러했겠는가?

농부들은 오랜 경험으로 땅의 수맥과 토질을 살피고, 가뭄과 홍수를 미리 예측하며, 몸을 게을리하지 않음으로써 흉년을 거뜬히 극복한다. 이것은 농사꾼의 지혜다. 장사꾼들은 산과 강에서 얻을 수 있는 이익을 잘 분별하고, 물건의 가치를 따져 가며 천 리 밖의 흐름을 빠르게 읽고 솔개처럼 날쌔게 움직여 기회를 놓치지 않는다. 이것은 장사꾼의 용맹이다.

거북 껍데기나 시초蓍草등을 사용하면서 앉아 있는 사람은 복서卜筮에 능통하다.『주례』에도 병을 치료해 주거나 귀신과 접촉하는 일이 기록되어 있듯이, 예로부터 성인들도 의술과 무속을 완전히 배척하지 않았다.

승려들의 경우, 우리 유학의 입장에서 보면 사실 첫째가는 이단異端이다. 하지만, 그들이 실천하는 엄격한 계율과 수행은 보통 사람으로서는 따르기 어려운 경지다. 또한 그들도 선善을 지향하는 마음은 우리와 똑같다고 할 수 있다. 그렇다면 그들을 어떻게 대할지 신중하게 고민해야 할 것이다. 어찌 그저 밀어내고 내칠 수만 있겠는가?

> 다산이
> 답했다

저는 과거시험을 보고, 임금께서 발탁하여 등용한 사람입니다. 그러나 저를 스스로 헤아려 보면 참으로 지식이나 지혜가 텅텅 비었습니다. 저와 같은 사람이 정치를 한다는 것은, 차라리 아예 음직蔭職으로 올라온 하급 관리만도 못한 일입니다. 제가 군사를 다룰 수 있겠습니까, 굳센 활을 잡아당길 수 있겠습니까? 아예 대오隊伍에 편성된 하찮은 병졸만도 못합니다. 그러니 저와 비교하여, 서얼 가운데 재주와 학식이 높고 행실도 뛰어난 사람들과 동일하게 논의할 수 없다는 것은 너무도 당연합니다.

제가 뽐내고 자부할 것으로는 '과거시험으로 관리가 되었다!'라는 과목출신科目出身, 이 네 글자뿐입니다. 여기에 무슨 깊은 이치가 있겠습니까?

과거제도는 수나라 양제煬帝 때 시작되어 당나라와 송나라 시기에 성행하다가 명나라에 이르러 최고조에 이르렀습니다. 각 나라의 임금들은 이 제도를, 주나라 때 각 고을에서 행실이 훌륭한 사람을 중앙 정부에 추천하던 일과 한나라 때 재주와 덕행이 뛰어난 사람을 선발하던 일에서 전해 오는 것으로 여기고, 과거제도를 금석金石처럼 단단히 지켜 왔습니다. 후세에 이를 논의하는 사람들도 그 제도가 확립되지 못하거나 법이 치밀하지 못할까 염려했습니다.

그러나 제가 보기에, 수나라와 당나라 이후로 인재가 날로 사라지고, 법도가 날로 무너져 세상이 하루하루 혼란 속으로 빠져들어 구제할 수 없게 되었는데, 그 까닭은 다른 게 아닙니다. 과거제도를 자세히 살펴보면, 사실 한나라 때의 홍도문鴻都門에서부터 그 폐해가 비롯되었습니다. 허나 후세의 임금들이 이러한 문제를 충분히 살피지 못하고, 나라를 다스리는 큰 정책으로 삼아 주나라와 한나라의 번영을 능가하려고 했습니다. 이에 관하여 자세히 말해 보겠습니다.

후한後漢의 영제靈帝 때인 178년에 홍도문 안에 학교를 설치했다는 기록이 있습니다. 그 학교에서 공부한 사람들은 짧은 편지글 문체인 척독尺牘, 운韻을 달아 한시를 짓는 사부詞賦, 전서체로 쓴 글씨인 전서篆書와 같은 과목 시험을 거쳐 주州·군郡 또는 삼공三公의 추천으로 선발되었습니다. 그 뒤에도, 홍도문의 학교 출신 가운데 외관外官이나 내직內職에 등용되는 사람들이 있었지만, 제대로 된 학자들은 홍도문의 학교에서 공부하는 것을 부끄럽게 여겼습니다.

당시에 재앙으로 인한 변고가 자주 일어났는데, 영제가 저명한 학자였던 채옹蔡邕에게 그 까닭을 물었습니다. 그때 채옹이 다음과 같이 말했다고 합니다.

"홍도문에서 사부詞賦 짓는 것을 중단시켜 임금님의 걱정하시는 마음을 하늘에 보이십시오. 요즘 관리를 뽑을 때, 높은 관직에 있는 삼공三公에게 책임을 맡겨 놓았지만, 그들이 신중하지 않아 하찮은 글재주를 가진 자들이 선발됩니다. 임금께서는 이들을 막아 하늘의 바람에 보답하십시오!"

아! 깊이 생각하지 못하고, 엉성하게 인재를 선발한 폐해가 이렇게 큽니다. 세상의 법도를 바르게 만드는 데 뜻을 둔 사람으로서, 어찌 책을 덮고 개탄하지 않을 수 있겠습니까?

잘 살펴보십시오. 이쪽에서 추천한 사람은 나라에서 등용하고, 이쪽에서 추천하지 않은 사람은 나라에서 버립니다. 도대체 이게 무슨 일입니까?

선조宣祖 이후, 산림山林에 묻혀 있던 선비가 중앙의 관료로 등용되는 일이 잦아졌습니다. 이를 아무렇지 않게 여기고 자연스럽게 여기는 사례도 많아졌습니다. 그러나 이들이 실제로 한번 세상에 나오게 되면, 이들을 향한 맹목적인 욕설이 뒤따랐고, 대부분이 이를 회피하며 불안해하여 물러나 버리는 탓에 끝내 실효가 없었습니다.

지금, 과거제도 이외에도 실력 있는 이들을 등용하는 길을 별도로 열어 놓으십시오! 그리고 음직蔭職으로 등용된 사람 중에도 청렴과 재주가 드러난 사람을 가려 중요한 일에 참여하게 하십시오. 각 지방이나 도道에서 추천한 학자에 대해서도 배려하십시오. 도마다 큰 읍邑에 별도로 관원을 두는 것도 괜찮습니다. 예를 들어 훈도訓導는 조선 건국 초기에 있었던 제도인데, 빈자리가 생기는 대로 보임시켜 수령을 돕게 한 다음, 그 성적을 보고 중앙 정부의 관직에 등용하는 것입니다. 그리하면 재주 있는 사람이 버려지지 않고 묻혀 있던 선비들도 차츰 떨쳐 일어날 것입니다.

무관武官에 대해서는 지금 개혁할 필요는 없다고 생각합니다. 그들의 경우, 요직을 두루 거치지는 못하지만, 뜻은 충분히 펼 수 있기 때문입니다.

서얼들의 벼슬길을 제도적으로 막아 둔 데 대해서는 역사적으로 아무런 근거가 없습니다. 제가 일찍이 송나라 사람들이 세상에 대응한 모습을 살펴본 적이 있습니다. 유명한 정치가였던 한기韓琦의 어머니는 청주淸州의 계집종이었습니다. 정치가이자 문학가였던 범중엄范仲淹은 어머니가 다시 시집가는 집으로 따라가 계부繼父의 성姓인 주씨朱氏를 썼습니다. 그러다가 한림翰林이 되고 난 후, 표表를 올려 성姓을 회복해 주도록 요청했습니다. 유명한 학자인 소옹召雍은 형제 세 사람의 성姓이 각기 달랐습니다. 송나라의 법이 우리나라의 풍속과 같았다면, 한기나 범중엄의 공훈과 사업은 끝내 이루어질 수 없었을 것입니다. 소옹의 경세학經世學도 학문으로 인정받지 못했을 것입니다.

관리를 등용하는 법규를 때에 따라 바꾸는 것도 알 수 없는 일입니다. 촌락의 서민들과 함경도·황해도·평안도 등 서북西北지역에 사는 소외된 선비들에게도 별도의 방법을 강구해 주십시오. 제각기 자신의 재능을 펼칠 수 있는 길을 열어 놓으십시오. 그리하여 지방이나 신분을 가리지 않고 훌륭한 인물을 중앙의 관리로 등용한다면, 임금님의 정치가 세상에서 바라는 뜻과 부응할 것입니다.

예로부터 신분이 낮거나 사회적으로 천대받던 직업을 가진 사람들 중에서도 뛰어난 정치적 식견과 전략을 갖춘 이들이 있었습니다. 몇 가지 역사적 사례를 들어 보겠습니다. 중국 은나라의 이윤伊尹은 농사꾼 출신이었으나 탕湯임금에게 등용되어 나라를 안정시켰고, 춘추시대 초나라 사람이었던 범여范蠡는 장사꾼 출신이었지만 월나라에서 활약하며 강대국으로 만드는 데 기여했습니다. 이처럼 꼭 양반이나 학자 출신이 아니더라도, 세상을 경영할 능력이 있는 사람이 얼마든지 있었습니다.

그러나 반대로, 세상과 동떨어진 길을 선택한 사람들도 있었습니다. 한나라 때의 엄준嚴遵은 점술가로 숨어 살았고, 초한전쟁 당시 말솜씨로 이름을 날렸던 괴철蒯徹은 무당이 되었습니다. 이들은 현명하면서도 세상을 등졌고, 정의를 이야기하면서도 기이한 행동을 일삼았습니다. 엄준은 별자리와 허황된 이야기로 사람들을 미혹했고, 괴철은 앞뒤 근거 없는 말로 사람들을 선동하여 나라의 충성과 도리를 흐트러뜨렸습니다. 결국, 이들은 시대를 올바르게 이끄는 데 기여하지 못하였기에, 좋은 사람으로 남을 수 없었습니다.

승려들도 부적을 팔거나 염불로 기적을 일으킨다고 속이며 사람들의 믿음을 이용하는 것을 보면 마찬가지입니다. 사회를 바로잡기는커녕 도리어 혼란을 부추긴 경우가 많았습니다. 예를 들어, 임진왜란 때 서산대사西山大師는 신비한 능력으로 물을 뿜어 불을 끄고, 바람과 비를 마음대로 다뤘다는 이야기가 전해집니다. 하지만 이는 마술이나 술수에 불과하며, 기이한 현상으로 사람들을 현혹한 것뿐입니다. 이치를 아는 사람이 보면 전혀 신기할 것이 없는데도, 이런 이야기들이 전해지면 사람들은 이를 맹목적으로 믿고 따라가곤 합니다.

이런 사례들을 보면, 능력 있는 사람이 반드시 높은 신분에서 나오는 것은 아니지만, 그렇다고 해서 허황된 말과 술수로 사람들을 미혹하는 것이 바람직한 길도 아니라는 것을 알 수 있습니다. 이와 같은 무리를 정부에서 한번 높여 주거나 장려한다면, 사람들이 모두 여기에 휩쓸려 깨우치기 어려울 것입니다. 오직 준엄한 말씀으로 배격하여 내쳐 끊으시고, 몽매한 자들을 활짝 열리게 하셔야 합니다.

지금 임금께서 "우리 유학의 입장에서 보면 사실 첫째가는 이단異端

이다. 하지만, 그들이 실천하는 엄격한 계율과 수행은 보통 사람으로서는 따르기 어려운 경지다. 또한 그들도 선善을 지향하는 마음은 우리와 똑같다고 할 수 있다. 그렇다면 그들을 어떻게 대할지 신중하게 고민해야 할 것이다. 어찌 그저 밀어내고 내칠 수만 있겠는가?"라고 하시니, 저로서는 개탄하는 마음을 금할 길이 없습니다!

임금께서 즉위하신 초기에 바로 무당을 몰아내고 승려를 부정하도록 하시어, 지금까지 도성都城 안의 출입을 불허하셨습니다. 이는 임금님의 훌륭한 덕이자 역사에 빛나는 일입니다. 끝내 이를 지켜 처음처럼 동요하지 말도록 하신다면, 국가의 복일 것입니다.

의약醫藥 기술의 경우, 본래 『주례』에 열거된 직책들이 있습니다. 이들은 일찍 죽는 일을 막고, 병을 치료하여, 사람을 오래 살도록 하고, 생명을 보호하는 역할을 했습니다. 이는 참으로 인간 사회의 중요한 책무이자 국가의 큰 정책입니다. 그런데 이 법도에 대한 지속력이 완전히 없어졌습니다. 부끄러움을 모르는 천박한 무리가 날조하듯 처방하여 병의 근원과 약재의 성분도 분별치 못한 채 의료 행위를 자행합니다. 그런 상황에서 10명 가운데 7~8명을 죽게 만드는 일도 생기니, 걱정거리가 이만저만이 아닙니다.

아! 의학에서 말하는 장臟·부腑·맥脈·낙絡의 깊은 이치를 관찰하고, 온溫·량凉·보補·사瀉의 오묘한 작용을 분간하기란, 비록 이치에 환하고 식견이 넓으며, 정미하게 생각하고 세밀하게 살피는 사람도 오히려 밑바닥까지 연구해 내지 못할 것입니다. 지금의 의료 기술을 행하는 자들은 '어魚'자와 '노魯'자를 거의 분간하지 못할 정도로 무식합니다. 방망이와 방패를 식별하지 못하고, 글을 몰라 편지 한 장도 주고받지도 못하며, 하나둘의 숫자도 헤아리지 못할 정도의 식견을 가지고 있습니다. 사람을 죽이고 살리는 큰 권한을 대뜸 이런 무리에게 부여한다면, 어찌 옳은 일이겠습니까?

저는 간절히 기원합니다.

이와 같은 상황을 바로잡아 나라를 구할 방책을 별도로 강구하십시오. 한편으로 정확한 내용을 담은 서적을 구하여 사리에 통달한 학자와 함께 익히도록 하십시오. 그리하여 임금께서 장수하시고, 일반 사람들도 장수할 수 있도록 해 주시기를 간절히 바랍니다.

숨어 있는
인재를 발굴하라

다양한 의견이 충돌할 수 있지만, 건전한 비판과 충고에 의거한 정치적 대립은 사회 발전의 원동력이 된다. 감정적 비난보다 논리적 토론이 우선될 때, 대립은 대결 자체에 머물지 않고 화합과 협력, 배려를 통해 생산적인 결과를 낳는다. 서로 다른 가치관을 존중하며 타협점을 모색하는 것이 건강한 정치의 핵심이다. 상대를 적으로 간주하는 대립이 아니라, 더 나은 해법을 찾기 위한 파트너로서의 논쟁이 되어야 한다.

정조가
물었다

임금이 사람을 등용하는 일은 우주 자연의 활동에 비유할 수 있다. 천지가 만물을 생장시켜 각기 제 곳을 얻게 하되, 그 덮어 주는 것이 치우치지 않고 실어 주는 것이 사사로움이 없듯이 해야 한다. 해日와 달月을 비롯해 화·수·목·금·토 오성五星의 운행 질서인 칠정七政을 가지런히 하여 모든 일이 펼쳐지듯이 말이다. 오늘, 인재 등용의 모습을 보라! 치우쳤는가, 치우치지 않았는가? 사사로웠는가, 사사롭지 않았는가?

사람을 등용하는 방법이 치우치고 사사롭다면, 나라가 어찌 나라

꼴을 유지할 수 있겠는가?

　순임금이 알맞은 자리에 훌륭한 인재를 썼던 사실과 주나라에서 현명한 인재를 임용하는 방법을 본받아야 하리라. 그리하여 그 사람의 재주를 헤아려 직책을 맡기고, 책임을 전담시켜 공적을 쌓을 수 있게 해야 한다. 중앙에 사는 서얼들과 초야에 묻혀 있는 선비들의 재주가 모두 쓰일 수 있도록 해야 한다. 이를 바로잡아 나갈 대책이 없겠는가?

다산이
답했다

　오늘, 임금님의 물음에서 다시 깨달음을 얻습니다. 인재를 등용하는 과정에서 치우치고 사사로운 점이 없었는지 깊이 경계하셨습니다.

　이는 사사로움이 없는 세 가지, 즉 "하늘은 사사로이 덮어 줌이 없고, 땅은 사사로이 실어 줌이 없으며, 해와 달은 사사로이 비춰 주는 것이 없다!"라는 '삼무사三無私'를 받드는 일입니다. 동시에 『서경』「홍범洪範」의 아홉 가지 핵심 가운데 다섯 번째 덕목인 오황극五皇極, 즉 왕이 갖추어야 할 원칙을 세우는 훌륭한 덕이자 최고의 뜻입니다.

　그러나 붕당朋黨을 제거하지 않고서는 임금님의 뜻을 반드시 이루지 못할 것입니다. 붕당은 왜 존재합니까? 붕당은 뜻을 같이하는 사람끼리 모인 집단 아닙니까?

저는 일찍이, 붕당에서 나타나는 불행을 '음식에 대한 경쟁'에 비유하곤 했습니다. 실제로 잘못한 행동은 음식을 독차지한 것에 있었습니다. 그럼에도 불구하고, '어른과 어린이 사이에 누가 먼저 먹느냐, 누구에게 많이 나누어 주느냐 등등, 음식을 앞에 두고 예의와 질서를 따지지 않았다.'라고 말합니다. 실제로 경쟁은 '벼슬이나 녹봉을 누가 차지하느냐?'에 있는데, '의리나 도리를 고려하지 않았다.'라고 말을 합니다. 참으로 웃기는 소리입니다. 그렇게 수식하는 말이 근거가 없는 것은 아닙니다. 하지만, 그렇게 하는 진짜 이유를 살펴보면, 대체로 벼슬과 녹봉을 차지하는 문제에 그칠 뿐입니다.

아! 경쟁에서 결판을 내는 것은 힘입니다.

힘이 부족하면, 자연스럽게 자신을 뒷받침해 줄 지원 세력을 찾게 됩니다. 그리고 후원자가 생기면, 그들과 뜻을 같이하는 하나의 모임이나 집단黨이 형성되기 마련입니다. 그러므로 당黨을 아끼는 마음은 후원을 바라는 데서 생기고, 응원을 바라는 마음은 힘을 합하려는 마음에서 나오며, 힘을 합하려는 마음은 먹을 것을 경쟁하는 데서 나오게 됩니다. 이런 점에 기초하여 인간 세상을 보면, 붕당이 발생한 연유는 나쁘기 그지없는 것입니다. 정말 추합니다.

지금 임금께서는, 이런 점을 깊이 통찰하고 크게 반성하고 계십니다. 이에 탕평蕩平의 정책을 통해, 오래전부터 편당偏黨으로 이어져 온 낡고 나쁜 관습을 한번 씻어 내려고 계획하고 있습니다.

그러나 제가 볼 때, 이런 말씀을 올리면 제가 우매하여 죽을죄를 짓는 것인지도 모르겠습니다만, 감히 생각합니다. 임금께서는 해나 달과 같은 명철함을 지니고 계시지만, 오히려 붕당의 테두리 밖에서 일어나는 일들을 살피지 못하시는 것 같습니다.

　예를 들어, 황해·평안·함경과 같은 서북西北 지방의 사람이나 마을마다 낮은 신분에 처한 사람들을 보십시오. 그들은 일찍이 붕당을 지은 죄도 없습니다. 그런데 탕평의 정책에서 거론조차 되지 않고 있으니, 제가 살피지 못한 것이라고 말씀드린 부분이 바로 이를 말합니다.

　지금 치우치고 사사로운 부분을 개혁하시면, 인재가 비로소 모두 등용되고 국가의 행운이 이보다 더 클 수는 없을 것입니다.

문장에는
시대정신이
녹아 있다

기유년己酉年인 1789년 11월에 정조가 직접 시험을 보았을 때, 정약용이 대답한 문체에 대한 내용이다. 여기서 다산은 사회의 책임 있는 사람들은 문장의 품격, 이른바 문체를 일깨워 가다듬어야 한다고 주장했다. 시대를 막론하고, 문장은 한 사회의 수준을 가늠할 수 있는 거울이다. 인간은 언어로 사물을 표현하고 사상을 정돈하며, 의사소통과 학문의 전수를 통해 문명을 발전시켜 나간다. 그러므로 시대의 요구에 부응하지 못한 문장은 그 사회의 분위기를 어지럽게 만들기 쉽고, 인간의 삶을 퇴폐와 쇠락으로 몰아넣을 수 있다.

> 정조가
> 물었다

　문장은 세대마다 그 시대의 정신을 담고 있다. 시대 추세에 따라 문장의 양식이 높아지기도 하고 낮아지기도 한다. 이런 특성 때문에 문장을 보고 이야기하면, 당시 상황이 어떠한지, 그 세대에 대해 논평할 수 있지 않겠는가?

> 다산이
> 답했다

저는 임금님의 학문에 감탄하고, 그 은혜를 입은 사람입니다. 일찍이 임금께서 가르쳐 주신 것을 가슴에 새겨 두지 않은 적이 없고, 기쁜 마음으로 따르지 않은 적이 없습니다. 그렇지 않아도 즐겁게 초목을 기르는 마음으로 임금님의 은혜에게 보답하기를 바랐습니다. 그런데 문장에 드러난 말로 교육하여 인도하려는 임금님의 교육 방식에, 아랫사람들이 간혹 따르지 않고 의심하는 것 같습니다. 오래전부터 그 원인을 알아보려고 했지만 밝혀내지 못했습니다. 그 이유가 무엇이겠습니까?

임금님은 학문이 높고 명철하여, 경전 이해는 물론 문장력도 탁월합니다. 역대 제왕帝王들이나 초야草野에서 명성을 떨치는 학자일지라도, 그 문턱에 이를 수 있는 사람이 적습니다. 그러므로 학문으로 꽤 이름난 학자들이 유창한 언변으로 정책을 내더라도, 그 수준을 단호하게 구별하고, 취하고 버려야 할 사안을 엄격히 판단하셔야 합니다. 특히, 치우치거나 간사하게 꾸민 말은 임금님의 뛰어난 식견 앞에서 공허한 메아리가 될 것입니다. 함부로 떠들지 못하도록 냉정하게 처리하십시오!

그런데 간혹 의미 없는 말들이 권장되고, 이상한 것들이 선택되는 경우도 있습니다. 마치 잘못된 것임을 알면서도 받아들이고, 그 정교함이나 조잡함을 가리지 않고 좋아하는 듯합니다. 이렇게 되면 수준 높은 토론이나 제대로 된 정책을 만들기가 어려울 것입니다.

저도 빛나는 성인의 가르침이 어떤 방식으로 이루어졌는지 잘 알고 있습니다. 급하게 몰아붙이지 않고 널리 포용하며, 차근차근 길을 열어 가는 방식입니다.

저는 세상의 도리에 대해 다음과 같이 생각해 왔습니다.

'세상은 흐르는 강물과 같아서 한번 흐름이 정해지면 점점 낮은 곳으로 흘러간다. 조그마한 지류일지라도 막지 않으면 마침내 산과 하천을 모두 뒤덮게 된다.'

따라서, 임금께서는 정말 신중하고 유념하셔야 합니다. 지금이라도 치우치거나 간사하게 꾸민 말로 현혹하는 학자들과의 논의를 단절하고, 크게 소통하십시오! 흘러가는 강물에서 그 지류를 가로막고 큰길로 소통시켜야 합니다! 그러면 여러 폐단을 막고 합리적이고 올바른 길을 만회할 수 있을 것입니다.

『논어』「리인里仁」에서 말하지 않았습니까?

"어진 사람만이 사람을 좋아할 수 있고 사람을 미워할 수 있다.惟仁者 能好人能惡人"

어찌 꼭 사람을 쓰는 데만 그런 논리가 적용되겠습니까?

임금님의 뛰어난 문장으로, 최근에 학문하는 사람들이 제멋대로 써 대는 문체를 쇄신하지 못할 리가 있겠습니까? 좋은 것을 펼치고 나쁜 것을 억누르는 권한이 임금님의 손안에 있는데, 임금께서는 무엇을 꺼려 하신단 말입니까.

저는 글에 대해 이렇게 생각합니다. 이 세상에서 가장 훌륭한 글이란, 사물의 형상을 제대로 묘사하고 인간의 감정을 정확하게 표현하는 것이라고 말입니다.' 이른바 '물태物態'와 '인정人情'을 어떻게 다루느냐의 문제입니다. 사물의 형상과 인간의 감정 변화를 잘 관찰한다면, 문체의 변화도 말할 수 있습니다.

제가 사물의 형상을 관찰한 결과, 그것은 간단합니다. 껍데기 속에 있던 것들은 터져 나옵니다. 땅속에서 겨울잠을 자던 것들은 꿈틀댑니다. 똬리를 틀었던 것은 쭉 펴내고, 움츠렸던 것은 날아오릅니다. 정말 우주 자연의 만물은, 제각기 다른 모습이나 모양을 하고 있습니다. 이른바 천태만상千態萬象입니다. 그 까닭을 따져 보면, 모두가 차가움과 따스함, 즉 '냉冷'과 '난暖'의 두 가지 기후에 지나지 않습니다.

또한 인간의 감정을 관찰한 결과도 마찬가지입니다. 청렴하던 자가 완고하고 매정해집니다. 차분하던 자가 욕심쟁이로 됩니다. 유약하던 자가 갑자기 사나워집니다. 담박하던 자가 펄펄 끓는 성격으로 바뀝니다. 이처럼 인간의 정서도 천태만상입니다. 그 까닭을 따져 보면, 모두가 이익과 손해, 즉 '이利'와 '해害' 두 가지 문제에 지나지 않습니다.

문장은 사물의 형상에 근본하고, 인간의 감정으로 발로되는 법입니다. 문체도 이런 원리에 따르지 않겠습니까?

순수하던 사람이 잡종처럼 섞입니다. 수수했던 사람이 화려하게 꾸밉니다. 평이하던 사람이 특별하게 기이한 행동을 합니다. 두텁게 알찬 사람이 천박해집니다. 우아하며 단정하던 사람이 속되고 더럽게 됩니다. 느릿느릿하던 사람이 급박하게 다닙니다. 인간의 모습이 이처럼 형형색색입니다. 사람의 일생은 천변만화千變萬化입니다. 진지하게 그 까닭을 따져 보십시오. 그것은 얻음과 잃음, 즉 '득得'과 '실失' 두 가지 테두리를 벗어나지 않습니다.

세상이 그렇습니다. 차갑게 대하면 세상의 존재들이 따르지 않습니다. 손해를 끼치면 사람들이 모이지 않습니다. 그러므로 차갑게 대하고 손해를 입게 한다면 문체를 변화시킬 수 있습니다.

끓는 물을 차갑게 만들려면, 수많은 사람이 한꺼번에 부채질하여 물을 식히려고 해도, 큰 도움이 되지 않습니다. 근본 원인인 장작을 끄집어내어 불씨를 꺼서 없애 버리는 것만 같지 못하기 때문입니다.

그러므로 임금께서는 근원적으로 한쪽으로 치우친 말이나 간사하게 속여 꾸미는 말을 담은 글이 세상에서 쓰이지 못하게 하십시오! 경직되어 있던 제齊나라가 변하여 유교적 가치를 숭상하는 노魯나라로 되고, 노나라가 변하여 다시 올바른 인간의 법도를 따르게 되는 일은 아주 잠깐 사이에도 이루어질 수 있는 변화입니다.

옛날, 한나라 때, 유학으로 국가의 기틀을 바로잡은 대학자 동중서 董仲舒가 말했습니다.

"유교의 핵심 내용인 예禮·악樂·사射·어御·서書·수數의 육예六藝 과목이나 공자의 가르침이 아닌 것들은 모두 그 길을 끊어라!⁵ 그런 다음에야 학문의 체계가 일정하게 정돈되고, 인간의 도리가 밝아지리라!"

5 '예'는 예절과 의례 규범, '악'은 음악과 춤, '사'는 활쏘기, '어'는 말타기와 수레 모는 기술, '서'는 글쓰기와 독서, '수'는 수학과 계산법을 말한다.

저는 동중서의 이 말을 늘 마음속에 간직하고 있었습니다. 언제 기회가 되면 꼭 임금님께 말씀드리려고 한 지가 오래되었지만 말입니다. 오늘 임금께서 이렇게 물음을 던지며 심각하게 문제 제기하셨으니, 건전한 방향으로 처리되지 않겠습니까?

임금님께서는 바르지 못한 글들이 점차 사라지기를 기대하면서,

이제 세상의 도덕성을 회복하고, 문장의 기풍을 개발하는 핵심을 고민하셨습니다. 아랫사람들의 의혹이 차츰차츰 풀어질 수 있도록, 제가 짧은 견해나마 피력할 수 있게 되어 다행입니다.

우리의
언어와 문장을
반성해 보라

모든 시대에는 전통을 따르는 격식 있는 언어와 대중 사이에서 유행하는 서민의 언어가 존재한다. 서구에서는 라틴어와 여러 민족의 자국어가 그러했고, 조선의 한문과 언문(한글)도 그러했다. 정조와 다산의 시대에도 '패관문학'으로 대표되는 대중적이고 서민적인 경향의 문화가 있었다. 다산은 이러한 풍토에 대해 지나치게 가벼워지거나 얕은 의미를 전달하게 될까 염려하였다. 그런 문장들이 사람들의 주목을 끄는 것에 비해, 숨겨진 깊은 가치나 신중한 사고를 그 안에 담기 어려울 수도 있기 때문이다.

정조가
물었다

 가을에 물이 큰 강으로 모여 천리를 도도하게 흘러가는 듯한 힘 있는 문장도 혼란한 시대를 만나서 그 추세를 바르게 이끌지 못했다. 반면 얇은 비단을 곱게 다듬은 듯한 섬세한 문장은 겉보기에 아름다워 보이는 데만 집중한 듯하였지만, 오히려 평온한 시대의 재상宰相이 되기에 손색이 없었다.

이런 점에서 볼 때, 문장의 특색에 따른 이익과 손실은 시대의 흥망성쇠와 관계가 없는가?

다산이
답했다

당송팔대가唐宋八大家의 한 사람인 한유韓愈는 강직한 문장으로 시대를 바로잡으려 했지만 결국 큰 영향력을 미치지 못했습니다. 반면, 같은 시대의 장구령張九齡은 문장을 세련되게 다듬고 겉만 꾸미는 데 능했습니다.

두 사람의 사례를 보면, 가늠할 수 있습니다.

한유는 뛰어난 문장력을 가졌지만, 정치적으로 인정받지 못해 낮은 관직에 머물렀고, 지방으로 좌천되기도 했습니다. 이에 「진학해進學解」라는 글을 지어 사람들을 가르치려고 했으나 끝내 현실 정치를 바꾸지는 못했습니다. 그러나 장구령은 세상이 돌아가는 정세나 기미에 밝았습니다. 특히, 안녹산安祿山이 반란할 기미를 미리 간파한 높은 식견이 있었습니다.[6]

문장가들이 서로 헐뜯고 배척하는 말이야 어찌 믿을 수 있겠습니까? 그들의 행적을 들어 논의한다면, 모두 모질게 대할 필요는 없다고 생각합니다.

[6] 장구령은 당나라 현종 시대의 명재상으로, 문학적으로도 당대의 중요한 시인이었으나 뛰어난 식견을 가진 정치가로 더 높게 평가받는다.

정조가
물었다

세상에서 사용하는 문체를 다양하게 해 보려는 갖은 시도가 있었다. 일반적인 문장을 특색이 없고 수준이 낮은 것으로 생각하여, 그것을 비판하며 '궁체宮體'니 '배체排體'니 하는 문체를 만들었다. 또 원래 있었던 문장을 괴이하게 여겨, 그것을 비판하며 '시학時學'이니 '시문時文'이니 하는 문체도 만들어 냈다.

이는 본디 문장과 문체를 만드는 일이 사람에게 있어 바로잡을 수 없는 것이기 때문인가? 아니면, 간혹 권장하는 과정에서 잘못되어 점차 관습으로 굳어진 것인가?

다산이
답했다

사회 분위기나 정사를 살피기 위해 항간에 떠도는 이야기를 기록한 패관문학稗官文學은 문제의 차원에서 보면, 폐단이 수반되기 마련입니다.[7] 이런 문장들은 크고 작은 사명에 적합하지 못한 경우가 종종 있습니다. 이런 문제에 대해 저는 평소에 혼자서 개탄했습니다. 지금 임금께서 이 문제에 대해 거론했으니, 저도 숨기지 않고 말씀드리겠습니다.

별이 갑자기 나타나거나 떨어지고, 무지개가 뜨고 흙비가 내리는 것을 천재天災라 하고, 가뭄이나 홍수로 물이 고갈되거나 둑

---

[7] 패관은 각 고을의 풍속을 알기 위해 둔 사관이다. 패관문학은 패관들이 모아 기록한 민간에 떠도는 이야기에 창의성과 윤색이 가미된 일종의 산문적인 문학양식이다.

이 무너지는 것을 지재地災라 한다면, 패관잡설稗官雜說은 인재人災 가운데 가장 큰 것으로 생각합니다.

음탕하고 추한 어조는 사람의 심령心靈을 방탕하게 만듭니다. 사특하고 요사스러운 내용은 사람의 지혜를 미혹에 빠뜨립니다. 황당하고 괴이한 이야기가 사람의 교만한 기질을 고취시킵니다. 제멋대로 한쪽으로 쏠리는 조잡한 글은 사람의 건장한 기운을 녹여 버립니다.

젊은이들이 이런 문장을 즐기다 보면, 경전과 역사 공부를 울타리 밑의 쓰레기처럼 여깁니다. 재상이 이런 문장을 즐기다 보면, 정부의 중요한 정책도 한번 쓰고 나면 버려지는 물건처럼 여깁니다. 부녀자들이 이런 문장을 즐기다 보면, 길쌈하는 일을 끝내 내팽개치게 될 것입니다.

세상에 어떤 재해災害가 이보다 더 심하겠습니까?

저는 이렇게 주장하고 싶습니다. 지금이라도 국내에 유행되는 이런 부류의 글을 모두 모아 불사르십시오! 그런 부류의 책을 중국에서 사들여 오는 자는 중벌로 다스리십시오! 그렇게 하면, 사악한 글들이 뜸해지고 문체가 한번 새롭게 떨쳐 일어날 것입니다.

임금님의 명령서를 낼 때는 변려체駢驪體를 사용하는데, 그 문장은 옛날 것이어서 쓰는 것이 아닙니다.[8] 큰 나라를 섬기는 사대事大나 이웃 나라와 교제하는 교린交隣에서는 이미 관례로 굳혀진 문체입니다. 이 때문에 지금 갑자기 혁신시킬 수도 없습니다.

제가 당나라와 송나라 때의 변려문을 보았습니다. 평平과 측仄이 서로 사이사이에 교차되어 마치 율시律詩와 같이 정형화된 느

---

[8] 변려체는 중국의 육조와 당나라 때 성행한 한문 문체. 문장 전편이 대구로 구성되어 읽는 이에게 아름다운 느낌을 준다.

낌을 주었습니다. 그런데, 우리나라에도 이런 영향을 받은 문체가 있습니다. 독서당 관청에서 매월 치르는 시험에서, 가끔 이런 문체로 문장을 쓰던 것을 '율표律表'라고 합니다. 그러나 실제로 중국의 변려문은 예나 지금이나 본래 '평'과 '측'에 구애되지 않았는데, 우리나라에만 강박처럼 남아 그것이 있습니다. 이 또한 소견이 좁은 모습을 보여 줍니다.[9]

제가 일찍이 중국의 연경에 보내는 축하의 글인 '하표賀表'나 '하전賀箋' 등을 보았는데, 모두가 똑같은 양태였습니다. 우리나라의 '표'나 '전'은 반드시 저들에게 비웃음 받았을 것입니다. 이 어찌 심히 부끄러운 일이 아니겠습니까?

지금이라도 차라리 국내에서 사용되는 교명이나 사면 문서 등, 여러 문서의 문장에 한결같이 '율표'로 그 격식을 정해 버리십시오! 그러면 이러한 이 문체가 얼마나 부자연스러운지 누구나 깨닫게 될 것입니다. 그것이 오히려 잘못된 문체를 바로잡는 시발점이 될지도 모릅니다.

[9] 평성과 측성은 예전 중국의 시에서 사용되던 성조를 뜻한다. 조선에서는 율시와 같은 느낌을 주는 문체를 잘못 해석하여 경직되어 버렸고, 그걸 좋은 문체라며 시험에까지 썼다고 비판하고 있다.

정조가 물었다

최근에 우리나라의 학문하는 풍토가 점차 다른 모습을 보인다. 학문을 한다는 학자들이 육예六藝의 문체를 본받으려 하지 않고, 자잘한 패관문학에 온 힘을 쏟는다. 그러다 보니 정작 시나 산문을 지어야 할 때는 당연히 변려체騈儷體여야 하기에, 붓을 잡기도 전에 기운이 먼저 풀어져 버린다. 깊은 잠 속에 빠진 자가 가끔 잠꼬대를 늘어놓듯 써 놓고도, 스스로 정밀하게 썼다고 생각하고 오묘한 이치를 터득했다고 떠들어 댄다. 하지만, 실제로는 음식을 담는 그릇인 호로胡蘆도 그리지 못하고, 그릇에 물만 가득 부었다가 던지며 숨바꼭질 놀이나 하는 상황을 연출하는 꼴이다.

이런 문장 수준으로 지방의 정치에 이용하려고 보니, 도리어 학문을 했다고 둘러대기에도 진부하고 현실에 맞지 않는 말만 하게 된다. 중앙 정부에 이용하려고 보니, 크고 작은 명령에도 적합하지 못하다. 내가 이를 민망히 여겨, 경연經筵에서 신하를 대할 때마다 문체를 혁신해야 한다고 되풀이해서 경계를 주었다. 그러나 나의 말을 막연히 받아들여 그 성과가 별로 없다.

시끄럽게 비웃는 나쁜 습관을 일소하고, 모두가 순수하게 바로잡힌 마음으로 돌아가서, 한 시대의 문체를 이룩하여 세상의 관심을 새롭게 하려고 한다. 그 방법이 어디에 있겠는가?

다산이 답했다

아! 우리나라만큼 문장의 품격이 우아하게 정돈되지 못한 데가 없습니다. 요즘과 같이 공식적으로 사용하는 나라의 문체가 날로 피폐해진 때도 없을 것입니다. 그러나 우주 자연의 기운이 돌고 돌아, 지금 임금께서 이런 사회 분위기를 걱정하고 두려워하여, 한번 그 방법을 바꿔 보려 하십니다. 이는 간사하게 왜곡된 쪽으로 흐르는 길을 막고 바른길을 여는 기회입니다.

임금께서 이를 실현하려 하신다면, 어찌 문체가 혁신되지 않을 염려가 있겠습니까? 임금께서 세상의 법도를 주장하며 그것을 시행하는 것은 권선징악勸善懲惡을 위한 일입니다. 그 요점은 오직 취할 것은 취하고 버릴 것은 버리는, 임금님의 권한을 발휘하는 데 있습니다.

옛날 중국 명나라 태조 때, 고황제高皇帝의 문체를 바로잡고자 하는 조서詔書가 있었습니다.

"사실 그대로 쓰기만을 힘쓰고, 화려하게 수식하여 문채文彩를 내는 일을 숭상하지 말라!"

그 뒤로도 문체를 바로잡아야 한다는 논의가 있었습니다. 특히, 양원상楊元祥과 이정기李廷機 등이 모두 다음과 같이 의견을 말한 적이 있습니다.

"세상에서 취할 것은 취하고 버릴 것은 버린다는 의미의 표준을 명시하여, 사람들에게 그 표준을 보고 대강의 추세를 따르게 해야 합니다."

수를 놓은 비단이나 아름다운 구슬과 옥일지라도 임금이 엄격하게 금지한다면, 비단을 입은 자는 옷을 버리게 되고, 구슬과 옥으로 장식한 자는 장식을 헐어 버릴 것입니다. 더구나 겉치레로 꾸미는 경우, 그렇게 한 본인도 그다지 좋아하지 않을 것입니다.

솥이나 제사 술을 담는 데 쓰는 정갈한 그릇이 뜰 가운데 소중하고 가지런히 놓이게 되면, 예쁘기는 하지만 음란하게 만들어진 그릇들이 버림받을 것입니다. 황종黃鍾과 대려大呂의 음악이 당상堂上에서 엄숙하게 연주되면, 희희낙낙하던 배우들의 악극이 폐기될 것입니다.

예禮와 악樂으로 표준을 정하고, 취할 것은 취하고 버릴 것은 버려서 가지런히 정돈해야 합니다. 그렇게 하여 한 시대의 글이 해와 달처럼 명백하고 산악처럼 바르고 크며, 임금님의 글처럼 두텁고 묵직해야 합니다. 양념하지 않은 고깃국물이나 술이라 할지라도 현주玄酒처럼 담담하여, 그 평온하고 우아함이 순舜임금의 음악이나 탕湯임금의 음악을 종묘宗廟나 상제上帝에게 제사하는 곳인 명당明堂에서 연주하는 것과 같게 하십시오! 그러면 젖은 북을 치고 썩은 나무를 두드리며, 반딧불이나 도깨비불을 벌여 놓고 실속 없는 상차림을 늘어놓은 듯한, 저 갈라지고 찢어져 조잡한 것은 모두 없애려 하지 않아도 저절로 없어질 것입니다.

강력하게 건의드리고 싶습니다. 지금이라도 국가나 학교에서 치르는 시험 답안을 모두 이를 표준으로 삼아 엄격하게 적용해야 합니다. 과거시험에서의 답안도 여러 문체를 섞어서 시험한다면, 이른바 산문散文을 전공한 학자들이 안개처럼 무성하고 까치 떼처럼 일어날 것입니다. 어찌 문체가 혁신되지 않을 것을 걱정하겠습니까?

하지만, 제가 감히 알 수 없는 부분이 있습니다. 임금께서 일찍부터 계속하여 경계한 사람은 누구입니까? 막연히 받아들여 그 성과를 모호하게 만든 사람은 누구입니까?

옛날부터 제왕이 큰일을 도모하고 큰 공을 이룩한 데는 일찍이 한

두 명의 어진 재상이 있었습니다. 예를 들면, 요堯임금은 기夔가 아니었다면 요임금이 즐겼던 풍류인 '대장大章'을 만들 수 없었을 것입니다. 주나라 무왕武王은 태공太公이 아니었다면 군사를 다스릴 수 없었을 것입니다. 한나라 고조高祖는 숙손통叔孫通이 아니었다면 조정 의례를 만들 수 없었습니다. 당나라에서는 육지陸贄가, 송나라에서는 구양수歐陽脩가 사람을 뽑고 관리하는 공거貢擧를 맡지 않았다면 문체를 혁신시키지 못했을 것입니다.

오늘날 비록 인재가 막연하기는 하지만, 임금님의 주변을 하나하나 헤아려 보면, 어찌 요임금의 기夔와 같은 신하 한 사람이 없겠습니까?

다산의 질문 ①

나라의 폐단을 어떻게 바로잡아야 하는가

이 글은 과거시험에 시험관으로 참여한 정약용이 작성한 책문策問이다. 특히 낡은 생활양식이나 사회제 등 각종 폐단에 대해 묻는 것을 '폐책弊策'이라 한다. 시대는 변화하게 마련이다. 시간이 지나고, 시대가 바뀌고, 상황이 다르게 전개되면서 '과거-현대-미래', 즉 각 시대의 장단점이 드러난다. 과거는 현재에, 현재는 미래에, 자신의 자리를 내주고, 오랫동안 쌓여온 폐단을 시대정신에 맞게 고쳐 간다. 그것이 역사이고, 삶을 보다 풍요롭게 만들어 가려는 인간의 개혁 의지다.

　물건이 오래되어 망가지는 것을 '폐弊'라 한다. 망가지는 것은 천지의 자연스러운 이치이므로, 오래되었는데 망가지지 않는 물건은 없다. 그러므로 옷이 떨어지면 깁고, 수레가 부서지면 단단하게 고쳐야 한다. 마찬가지로 기계가 망가지면 수리해야 하고 집이 무너지면 보수해야 한다. 그렇다면 국가의 폐단도 깁고 보수할 수 있는가?

　오제五帝의 덕德은 태평시대이므로, 삼황오제三皇五帝의 마지막까지는 폐단 따위가 없어야 하는 것이 마땅하지 않은가!10 그런데 삼황三皇으로 불리는 복희씨伏羲氏·신농씨神農氏·여와씨女媧氏 가운데 신농神農의 시대에 와서 쇠퇴했다고 한다. 하夏·은殷·주

10 상고시대의 훌륭한 지도자로, 여기서 오제는 황제 헌원(黃帝 軒轅)·전욱 고양(顓頊 高陽)·제곡 고신(帝嚳 高辛)·제요 방훈(帝堯 放勳: 陶唐氏)·제순 중화(帝舜 重華: 有虞氏)를 말한다.

周, 즉 삼왕三王의 다스림은 법도에 맞는 정치를 행했으므로 나쁜 풍습이 마땅히 없어야 하는 것이 아닌가! 그런데 늘 주나라 말기에 문명이 피폐해진 때가 거론되곤 한다. 이른바 시대가 쇠퇴했다는 것은 무슨 일을 두고 하는 말인가? 또한 문명이 피폐해졌다는 것은 무슨 일을 두고 하는 말인가?

하나라 사람들은 '충忠'을 숭상했는데, 그 폐단이 있었던가? 은나라 사람들은 '질박質朴'을 숭상했는데, 어떤 폐단을 낳았는가? 한漢나라는 진秦나라의 뜻을 계승했다고 하는데, 그 폐단 가운데 어떤 것을 혁신하였고, 어떤 것을 그대로 인습으로 따랐는가? 당나라는 수나라의 뜻을 계승했다고 한다. 수나라는 도덕적으로 포악한 사회였는데, 당나라는 이를 혁파했는가? 후한後漢은 의리와 도덕을 숭상하였으나 붕당朋黨이 폐단이었다. 진晉나라는 맑고 텅 빈 정신상태를 숭상하였으나 방탕放蕩이 폐단이었다. 그렇다면 의지와 도덕이 결단성 없이 머뭇거리는 것보다 못하고, 맑고 비움이 더럽고 흐린 것보다 못한 것인가?

책문策問으로 현량賢良을 뽑는 제도[11]는 현명한 사람을 뽑는 데 뜻이 있었으나, 그 폐단이 드러나자 과거科擧라는 새로운 제도가 되었다. 마찬가지로 상평창常平倉에서 곡식을 사들이는 것은 비축해 두었다가 흉년에 풀려는 의도였는데, 시행한 후에 보니 폐단이 생겨 사창社倉제도가 만들어졌다. 그럼에도 폐단은 계속되었다. 과거제도는 인재를 공정하게 천거하는 데 목적이 있으나 개인의

---

11 중종(中宗) 때 조광조에 의하여 실시되었던 시험이다. 경학(經學)에 밝고 덕행이 높은 사람을 뽑던 시험인데, 기묘사화(己卯士禍)로 조광조가 죽자 폐지되었다.

감정에 따라 선발하는 폐단을 또 낳았다. 사창은 오로지 사람들을 이롭게 하려는 법이었으나 사정없이 거둬들이게 되는 폐단을 낳았다. 이렇게 제도가 바뀌어 가면서 생긴 폐단도 모두 자연적 원리인가?

해와 달은 일식日蝕과 월식月蝕이 있고, 별에도 주기가 일정치 않은 혜성彗星이 있다. 산악山嶽도 무너질 때가 있고, 하천河川은 막히기도 한다. 이처럼 천지자연도 이지러지는 폐단을 면하지 못하는데, 사람의 일이라고 어찌 폐단이 없겠는가?

옛날의 임금은 자신이 다스리는 지역을 이를 때, '폐읍敝邑'이라 하여 나쁜 풍습이 많고 어지러운 고장이라고 겸손하게 말했다. 최근의 여러 나라도 자신의 나라를 스스로 폐방敝邦이라 부르며, 겸손의 뜻을 더했다. 겸손을 표현할 수 있는 다른 말도 있는데, 반드시 '폐敝'라는 글자를 쓰는 의미는 무엇인가?

당나라 초기에는 문장文章이 사치스럽고 화려하여 여러 폐단이 있었지만, 당나라 후기에 한유韓愈와 유종원柳宗元 같은 대학자가 나타나 훌륭한 문장을 일구었다. 송나라의 학술學術은 초기엔 허무虛無에 빠져 여러 폐단이 있었지만, 장재張載와 정호程顥, 정이程頤의 학술이 송나라 후기에 일어났다. 이런 경우, 초기의 폐단이 후기에는 훌륭하게 바뀌었는데, 어찌하여 폐단이 생기는 원리가 거꾸로 될 수 있었을까?

부역賦役을 면제하는 것과 부역을 부과하는 것 가운데 어느 것의 폐단이 심할까? 또한 이웃 나라와 화친和親을 맺는 것과 화친을 끊는 것 가운데 어느 것의 폐단이 클까? 무武의 정신을 없애고 문文의 정신만을 숭상하면, 나약함이 폐단으로 나타난다. 학문을 억누르고 군사문화만을 우대하면 포악함이 폐단으로 드러난다. 어떻게 해야 이런 폐단을 피해 갈 수 있겠는가?

당나라 때, 절도사나 변경의 요지에 설치했던 군사는 원래 왕실을 보위하기 위해 둔 제도였는데, 나중에 반란을 일으키는 폐단이 드러났다. 송나라에서 토지를 측량한 것은 세금을 균등하게 정리하려는 제도였는데, 끝내는 협잡의 수단이 되는 폐단이 생겼다. 하나의 법을 시행하게 되면, 반드시 그에 따라 하나의 폐단이 생겨난다. 그렇다면 앞으로는 법 없이 국가를 경영해야 한단 말인가?

각 지역의 폐단은 경우에 따라 동일하지 않다. 사람들이 저지르는 폐단도 지방에 따라 각기 다르다. 여러 지역 가운데 어떤 군郡과 어떤 현縣의 폐단이 가장 크고, 팔도八道 가운데 어떤 도의 어떤 일이 가장 폐단이 크다고 할 수 있는가? 낱낱이 조목조목 거론하지는 못하더라도, 그 문제점들을 설명할 수 있지 않은가?

책문策問의 형식적 관습에도 다양한 폐단이 드러난다. 책문 자체에 내재해 있는 글의 근원적인 폐단도 있고, 시대에 따라 내용을 달리하는 글의 폐단도 있다. 제목만을 기록한 글에도 폐단이 있어 제목의 뜻을 말할 뿐이고, 여러 사례를 들어 내용을 설명한 글도 묵은 말만 욀 뿐이라는 폐단이 있다. 이런 폐단을 구제하려면 어떤 방법이 있겠는가?

어떤 물건이건, 오래되면 망가지는 것은 사물의 이치다. 성인聖人이 성인의 덕성을 계승할 때도 덜어 내고 보태는 것이 있게 마련인데, 후세後世에 만든 법이야 말해 무엇 하겠는가? 중앙이나 본부 관청에 근무하는 수많은 관리에게는 소털처럼 많은 폐단이 생겨난다. 마찬가지로 각 지방의 관리들에게도 고슴도치 털처럼 많은 폐단이 나타난다. 수없이 많아 막을 수 없는 것이 폐단의 근원이고, 칡덩굴처럼 이리저리 얽히고설켜 다스리기 어려운 것이 폐단의 조목이다.

사士·농農·공工·상商에 종사하는 각각의 계급 계층에도, 각각 그에 따른 폐단이 있다. 군인을 양성하기 위해 나눠 주는 군전軍田과 전곡田穀의 행정에도 폐단이 있다. 이제 마음과 힘을 다하여 떨쳐 일어나 폐단을 없애고 혁신해 나가려면 어떤 방법을 써야 하겠는가?

상황에 알맞게 화합하고 임금이 도덕성을 발휘하여 정치에 힘써야 한다는 것은 모두가 아는 상투적인 말이다. 인재를 얻고 상벌을 분명히 한다는 것도 모두가 틀에 박힌 말이다. 이런 뻔한 이야기들은 접어 두고, 진실한 마음과 지극한 정성으로 새로운 견해를 제시해 보라!

다산의 질문 ②

재야 및 지방의 선비들을 살펴보라

어느날 정약용은 곡산부谷山府 향교鄕校에서 선비들을 모아 시험을 보았다. 당시 선비는 삶의 방향과 지침을 주는 지도급 인사들이었다. 조선시대 선비들은 과거시험을 통해, 관료로 진출하여 국가 사회에 이바지하는 것을 최고의 보람으로 여겼다. 이른바 입신출세立身出世다. 열심히 학문을 닦아 이미 관료로 진출한 사람도 있지만, 공부는 하지 않고 지방에서 터줏대감 노릇이나 하며, 선비로서의 품격을 상실한 경우도 있었다. 이때의 상황을 통해, 조선의 재야, 지방 선비들의 일면을 엿볼 수 있다. 그렇다면 오늘날 사회 지도자들은 어떤 모습이어야 할까?

『주례』「천관天官」에 다음과 같은 말이 있다.
"도덕성으로 사람들의 마음을 얻는 사람을 선비儒라고 한다!"
이런 점에서 '선비'란 명칭이 정말 엄중하고 크다는 점을 알 수 있다. 선비에 관한 언급으로『예기』「유행儒行」의 17장에서 설명한 것보다 더 자세한 것은 없다. 이에 대해, 어떤 학자는 "여러 성현聖賢들이 각자 말한 내용이다!"라고 하고, 또 어떤 학자는 "공자가 자신을 가리켜 말한 것이다!"라고도 한다. 이 내용을 분석하여 상세히 논할 수 있겠는가?

선비의 길에는 '재주와 슬기, 그리고 덕행이 뛰어나다!'라고 칭찬하거나 '간사하고 바르지 못하다!'라고 비난받는 식의 구별이 없어야 하는 것이 당연하다. 그런데 『논어』에서 군자와 소인을 나눈 것은 무엇 때문인가? 또한, 선비는 어떤 시대나 사회에서도 품격을 잃지 않아야 하고, 선비들이 어울리는 분위기에는 한계가 없어야 하는 것이 당연하다. 그런데 사서史書에서 산동山東과 하북河北 지역의 선비들이 지닌 풍토를 분별한 것은 무엇 때문인가?

한나라 고조高祖는 선비들을 무시하여 선비의 갓에 오줌을 누었다. 그럼에도 불구하고 당시 선비들의 절개와 풍모는 장안長安에서 여전히 존경받고 크게 떨쳤다. 당나라 효문제孝文帝는 선비들의 자질과 교육을 중요하게 생각하며 태학관太學館을 지었으나, 덕종德宗 때에 선비들을 핍박하는 유림儒林의 화禍가 발생했다. 나라를 세울 때의 격은 후세와 관계가 없는가?

한나라 때의 대학자인 양웅揚雄의 학설은 당시엔 주류 학설과 거리가 멀어 이단으로 취급당했다. 그러나 시간이 지나며 선비를 숭상하는 논의가 천天·지地·인人의 삼재三才와 같이 근본적인 것들을 거론하기에 이르렀다. 반면, 한나라 무제 때의 급암汲黯은 성정이 엄격하고 올바른 직언을 잘하여 '사직社稷의 신하'라는 말을 들을 정도로 바르고 충실하다는 명성을 떨쳤다. 그러나 '그가 선비를 헐뜯었다.'라는 소문이 오랜 세월 동안 떠돌아다녔다. 이렇게 반대되는 평판이 까닭을 들을 수 있겠는가?

선비들과 관련한 단어들만 보아도 그러하다. 우격다짐하는 선비인 수유豎儒, 썩어 빠진 선비인 부유腐儒, 촌스러운 선비인 비유鄙儒, 고집 센 선비인 구유拘儒 등 선비들을 조롱한 말이 너무도 많다. 뿐만 아니라, 도둑 같은 선비인 도유盜儒, 천박한 선비인 천유賤儒, 상스러운 선비인 이유俚儒, 헛된 선비인 공유空儒라 하여 배척한 사례도 한둘이 아니다. 그 이름을 낱낱이 지적할 수 있겠는가?

안자顔子, 증자曾子, 자사子思, 맹자孟子와 같은 선비는 모든 선비 중의 으뜸이다. 그런데도 맹자만이 가장 완벽하게 유교의 덕목을 구현한 선비라고 인정받아 '순유醇儒'라는 명칭을 얻었다. 마찬가지로 수하隨何, 육가陸賈, 신배申培, 숙손통叔孫通은 모두 훌륭한 선비임에도 숙손통만이 유교를 통달하였다는 의미의 '통유通儒'라는 칭호를 얻었다. 그 뜻을 상세히 말할 수 있겠는가?

유교 사상의 기초도 제대로 이해하지 못한 사람들을 일컫는 무유瞀儒란 용어는 무슨 책에서 나왔고, 학문적으로 높은 경지에 올랐지만 나이가 많고 고집스럽다는 의미의 기유耆儒는 과연 누구를 가리킨 것인가?

명나라 때 해진解縉과 양영楊榮과 같은 여러 학자들이 주자朱子의 글을 널리 퍼뜨리려 하였지만, 명나라 말기에는 주자와 다른 학설이 많이 퍼지고 말았다. 명나라 때의 정민정程敏政은 사실 육구연陸九淵의 학설을 높게 평가하였는데도, 그의 『심경부주心經附註』가 유학자들 사이에서 여전히 존중을 받았다. 그 까닭을 모두 지적하여 말할 수 있겠는가?

우리의 임금께서 선비를 높이고 학문을 중요하게 여기며, 문예를 장려하고 학교를 일으켜, 즉위하신 지 20년이 흘러 사람들의 교화가 넘쳐나게 되었다. 그에 걸맞게 팔도八道의 모든 고을에서 '선비'라고 하는 사람은 인재를 육성하는 교육에 함께 나서야 한다. 그리하여, 지역마다 현인賢人이 많다는 소리가 울려 퍼져야 한다.

그런데 어찌하여 이곳 곡산谷山 지역만은 그렇지 않은가? 홀로 따뜻하게 다가오는 봄을 막고, 스스로 임금의 은택을 저버리려 하는가! 향례鄕禮에 관한 서적을 퍼뜨리려 해도 예의로써 사양하는 풍속이 진작되지 않고, 향약鄕約 제도를 밝혀도 부모에 대한 효도와 형제에 대한 우애에 관한 좋은 소문이 들리지 않는다. 사당에 제사를 지내면서도 떠들어 대며 엄숙하지 않고, 채소만을 먹어야 하는 향교에는 글 읽는 소리가 멎었다. 독점적으로 향교를 관리하는 임원은 솔개가 새를 채어 가듯 하여, 치고받는 송사訟事가 반드시 재임용과 관련된 것들뿐이다.

이른바 서당 훈장이라는 사람은 어떻게 생각하는가? 살쾡이가 호랑이 행세를 하듯이 빈번한 소장訴狀이 모두 훈장에 의해 작성된다. 뿐만 아니라 시장의 푸줏간에 팔을 흔들며 출입하고, 산림山林의 몸을 닦는 선비를 차가운 눈으로 흘겨본다. 학교 소유의 땅에서 생산된 쌀을 자기 주머니에 든 것처럼 마구 쓰고, 향교의 보관된 책을 모두 자기 집 창문과 벽을 도배하는 데 사용하기도 한다. 투호投壺하는 자리에서는 싸우는 기색이 먼저 나타나고, 잔치 모임에는 여전히 시끄럽게 떠들어 댄다. 아, 선비의 갓을 쓰고 선비의 옷을 입는 장소에서,

이러한 풍습이 있으리라고는 생각하지도 못했던 일이다.

경서經書를 이야기하고 예禮를 강론하며, 도道를 안고 행실을 닦아야 하는 일은 아예 말할 나위도 없다. 과거시험에 필요한 시문詩文의 하찮은 재주와 시詩·부賦의 작은 기술은 아무리 세속에 물든 선비라도 성심껏 익히려고 하는 법이다. 그런데 곡산谷山의 선비들은 이 하찮은 재주와 작은 기술도, 모두 높고 멀어서 행하기 어려운 것으로 간주해 버린다. 자신의 명예가 조금만 알려져도 선생을 압도한다는 오만에 빠진다.

과거시험 날짜가 돌아오면, 오직 합격시켜 달라는 뇌물을 갖다 바칠 길을 먼저 찾는다. 과거를 보려고 글방이나 조용한 곳에 모이더라도, 공부한 지 며칠만 지나면 삼삼오오 떠나가려고 한다. 공부하는 학생에게 열흘마다 보는 시문詩文 시험을 백 번쯤 되풀이하고도, 글을 제대로 쓰지 못해 쩔쩔매는 모습은 예와 다름이 없다. 군수가 공부를 권장하면 눈살이 먼저 찌푸려지고, 관찰사가 도별로 실시하는 시험인 향시를 보려고 해도 털끝 하나 까딱하지 않는다. 이게 선비의 자세인가!

수안遂安 지역에는 글을 잘하는 문사文士가 매우 많은데도 분발하는 뜻이 전혀 없다. 신계新溪 지역은 과거 1차 시험에 합격한 진사進士급의 선비가 줄을 이었는데도 공부하려는 열정이나 기색이 없다.

선비의 기상과 풍습이 이처럼 타락한 것은, 지방을 지키는 관리들이, 앉아서 봉급만 축낼 뿐, 잘 이끌어 주지 못한 소치다. 스스로 반성하고 스스로 부끄러워해야지, 누구를 원망하겠는가?

지금 전국 방방곡곡의 선비에게 집집마다 예의에 맞는 행실을 익히게 할 방법이 없겠는가? 사람마다 경전과 역사서의 깊은 뜻을 통하고, 아름다운 사회 분위기를 일으켜 도덕성을 함양해야 한다. 한편으로는 시가와 문장의 재주를 발휘하여 점차 공직에 나아가, 가난하고 미개한 지역을 문명사회로 변화시켜야 한다. 그 방법이 어디에 있겠는가?

지역 사회의 실정에 밝은 선비들은 스스로 돌아보고, 또 심각하게 고민해 보라!

2부

함께 잘사는
나라를 꿈꾸다

농경사회에서 농업은 모두가 굶지 않고 살아갈 수 있는 사회의 근본적인 기반이었다. 빈민구제는 일시적인 시혜가 아니라, 지속 가능한 경제 구조를 만들기 위한 필수적인 투자다. 누구나 배고픔 없이 살아가는 사회는 개인의 존엄성을 보장하고, 더 나은 미래를 위한 출발점이 된다. 조선사회는 농업과 백성을 위한 복지 정책이 균형을 이루어야 모두가 먹고살 만한 세상이 되고, 이는 공동체 전체의 안정으로 이어진다. 결국, 배고픔과 재난이 없는 사회를 만드는 것은 경제 성장뿐만 아니라 인간다운 삶을 위한 가장 기본적인 과제다.

먹고산다는 것,
경제적 번영을
고민하라

산업혁명으로 새로운 기술 문명의 시대가 전개되기 이전, 인류 역사의 대부분은 농경사회에서 이루어졌다. 그러므로 당시에는 모든 학문과 정책이 농업을 발전시켜 풍요로운 삶을 누리려는 데 집중되었다.
농업을 장려할 수 있는 사상, 농업에 필수적인 천문지리, 농기구의 개발, 농사법의 발전 등, 농업을 부흥시킬 수 있는 제반 정책을 '농책農策'이라 한다. 민생은 자연과 인간, 그리고 정치가 어우러져 만드는 합작품이기에 다양한 문제를 파악하고 종합적으로 정돈해야 한다.

> 정조가
> 물었다

농사는 애쓰고 노력하여 토지에서 생산되는 재물을 늘어나게 하는 일이다. 이는 사람들의 생활을 풍요롭게 하고 국가의 경제를 넉넉하게 만드는 것이다. 그런데 왜 지금의 농업이 여러 문제를 안고 있는가?

> 다산이
> 답했다

　선비와 농민, 즉 사士와 농農이 두 갈래로 나누어지면서 농사의 영역에도 폐단이 생기게 되었습니다. 옛날에는 선비와 농민이 철저히 구분되지 않았고, 관직을 한 사람은 대부분 천하고 가난하게 살던 시골 출신이었습니다.

　요임금 때의 최고위 관리였던 순舜도 농사꾼이었고, 순임금 때의 후직后稷도 농사꾼이었습니다. 은나라의 이윤伊尹은 시골에서 기용된 천한 사람이었고, 주나라의 주공周公은 농사를 짓는 일이 얼마나 어려운지 아는 사람이었습니다.

　한나라에 이르러서도 이런 뜻이 있었습니다. 예관倪寬, 복식卜式, 전천추田千秋, 광형匡衡 등 상당수의 사람이 몸소 농사짓던 사람으로서 고위직에 올랐습니다. 이들은 이미 농사짓는 고달픔을 고루 맛보았으므로, 사람들을 잘 다스렸습니다.

　그러다가 글공부에 치중하는 풍조가 성행하게 되자, 혀만 나불대며 놀고먹는 사람들이 좋은 옷을 걸치고 다니게 되었습니다. 사람들을 좀먹고 농사를 피폐하게 만드는 양식이 진실로 이런 무리에게서 연유한 것입니다. 당나라 때의 섭이중聶夷中이 쓴 「논에서 김을 매다」라는 전원을 노래한 시도, 시인이 자기의 흥취를 빌려 표현한 것에 불과합니다.

　저는 녹봉을 받는 것으로 농사를 대신하고 있으므로, 세상에 농사를 짓는 사람에게는 폐가 되는 사람입니다. 그런데 때마침 임금님의 질문을 받고 보니, 알고 있는 모든 내용을 말씀드려야 할 것 같습니다. 어찌 관리로 재직하면서 하는 일 없이 녹봉만 축낸다는 꾸지람을 면하려는 노력을 하지 않을 수 있겠습니까?

제가 일찍이 두우杜佑의 글을 읽어 보았습니다. "곡식은 사람의 생명을 좌우하고, 농사는 그 곡식을 생산하는 원천이다!"라고 적혀 있었습니다.

비가 오고 햇빛이 나는 것을 살피고, 춥고 더운 때에 맞추는 것은 천시天時를 살피는 일입니다. 비옥하고 메마른 땅을 구분하고, 소금기 서린 땅을 분간하는 것은 지리地利를 이용하는 일입니다. 또한 정전井田[12]을 설치하여 땅을 나누고 비려比閭[13]를 제정하여, 밭 갈고 김매기를 서로 돕게 하는 것은 나라의 정책입니다. 그러니 무엇보다 농가를 격려하고 농사를 권장해야 합니다.

베를 짜서 옷을 해 입고, 곡식으로 배를 채우며, 그 땅에서 편히 살고, 자기의 직업을 즐겁게 여김으로써 사람들의 삶을 풍요롭게 하는 것이 농사입니다. 창고와 광에 곡식을 쌓아서 비축하고, 어려운 시기에 나누어 주어야 하는 일에 대비하여 국가의 재정을 넉넉하게 만드는 것이 농사입니다.

그러므로 『서경』에서는 사방의 제후를 통제하는 우두머리인 악목岳牧에게 명령하면서, 제일 먼저 '먹는 것'을 들어 말했습니다. 『시경』에서는 조상의 덕을 말하면서, '식량인 밀과 보리'를 가져다준 것에 대해 칭송했습니다. 『춘추』에서는 엄격하게 사실을 기록했지만, '풍

---

[12] 정전은 농경지를 '정(井)'자 모양으로 9등분하고 중앙의 한 구역을 공전(公田), 주위의 여덟 구역을 사전(私田)이라 하여, 20세가 된 성인 가운데 아내가 있는 남자에게 똑같이 100무씩 여덟 집에 나누어 주고, 공전은 공동 경작하여 그 수확을 국가에 바치도록 한 정책이다.

[13] 중국 주나라 때 실시한 호구(戶口) 제도로, 5가구가 하나가 되어 서로 범죄를 저지르지 않도록 보증하고, 재난이 발생하면 서로 돕도록 한 제도다.

년'이 오면 이에 대해서는 반드시 언급했습니다. 옛날 임금들이 농사를 소중하게 여긴 뜻이 이와 같았습니다.

　옳고 그름의 경계선이 문란해지면 잘못을 하더라도 대충 얼버무리는 습관이 생기고 맙니다. 이런 예로 세금을 내지 않고 개인적으로 경작하는 토지와 세금을 내는 토지가 뒤섞이면서 세금을 걷는 일이 혼란스러워졌습니다. 그러니 세상 사람들 가운데 근본인 농사는 버리고 상업으로 몰려가는 사람이 많아졌습니다. 이에 농사짓는 가구가 번창하지 못하게 된 것입니다.

　놀고먹는 짓을 엄격히 금지하여, 노동력을 넉넉하게 만들어야 합니다. 관개시설을 확충하여, 땅에서 생산되는 이익을 넓혀야 합니다. 별의 운행을 계산하여, 천재지변에도 잘 대비해야 합니다! 이렇게 한다면, 농사짓는 사람들에게는 행복인 동시에 나라의 이익이 될 것입니다.

생산은
하늘과 땅과
사람의 일이다

> 농사는 단순히 농부가 씨뿌리고 김매고 거두는 작업에 그치지 않는다. 천시天時, 즉 날씨와 기후의 흐름을 정확히 파악하는 것과 지리地利, 즉 땅의 상태를 세밀하게 분석하고 최적의 경작지를 개발하는 것과 인화人和, 즉 백성들의 삶을 안정시키고, 모두가 농업에 참여할 수 있는 사회 구조를 만들어야 한다. 이 과정에서 합리적인 정책을 마련하여 개인적·사회적·국가적 차원에서 각각의 번영을 꾀해야 한다.

정조가 물었다

요임금은 농사철을 기록하여 세상에 퍼뜨렸고, 우임금은 논밭의 도랑 만드는 일에 주력했다. 사람들에게 보리를 심도록 지도해 준 분은 후직后稷이고, 사람들을 편안하게 만들고 농사를 잘 짓게 만든 분은 문왕文王이다. 옛날 임금님들은 농사짓고 베 짜는 일에 이처럼 정성을 다해 힘썼다. 이에 대해 말해 보라.

다산이 답했다

저는 이렇게 생각합니다. 요임금이 농사철을 기록하여 반포한 것은 천시天時를 측정한 것이고, 우임금이 논밭의 도랑 만드는 일에 주력했던 것은 지리地利를 일으키기 위함이었습니다. 또한 문왕文王이 사람들을 편안하게 만들고 농사를 잘 짓게 만든 것은 후직后稷이 보리를 심도록 지도해 준 덕을 계승하여, 농사에 힘을 기울이게 하기 위한 것이었습니다. 따라서 옛날 임금님들은 반드시 하늘과 땅과 사람, 이 세 가지에 주력했던 것을 알 수 있습니다.

정조가 물었다

농사는 자연의 순리를 따라야 함이 분명하다. 즉, 하늘의 시기에 맞추고, 땅의 특성을 살피며, 사람의 힘을 적극적으로 활용해야 한다. 그러므로 "낳는 것은 하늘이고, 기르는 것은 땅이며, 자라게 만드는 것은 사람"이라는 말이 있는 것이다. 이러한 천天·지地·인人 삼재三才의 법도가 갖추어진 다음에야 온갖 농사일이 제대로 된다.

이런 원리는 『주례』에서도 그 역할들을 분명하게 논의했다. 초저녁쯤 28수의 별자리 가운데 26번째 별자리의 별인 장성張星이 하늘 복판에 오면 곡식을 심고, 18번째 별자리의 별인 묘성昴星이 하늘 한가운데에 오면 수확하는 것은 천시天時를 따르는 일이다. 밭두둑을 따라 밭의 경계를 정하고 도랑을 파서 물길을 내는 것은 땅의 이치地利를 고려하는 것이며, 사람들을 정착시켜 편히 살게 하고 서로 도와 김을 매면서 함께 농사짓도록 하는 것은 백성의 삶을 안정시키기 위한 것人和이다.

이를 체계적으로 관리하기 위해, 과거에는 도인稻人과 전준田畯이라는 농업을 담당하는 관직을 두었다. 이들은 농기구를 선택하고 곡식 종류를 분별하게 했다. 그런 만큼 곡식을 심고 거두는 일을 살필 때, 번거롭더라도 꺼리지 않았다. 또한, 각종 세금을 부과해도 다들 폭정暴政이라고 의심하지 않았다. 예를 들어 이포里布는 집 주변의 빈 땅에 뽕나무나 삼을 심지 않으면 그 벌로 옷감을 바치는 세금이고, 옥속屋粟은 가진 땅에 별다른 경작을 하지 않는 사람에게 그 땅의 대가로 곡식을 세금으로 바치게 한 것이었다.

농업을 국가의 기틀로 삼고 농사일의 고달픔을 근심하는 것이, 임금의 업무 가운데 으뜸이 아니겠는가? 백성들이 농사에 전념할 수 있도록 하는 것이야말로 사람들이 의지할 것이 아니겠는가! 이 우주 자연에 참여하여 만물을 잘 자라도록 돕는 것은, 진실로 농사에 힘쓰는 정치를 시행하는 데 달려 있지 않겠는가?

**다산이
답했다**

농사는 나라의 가장 근본이 되는 것입니다! 하늘의 변화인 천시天時와 땅의 특성인 지리地利는 사람의 노력인 인화人和가 있은 다음에야,

최상의 결과를 냅니다. 그렇게 될 때, 드디어 자연의 원기元氣가 커지고, 모든 사물이 힘을 합하여 낳고 기르고 성장시킬 수 있게 됩니다.

과거의 농업 정책을 보면, 임금님의 말씀처럼 별자리의 운행을 기준으로 파종과 수확 시기를 정했고, 밭두렁과 도랑을 정비하여 농업 생산성을 높였으며, 백성들이 안정적으로 정착하여 농사에 집중할 수 있도록 도왔습니다. 또한, 권농관勸農官을 두어 백성들이 농업에 힘쓰도록 장려하고, 옥속과 이포 같은 각종 세금을 통해 농토를 방치하는 사람들에게 책임을 묻고 게으른 사람을 징계했습니다.

이러한 정책은 단순한 세금 제도가 아니라, 고대 하·은·주 삼대가 번성할 수 있었던 근본적인 농업 발전 전략이었습니다. 모름지기 농사를 제대로 장려하는 정책이야말로 국가의 번영을 이끄는 정치의 중요한 요소입니다.

아쉬움이 없도록
근면함을 깨우라

삶을 대하는 인간의 자세는 다양하다. 그 가운데 자신의 업무에 관하여, '부지런히' 하느냐 '게으르게' 하느냐에 따라 사업의 성패가 갈린다. 잘사는 일, 즉 경제적인 번영은 모두가 자신의 자리에서 부지런히 일할 때 가능해진다. 정조와 다산은 한목소리로 근본과 근면을 강조하며 지도자의 리더십을 고민했고, 부조리하고 불합리한 제도를 고쳐야 한다고 생각했다. 궁극적으로 보면, 그저 사치하며 놀기만 하거나 게으름으로 본분에 충실하지 않는 것에 대한 경계다.

정조가
물었다

정전법井田法과 같은 토지 제도가 제대로 시행되지 않으면서, 사적이건 공적이건 구분 없이 토지를 독점하려는 사람이 늘어나기 시작했다. 도랑이 없어지면서 관개하는 방법에 문제가 생겼고, 편법과 불법이 성행하면서 농업과 공업·상업의 본분이 뒤바뀌었다. 사치하는 풍조가 심해지자 돈과 곡식 가운데 어느 것이 귀한 물건인지를 다투는 세상이 되었다.

사람들이 차츰 농사를 버리고 장사로만 나아가자, 오늘날 기름진 토지가 방치되어 모두 황무지가 되었다. 겉으로 화려하게 옷을 차려입었지만, 사실상 하는 일 없이 거의 놀고먹는 인간들이 많아졌다.

"한 사람이 농사를 지으면 이를 백 사람이 먹는다! 한 사람이 베를 짜면 백 사람이 이것으로 옷을 만들어 입는다!"는 옛날 사람의 말이 실제로 현실이 되어 버렸다. 이런 상황인데도, 굶주림과 추위에서 사람들을 벗어나게 하려면 어떻게 해야겠는가? 마치 부모를 잃고난 다음에야 대나무 막대를 들고 바다에 가서 찾는 짓처럼 허망한 일이 되지 않겠는가?

그런데도 정전井田제도의 회복을 주장하던 장재張載는 '사람들을 수고롭게 만들고, 군중을 동요시키게 만들 것'이라는 반대에 부딪혔고, 토지 소유를 제한하는 한전법限田法을 시행하려던 동중서董仲舒는 '시끄럽기만 하고 성과는 없을 것'이라는 비판을 받았다. 우집虞集이 논의한 논을 만드는 계획은 배척당했고, 구휘歐輝가 「노수편潞水篇」을 통해 수리 시설을 복구하자고 주장하였지만 헛소리로 취급되고 말았다.

이렇게 본다면, 시대가 내려올수록 옛날 제도를 시행할 수 없는 것이 아닌가? 시대정신에 맞게 융통성을 발휘할 수는 없는가? 옛날 법도와 지금의 제도를 융합하여 조화롭게 바꾸어 훌륭한 정책을 만들 수는 없겠는가?

다산이 답했다

맞는 말씀입니다! 정전법이 폐기되고, 도랑도 진흙으로 막히면서 농지가 제대로 개척되지 못했습니다. 편법이 나날이 기승을 부리고, 사치하는 풍조가 점점 심해지면서 노동력조차 부족해졌습니다.

이런 상황을 해결하려 했던 관리들은 깊이 고민하며 여러 정책을 제안했습니다. 동중서는 토지 소유를 제한하자고 했고, 장재는 정전제 부활을 주장했습니다. 우집은 농지 정비를, 구휘는 수리 시설 복구를 제안했습니다. 하지만 당시 권력자들은 이런 주장들을 단순한 이상론으로 치부하며 앉아서 먼 옛날이야기나 하는 것처럼 소홀히 여겨 외면했습니다. 그리하여 논의하거나 제대로 정책을 만드는 데 노력조차 하지 않으면서 실효성 없는 빈말처럼 되어 버렸습니다.

과연 이 흐름이 천운天運과 같은 시대의 흐름인지, 아니면 사람들이 그 정책 제안에 관심을 갖지 않고 변화를 거부한 탓인지 참으로 모르겠습니다!

정조가 물었다

세상일의 근본인 농사를 중요하게 여겨야 한다. 반면 변변치 못한 기술이나 재주를 내세우는 공업이나 상업은 억제해야 한다. 임금이 시행해야 하는 정치의 최우선 업무가 이것 아닌가! 나는 밤낮으로 이런 문제에 대해 생각한다.

  초봄이 되면 농사를 권장하는 교서敎書를 내리고, 그해 첫 신일辛日에는 반드시 풍년을 비는 의식을 치렀다. 궁궐의 안뜰內苑에서 벼 베기를 관람하는 것은 '농사를 가까이 한다!'는 뜻을 드러낸 것이다. 흉년에는 환곡還穀을 감면해 주는데, 이는 '세금을 줄여 준다!'는 뜻을 펼친 것이다.

  사람들을 이롭게 하고, 생활을 넉넉하게 하는 모든 방편을 조금도 소홀히 하지 않으며 애를 썼는데, 어찌하여 정치가 바르게 시행되지 않고, 마음은 간절하지만 성과는 더욱 멀어만 지는가!

다산이
답했다

  임금께서 밤낮으로 걱정하며, 근본에 힘쓰고 농사를 중히 여기는 정책을 시행했기에, 지금 아름다운 시대를 맞이한 것입니다. 주周나라처럼 여러 번 풍년이 드는 경사를 만나고, 한漢나라처럼 부유함을 누리는 사회 분위기를 칭송할 수 있게 되었습니다. 이는 진실로 임금님의 훌륭한 은덕에 의한 것임은 물론, 따스하고 화창한 나라 기운에 의한 것이 분명합니다.

  그러나 어리석은 제가 죄를 무릅쓰고 말씀드립니다.

  초봄 정월에 농사를 권장하는 일은, 단지 예전부터 하던 일을 관례적으로 따른 것에 불과합니다. 따라서 이런 소문이 사람들의 마음에 사무치기에는, 한나라 원제元帝 때 곡식을 대여해 주도록 논의한 정책에 비해 효과가 작습니다. 첫 신일辛日에 풍년을 비는 의식 또한 순수한 정성으로 하늘을 감동시키려 한다는 의미가 있지만, 은나라 탕임금이 7년의 대가뭄을 만나 상림桑林에서 기우제를 지냈던 것보다는 못한 점이 있습니다. 궁궐 안뜰에서 벼 베기를 관람하는 것은 수확하는 수고로움을 바라보는 상징적인 일에 불과할 뿐, 임금께서 농부들이 땀 흘리며 김매느라 손발에 못이 박히고 등이 굽어진 것을 온전히 이해하기는 어려울 것입니다. 흉년에 세금을 덜어 주는 것이 알뜰하게 돌보아 주는 혜택이 없는 것은 아닙니다. 하지만 임금께서 포악한 관리들이 가난한 사람들의 뼛골을 긁어내는 모습까지 정확하게 살피지는 못했을 것입니다.

따라서 뜻과 마음이 부지런하고 간절해도 정치의 효과는 더욱 멀어지고, 천재지변과 흉년이 없는데도 국가와 서민들의 재물이 넉넉하지 못하다 하여 괴이하게 여길 것이 없습니다. 진실로 그 까닭을 찾아보면, 오직 노동력이 넉넉하지 못하고 지리地利를 개척하지 않으며 천시天時를 밝히지 않았던 탓입니다.

제가 무엇을 근거로 이렇게 말할 수 있겠습니까? 『예기』에 의하면, "갓끈을 두 치쯤 늘어뜨린 사람은 게을러서 놀고먹는 사람이다!"라고 했는데, 우리나라의 사대부士大夫들은 태어나면서부터 이미 특권을 보장받습니다. 흔히 말하는 '금수저'들입니다. 태어나자마자 생원生員이 되고, 포대기에 싸여 있으면서 이미 고위 관료의 자리를 예약해 둔 듯 자라납니다. 양반들은 옷을 말끔히 차려입고 글을 읽으며 글씨만 쓰는데도, 군역이나 부역에 동원되지 않습니다. 그들에게 부역 대신에 바쳐야 하는 베와 같은 세금도 징수하지 못합니다. 게다가 권세를 앞세워 질서를 무시하고 사람들에게 피해를 주니, 이들은 모두 놀고먹는 자들이며 농사를 해치는 무리입니다.

이제는 이런 사회 분위기를 일소할 때가 됐습니다. 차근차근 이들의 생활 태도에 제한을 가하고, 사람들 사이에 분명한 법도를 정하는 것이 옳습니다. 경전經書이나 문예文藝에 관한 시험을 통해 실력을 검증하고, 제대로 합격하지 못하는 자는 모두 병역 의무를 이행하도록 강력한 정책을 시행해야 합니다. 그렇게 하면, 관리로서의 실력을 갖추지 못한 자들은 점차 농사꾼으로 돌아가지 않을 수 없을 것입니다.

제가 강조하는, 이른바 '놀고먹는 것을 엄금하여 노동력을 넉넉하게 해야 한다!'라는 정책 대안이 바로 이것입니다.

풍요로운
사회를 꿈꾸다

> 농경 중심의 사회에서 농사는 먹고사는 문제의
> 핵심이다. 그러기에 옛날부터 '농자農者,
> 천하지대본天下之大本', 즉 '농사는 세상에서 가장 중요한
> 일'이라고 했다. 1790년 경술년, 정조는 60년 전의
> 경술년에 큰 풍년이 들었던 역사적 기록을 들면서,
> 자신이 정치를 하던 이 시기에도 풍요를 기원하는
> 마음을 표출하였다. 이에 다산은 몇몇 사례와 정치의
> 원리를 제시하면서, 농업 정책의 근본 확립을 요청한다.
> 그것은 지도자가 적극적으로 민생을 살피고 실천하는
> 일에 달려 있다.

정조가
물었다

 금년은 경술년, 즉 내가 즉위한 지 14년째 되는 해이다. 바로 60년 전인 경술년에 큰 풍년이 들었다고 한다. 날씨가 좋아 삼사三事가 잘 풀리고, 비가 오고 햇빛이 나는 것이 농사 시기에 맞아서 전국 팔도의 곡식이 모두 잘 여물어 풍요로운 수확을 거두었다. 이처럼 좋은 기회가 다시 왔으니, 올해도 나라를 더욱 발전시킬 수 있는 하나의 큰 계기로 삼아야 한다.

어떻게 하면 집집마다 모두 넉넉한 농부를 만들고, 척박한 땅도 전부 비옥한 농토로 바꿀 수 있겠는가? 또, 1년 동안 농사를 지어 3년 동안 먹을 여유가 생기고, 3년 동안 농사를 지어 9년 동안 먹을 여유가 생기게 하여, 온 세상이 풍요롭고 즐거운 지경에 들 수 있겠는가?

다산이
답했다

『서경』「홍범」에서는 "바람을 좋아하여 바람을 불러오는 별이 있고, 비를 좋아하여 비를 불러오는 별이 있다!"라고 했습니다. 또한 『시경』에서는 "달이 필성畢星에 걸렸네. 비가 쏟아지리라!"라고 했습니다.

제가 일찍이 천문과 역법에 관한 책을 보았습니다. 모든 별이 드러나지 않은 덕德을 함께 불러들이는 까닭에, 별들의 운행을 보면 바람과 비, 가뭄과 장마를 모두 미리 짐작할 수 있다고 했습니다. 농사와 관련한 별이 어느 별자리에 걸린 것을 미루어 보면, 곧 날씨의 흐름을 예상할 수 있는 것입니다. 이는 『점도재占度載』에서 말하는 것과 같이 "구름을 보고 길흉을 알 수 있다."거나 "천기天氣를 보고 길흉을 안다."와 같은 점술이 아닙니다.

지금은 기상 관측 기관인 서운관書雲觀의 모든 젊은 학자들에게 천문에 관한 역서曆書를 자세하게 익히도록 해야 합니다. 그렇게 하여 별이 운행하는 길을 마땅히 살피고, 장마와 가뭄에 미리 대비하도록 해야 합니다.

제가 강조하는, 이른바, '별이 운행하는 길을 측정하여 천재지변에 대비해야 한다!'는 정책 대안이 바로 이것입니다.

또한, 여기에 더하여 진실로 세 가지를 잘해야 합니다. 그래야 인화人和가 이룩됩니다. 동시에 하늘과 땅의 화합하는 기운和氣이 서로 응하여 상서로운 벼와 보리가 달마다 생깁니다. 도가道家의 선약仙藥인 금고金膏와 옥액玉液이 온 우주에 흘러 다닐 것입니다. 그리하여 토지는 간석지라도 버리는 것이 없고, 나라에는 전쟁이나 흉년에 대한 준비가 되어 있어, 만물이 풍요롭고 즐거운 낙원에서 살 수 있을 것입니다. 어찌 참으로 아름다운 일이 아니겠습니까?

제가 학식이 보잘것없어 옛날의 사례를 모두 알지는 못합니다. 재주 또한 천박하여 이 시대에 가장 중요하게 다루어야 할 문제도 제대로 꿰뚫어보지 못합니다. 그러나 임금께서 질문을 주시어, 감히 제 생각을 분명히 말씀드릴 수 있게 되었습니다.

여러 가지로 죄송스럽습니다. 망령되게 말하는 죄를 피하지 않고, 천시天時·지리地理·인화人和의 삼재三才에 대한 어리석은 소견을 이렇게나마 바칩니다.

농민 정책에서 근본을 확립시키는 일은 오직 '균전均田'이란 두 글자에 달렸습니다. 국가에서 토지를 관리하며 사람들에게 고르게 분배해야 합니다.

아! 정전법을 시행하여 농사짓는 법은, 시대가 바뀐 만큼, 지금 세상에는 거론하기 힘든 제도입니다. 그러나 최소한 논밭의 형세나 기름지고 메마른 토질의 등급을 정확히 파악해 놓아야 합니다. 또 토지의 소유를 적절하게 제한하고, 빈부의 격차도 줄여야 합니다. 호적과 토지 장부를 정리하여 전반적으로 관리 운용해야 합니다.

  이와 같이 하고 난 다음에야 실제 농업에 종사하는 인구수를 알 수 있고, 공정한 정책에 의해 군역을 수행하는 병사들도 국가를 위해 헌신할 마음을 갖게 됩니다. 궁극적으로는 세상의 농부들이 모두 즐겁게 들판에서 농사짓기를 원할 것입니다.

  이는 오직 임금께서 적극적으로 민생을 살피고 힘써 행하는 데 달렸습니다.

먹고사는 일에도
이치가 있다

모든 시대는 저마다의 시대 상황에 따라 서로 다른 시대정신이 있다. 마찬가지로 모든 일에도 제각기 알맞은 순서가 있고 질서가 있다. "10리나 100리, 서로 떨어진 지역에 살다 보면 풍속이 다르다!"라는 말이 있듯이, 모든 지역은 각기 나름대로 특성이 다르다는 점도 고려해야 한다. 농경사회는 단순한 것 같지만, 다양한 측면들을 살펴보고 종합하여 정책을 제시해야 했다. 기후나 토질, 홍수나 재해, 곡식의 종류, 해충과 잡초 문제, 관개법, 세금, 농사에 관한 인식 등, 세세히 점검하고 실정에 맞게 챙겨야 할 것이 많기 때문이다.

정조가 물었다

씨앗 뿌리는 일을 '동작東作'이라 하고, 가을에 수확을 거둬들이는 일을 '서성西成'이라 부른다. 동쪽에서 시작하여 서쪽에서 완성한다는 뜻일 텐데, 이러한 명칭은 단순히 방향을 의미하는 것이 아니라 더 깊은 뜻이 있다고 들었다. 그 의미는 무엇인가?

또한, 논밭의 '이랑'은 반드시 남쪽을 가리키고, '두둑'은 반드시 북쪽을 가리킨다고 하는데, 이 원칙이 절대적인 것인가?

> 다산이
> 답했다

'동작'과 '서성', 이른바 '작성作成'이라는 표현에는 단순한 방향 이상의 의미가 담겨 있습니다. 씨를 뿌리는 '동작'은 태양이 떠오르는 동쪽을 가리키고, 결실을 맺는 '서성'은 태양이 지는 서쪽을 가리킵니다. 이는 자연의 순환을 반영한 것입니다.

『주역』「설괘전說卦傳」에서도 이 개념을 볼 수 있습니다. 진괘震卦는 '건장하게 달리는 것'이고 태괘兌卦는 '상처를 입고 꺾이는 것'이므로, 이 또한 씨를 뿌리는 동작과 곡식을 거두는 서성의 의미를 지니고 있습니다.

남쪽의 '이랑'과 북쪽의 '두둑' 개념도 절대적인 것은 아닙니다. 주나라의 수도는 북쪽에 위치하여 세상을 통치했기 때문에 남무南畝(남묘)라 하였고, 진晉나라가 동쪽에 수도를 정하면서 비로소 서주西疇라는 명칭이 생겨났습니다. 이런 사실을 미루어 볼 때, 이랑과 두둑의 개념도 자연적인 의미뿐 아니라 상대적인 개념임을 가늠할 수 있습니다.

밭의 형태를 나누는 방식에서도 동쪽과 서쪽으로 이어진 밭두둑을 천阡이라 하고, 남쪽과 북쪽으로 이어진 밭두둑을 맥陌이라 합니다. 반드시 북쪽이라야 맥이라고 하는 것은 아닙니다. 그러므로 주자朱子의 「천맥변阡陌辨」에서도 굳이 남쪽과 북쪽으로만 논의하는 학설을 세우지 않았습니다.

결국 중요한 것은 환경과 상황에 맞게 농사를 짓는 것이지, 무조건 고정된 원칙을 따르는 것이 아닙니다.

정조가
물었다

세 도적과 가까운 세 무리를 이르는 삼도三盜와 삼족三族에 관한 구절은 어느 책에 나타나 있는가? 또 오속五粟과 오장五章의 명칭은 누가 기록하였는가?

다산이
답했다

삼도와 삼족에 대해서는 저의 학식이 무디고 보잘것없어 제대로 말씀드릴 수가 없습니다. 그러나 나름대로 억측해 보면, 세 가지 도적은 참새나 쥐, 응애 따위의 해충이고, 가족처럼 가까이 할 세 가지는 채소나 과일, 뽕과 삼 따위가 아닌가 생각됩니다.

『음부경陰符經』에서 말한 삼도와 삼족은 농사와 관계가 없는 사안이므로, 농사일과 관련하여 인용하는 것은 맞지 않을 것 같습니다. 다만 이와 관련하여 『여람呂覽』「임지任地」에 상당히 도움이 될 만한 기록이 있습니다.

"농사짓는 방법에서 주의할 점이 있다. 절대, 삼도三盜에게 땅을 내맡기지 말아야 한다!

대개, 봄·여름·가을·겨울의 사계절 아무 때나 자라나는데, 큰 밭두렁과 작은 이랑에 청어靑魚의 갈비뼈처럼 가느다란 싹이 꼿꼿하게 나풀거린다. 이는 땅을 훔치는 행패다.

이미 씨앗을 뿌렸는데도, 씨가 제대로 나지 않고, 가꿔도 잘 자라지 않는다. 이는 싹을 훔치는 행패다.

　김을 매지 않으면 밭이 묵게 되고, 김을 매 줘도 싹이 없다. 이는 풀을 훔치는 행패다. 그러므로 이 세 가지 도적을 제거한 다음에야 곡식의 수확이 많아진다!"

　이어서 이런 기록도 있습니다.

"싹이 이제 발아하여 아직 어릴 때는 혼자 따로 있으려고 한다. 조금 자라게 되면 서로 함께 있으려고 한다. 성숙하게 되면 서로 의지하려고 한다. 이런 까닭에, 이 세 가지를 같이 무리 짓는 '족族'이라 하는데, 이렇게 되어야 곡식이 많아진다!"

　'오속'과 '오장'에 대해서는 『관자』의 기록을 참고할 만합니다.

　전국 구주九州의 땅은 저마다 특징이 있고, 종류별로 차이가 있습니다. 그중에서도 특히 좋은 다섯 가지의 땅을 오속이라고 합니다.

　오속은 흙의 색깔이 다양하여, 붉기도 하고, 푸르기도 하고, 희기도 하고, 검기도 하고, 누렇기도 합니다. 그리고 이 흙들은 축축하게 젖어 있는 진흙인데도 뭉쳐지지 않고, 억세면서도 메마르지 않습니다. 그러므로 겉보기에 진창이지만 수레가 빠지지 않고, 손과 발을 오염시키지도 않습니다.

　이런 땅에 심는 곡식으로는 씨앗이 큰 것도 있고 작은 것도 있습니다. 이때 토질에 적합한 곡식을 심으면, 잘 자라서 자연스럽게 수확도 많아집니다.

정조가
물었다

"소밀疏密을 알맞게 한다!"라는 말은 무엇을 뜻하는가? "좋은 벗, 즉 양붕良朋이 나쁜 벗인 악붕惡朋을 두려워한다!"라는 말은 무슨 물건을 지적하여 비유한 것인가?

다산이
답했다

'소밀疏密'은 '성기고 빽빽하게 한다.'라는 의미인데, 곡식을 심을 때의 방법을 말합니다. 곡식을 심을 때, 그것을 알맞게 해야 수확이 많아집니다. 곡식의 특성에 따라 30센티 내외의 거리를 두거나 5센티 내외의 사이를 두어야 합니다. 모종을 드물게 심거나 빽빽하게 심는 것은 땅의 특성을 고려해야 합니다. 토양이 기름지고 메마름을 살펴서 심어야 한다는 뜻입니다.

'양붕良朋이 악붕惡朋을 두려워 한다!'는 말은 귀한 것이 천한 것과 같지 않다는 의미입니다. 싹이 무성하게 자라는 곡식이 잡초를 제거하는 데 좋다는 말입니다.

이에 관한 기록은 모두 명나라 때의 마일룡馬一龍이 지은 『농설農說』을 참고하면, 잘 알 수 있습니다.

정조가
물었다

봄에 씨를 뿌리고, 가을에 거두는 것이 농사일의 일반적인 모습이다. 그런데 중국의 절강성浙江省의 영가현永嘉縣 일대, 즉 구월甌越의 남쪽 지방에는 1년에 세 번이나 벼를 수확하고, 1년에 두 번이나 양잠養蠶을 한다고 한다. 어떤 때는 1년에 여덟 번이나 누에고치를 수확하였다는 진기한 사례도 있다. 이런 현상은 무슨 까닭인가?

다산이
답했다

1년에 3모작, 즉 세 번 수확하는 벼와 8모작, 즉 여덟 번이나 치는 양잠에 대해서는 『포박자抱朴子』에 나와 있습니다. 뿐만 아니라, 『포박자』에는 "진안晉安 지방에 아홉 번이나 수확하는 벼가 있다."라고도 했습니다. 이와 관련하여 「이물지異物志」에는 "교지交趾 지방에 1년에 2모작, 즉 두 번 심는 벼가 있다."라는 기록을 찾아볼 수 있습니다.

또『일통지一統志』에는 "안남安南 지방에 1년에 두 번 심는 벼와 여덟 번 치는 누에가 있다."라고 했는데,『영가군기永嘉郡紀』에서 말하는 "여덟 번 치는 누에가 있는데, 3월에 치는 것은 완진蚖珍이고 4월에 치는 것은 자진柘珍이다."라고 하는 부류가 이것입니다.

대개 남쪽 지방은 적도赤道에 가깝습니다. 그러기에 태양이 언제나 사람의 머리 위에 있고, 땅의 기온이 항상 뜨겁습니다. 그러므로 그

곳에서는 동물과 식물이 빨리 자라며, 빨리 성숙합니다. 그 지역 땅의 이치가 그렇기 때문에 여러 번 수확하고, 누에도 여러 번 칠 수 있는 것입니다.

정조가
물었다

천체天體의 28개의 별자리 가운데 네 번째 별자리의 별들을 방성房星이라고 한다. 그 방성의 별들은 말의 수호신으로 불리기도 하고 다른 말로는 농상農祥이라고도 한다. 농상은 해가 막 졌을 무렵인 초저녁에 나타나는 별이기에, 사람들은 이 별을 농사 시기를 알려 주는 기준으로 삼았다.

그런데 한 해의 순서가 바뀌어 도수度數가 잘못된다면, 이 별자리를 기준으로 농사를 지을 수 없지 않겠는가? 그렇다면 명나라 때의 정치가인 서광계徐光啓가 말한 「점후편占候篇」은 융통성 없는 자기 고집에 가까운 논의가 아닌가?

다산이
답했다

서광계의 「성력론星曆論」에 대해서는 별도로 다른 글이 있습니다. 「점후편」은 농사철에 대한 대략적인 경험을 논의한 기록입니다. 그러므로 반드시 한 해의 순서를 살펴서 태양·달·별들이 운행하는 도수를 정한 것은 아닙니다.

정조가
물었다

　서량西涼 지역, 즉 지금의 감숙성甘肅省 등지에서는 보리의 일종인 백맥白麥을 재배한다. 이 지역의 백맥이 익는 때는 중국의 남쪽 지방과 비교해 보면 그 시기가 다르다. 그렇다면 원나라 때의 학자인 왕정王禎의 「수시도授時圖」도 개인적인 고집이 반영된 논의라는 비난을 면치 못할 것이 아닌가?

다산이
답했다

　왕정의 「수시도」에 의하면, "8월에 보리를 심어서 이듬해 5월에 수확한다."라고 했습니다. 또 곽의공郭義恭의 『광지廣志』에 의하면, "완맥椀麥은 양주涼州에서 생산되는데, 3월에 심으면 8월에 익는다."라고 했습니다. 두보杜甫의 시에도 "양주 지방에 백맥이 말랐다!"라고 노래했습니다.

　감숙성 양주는 중국의 서쪽 변방은 귀퉁이에 치우쳐 있습니다. 따라서 보리가 익는 시기를 중국 전역에 맞춰 그 표준을 정하기 힘듭니다. 왕정의 「수시도」는 중국의 중앙을 기준으로 하는 정시正時에 근거한 것입니다.

정조가
물었다

『관자』「지원地員」에서, '적로赤壚・황당黃唐'이라는 명칭을 거론했는데, 이에 대해 대전戴墳이라는 학자는 『서경』「우공禹貢」의 미흡한 부분을 보충한 것이라고 했다. 또한 『관자』「지원」에는 토회법土會法이라는 개념이 등장한다. 이는 산림山林과 천택川澤에 적합한 곡식의 종류를 가리는 것인데, 문정文定은 후세 사람들이 이 글에만 의존하여 게으름을 피우게 될까 봐 걱정했다.

그렇다면 제나라 환공의 패업霸業을 도운 관중管仲이 농사에 힘쓴 것이 과연 삼왕三王의 제도制度보다 훌륭한가?

다산이
답했다

적로와 황당은 모두 토양의 명칭입니다. 『관자』「지원」에 의하면, "7척이나 되는 큰 자인 시施를 가지고 토양을 구분한다. 5시施면 그 토양이 적로인데, 흙덩이가 굵고 강하고 비옥하여 오곡이 모두 잘 자란다. 4시施면 그 토양이 황당인데, 잘 자라는 곡식이 없다."라고 했습니다. 이에 대해 대전은 적로와 황당은 색깔과 흙덩이로 그 토질을 구분하는 말인 '백분白墳・청려青黎'의 토양과 비슷한 부분이 있기 때문에 『서경』「우공」의 미흡한 점을 보충한 것이라 했습니다. 『서경』「우공」에는 "청주青州 지방의 토양은 백분이고, 양주梁州 지방의 토양은 청려다."라고 되어 있습니다.

또한 『주례』 「지관」에 다음과 같은 기록이 있습니다. "산림山林에서는 동물의 경우 털 있는 짐승이, 식물은 열매껍질이 검은 밤이나 도토리 같은 것이 적합하고, 구릉丘陵에서는 열매에 씨 있는 식물이, 분연墳衍에서는 콩같이 꼬투리 있는 식물이 적합하다. 사람의 생김새도 지역에 따라 달라서 천택川澤 지방에 사는 사람은 살갗이 검고 윤이 나며, 분연 지방에 사는 사람은 살갗이 희고 야위었다!" 천택과 분연에 사는 사람들이 검고 윤이 나며 희고 야윈 것과 같은 선업견에 사로잡혀 있었기 때문에 문정文定이 게을러질까 봐 걱정한 것입니다.

『관자』 「지원」은 『관자』 진본眞本으로 볼 수 없습니다. 토양의 등급에 따라 세금을 계산하던 방식인 토회법도 반드시 주나라의 법도라 할 수가 없습니다.

그러므로 관중의 정책과 관련하여, 왕도王道와 패도覇道의 구별에 대해서는 논의할 필요가 없습니다.

정조가 물었다

한나라 문제文帝는 직접 밭 가는 시범을 보이면서 백성에게 농사를 가르쳤지만, 당시에 여전히 놀고먹는 자들이 많았다. 반면, 당나라 말기의 거부巨富였던 장전의張全義가 사람들에게 곡식을 심고 가꾸기를 권장하자 들판에 비워 둔 땅이 없을 정도였다. 그렇다면 임금으로서 사람들을 지도하는 것이 한 고을의 군수가 나서 지도하는 것보다 못하단 말인가?

다산이 답했다

　전한前漢 때의 훌륭한 임금들은 밭을 직접 가는 시범을 보이면서 농사를 권장했습니다. 그럼에도 불구하고 게으른 사람들은 여전히 많았습니다. 후당後唐 때는 착한 관리가 황무지를 개척하여 곡식 심기를 권장했는데, 이때 토지를 놀리는 일이 거의 없었습니다.

　이런 사실에 대해, 저는 이렇게 생각합니다. 국가 전체의 모든 사람에게 농사의 중요성을 가르쳐 근면하게 살도록 만드는 것은 진실로 어려운 일입니다. 하지만, 규모가 작은 지역에서는 그 지역의 지도자가 직접 나서면 정책을 시행하기가 훨씬 수월해집니다. 즉, 천하를 다스리는 임금과 지방을 다스리는 군수의 역할은 본질적으로 다르며, 이런 점에서 이를 단순 비교하기는 어렵습니다.

정조가 물었다

　번수樊須가 농사일에 대해 묻자, 공자는 "소인小人이다!"라고 말했다. 허행許行이 "직접 아침저녁 밥을 짓는다!"라고 하자, 맹자는 "오랑캐의 짓이다!"라고 배척했다. 그 까닭은 어디에 있는가?

다산이 답했다

공자가 번수를 꾸짖은 것에 대해, 저는 이렇게 생각합니다. 농사는 먹고사는 물질을 공급하여 육체를 기르는 근본이 됩니다. 도의道義는 정신을 단련하여 성품을 기르는 일입니다. 그런데 번수가 농사를 배우려고 요청한 것은, 크고 작은 일과 빨리하고 늦게 해야 할 일이 무엇인지, 그 분별을 제대로 하지 못한 짓입니다. 꾸중을 듣는 것은 당연합니다.

맹자가 허행을 배척한 것에 대해서는 이렇게 생각합니다. 선비가 농사를 중요하게 여기는 것은, 옳고 그름이 분명한 한계를 정하고, 농사짓는 시기를 빼앗지 않는 것에 지나지 않습니다. 어찌 선비가 일정한 거처도 없이 이리저리 떠돌면서, 논밭 사이에서 농부와 섞여 거처할 수가 있겠습니까? 허행의 주장을 오랑캐의 생활이라고 몰아붙인 것은 당연합니다.

정조가 물었다

「홍범구주洪範九疇」에 의하면, 농사에 대한 여덟 가지 조목에서 '먹는 일'을 첫 번째로 꼽았다. 반고班固의 「식화지食貨志」에서는 네 가지 부류의 사람들을 말하면서, 농부를 두 번째로 자리매김했다. 이렇듯 순서의 차례가 같지 않은 것은 무엇 때문인가?

다산이 답했다

이 문제는 강조하는 부분이 달라서 그렇습니다. 「홍범구주」의 여덟 가지 조목은 음식물이나 재물에 관한 것을 전적으로 말한 것입니다. 그러므로 '먹는 일'을 첫 번째에 둔 것이 당연합니다. 네 가지 부류의 사람들은 인간 사회 전체의 생명 문제를 통틀어 논의한 것이므로, 농부를 두 번째에 둔 것이 당연합니다.

정조가 물었다

장마와 가뭄이 이상 기후를 타서 흉년이 계속 들고 있다. 황무지가 개간되지 않아 묵는 논밭이 점점 많아지고 있다. 그뿐만이 아니라, 창고엔 묵은 곡식조차 없고, 들판에는 굶주려서 누렇게 뜬 사람들이 늘어나고 있으니 근심이다. 높은 관직에 있는 자들의 과소비로 힘없는 사람들은 나날이 더욱 곤궁해진다. 무슨 대책이 없는가?

다산이 답했다

어떤 글에서 이르기를, "기름진 들판 천리千里를 육해陸海라 부른다!"라고 했습니다. 제가 생각하기에, 농사에서 가장 소중한 일은 관개시설보다 더한 것이 없습니다. 우리나라의 관개법灌漑法은 겨우 시냇물이나 개울물을 막아 이용하는 것뿐이고, 강가의 편편한 황무지와 넓은 간석지는 그대로 버려져 있는 것이 많습니다. 이는 다름이 아니라, 기구器具가 좋지 못하기 때문입니다.

관개시설에 대한 기구는 원나라 때 황하黃河를 파면서 처음으로 정교하게 만들었다고 합니다. 그것이 명나라의 신법新法에 의해 제도적으로 완전하게 갖춰졌습니다. 항승恒升과 옥형玉衡과 같은 기구는 모두 물을 끌어 올리는 것인데, 사람 키를 훌쩍 넘기기도 합니다. 홍흡虹吸과 옥통玉筩과 같은 기구도 마음대로 물을 채우고 뿜어내기에 충분합니다.

지금 그런 제도를 참고하여, 물을 퍼내는 기구를 만들어 이용하게 해야 합니다. 먼저 들판에 있는 농지에서 시험한 다음, 산골에 있는 농지까지 미치게 한다면, 국토 가운데 개간되지 않은 땅이 없을 것입니다.

제가 강조하는, 이른바 '관개시설을 정비하여 지리地利를 넓혀야 한다!'라는 정책 대안이 바로 이것입니다.

다산의 질문 ③

고난은 함께 헤쳐 나가야 하지 않겠는가

정약용이 과거시험에 시험관으로 참여하여 출제한 책문으로, 흉년에 사람들을 구제하는 정책인 '황정책荒政策'을 물었다. 역대 유명한 구휼의 정책과 그 의의 등을 되짚고, 현재 극심한 가뭄을 구제하기 위해 여러 정책을 시행함에도 실질적인 효과를 보지 못하는 현실을 지적한다. 인간 사회에는 각종 재난이 발생하기 마련이다. 자연재해는 물론이고 인간의 부주의나 제도의 미흡으로 일어나는 사건 사고도 있다. 농경사회의 경우, 무엇보다도 흉년으로 인해 사람들이 굶주리거나 가난에 시달리는 일이 시급하게 해결해야 할 핵심 정책이었다.

『주례』「지관地官」의 관직 제도에 의하면, 대사도大司徒가 '황정荒政 12조목'으로 모든 사람이 안정적으로 모여서 살도록 도왔다. 12조목은 국민 통합을 뜻하는 취만민聚萬民, 세금 감면해 주는 박정薄征, 형벌 완화를 뜻하는 완형緩刑, 노동 부담을 경감시켜 주는 이력弛力, 규제 완화를 뜻하는 사금舍禁, 불필요한 금기를 철폐하는 거기去幾, 예식을 간소화하는 생례眚禮, 과도한 애도를 제한하는 쇄애殺哀, 음악과 놀이를 장려하는 번악蕃樂, 결혼을 장려하는 다혼多婚, 미신을 타파하는 색귀신索鬼神, 도둑을 근절하는 제도적除盜賊이다.

성인聖人의 법도는 인간의 삶에 필요한 조목을 거의 빠뜨린 점이 없으므로, 황정에 대해서도 제대로 밝혔을 것이니, 시행할 일이 과연

이 12조목뿐이겠는가?

　이익을 분배해 주는 '산리散利' 정책은 돈이나 재물을 관리하는 문제에 해당할 듯한데, 예전 학자들은 이를 오직 씨앗과 식량의 배분으로 해석했다. 장사를 하여 취득한 물건을 다루는 '박정薄征'의 법령은 시장 정책에 해당할 것 같은데, 정현鄭玄의 주석에는 조세租稅라고 하였다. 그렇다면 물가를 조절하는 관중管仲의 경중법輕重法과 조세를 안정화하는 맹자孟子의 조철법助徹法은 모두 국가 정책의 근거로 인용할 만한 것이 못 된단 말인가?

　먼저 물가를 조절하는 경중법을 살펴보자. 물건이 넘쳐날 때는 나라가 사들여 가격을 안정시키고, 물건이 부족할 때는 방출하여 물가를 낮추는 정책이다. 조철법은 조법助法과 철법徹法을 합친 말이다. '조'는 은殷나라의 조세법인데, 630무畝의 토지를 70무씩 9등분하여 주위의 8구역은 8가구가 각각 분배받아 경작하고, 중앙의 1구역은 공전公田으로 정하여, 이를 8가구가 힘을 보태서 경작한 후, 거기에서 나오는 생산물만을 세금으로 바치는 제도다. 이른바 정전법井田法이다.

　또한 '철'은 주나라의 조세법으로 한 농부마다 100무씩 분배받아 경작하여 거기서 수확한 10분의 1을 세금으로 바치는 제도다.

　이미 완형緩刑을 언급하였는데, 무엇 때문에 또 제도적除盜賊을 거론하였는가? 이미 간소화하라는 생례眚禮라 해 놓고, 또 무엇 때문에 색귀신索鬼神을 거론했는가? 경서經書의 말과 주석서注釋書의 해설이 서로 어긋나는 부분이 있어, 제도의 뜻이 합치되기 어렵지 않은가! 거기去幾에 대한 해석도 옳고 그름에 대한 논의가 분분하고, 번악蕃樂에 대한 뜻도 그 글자 모양이 너무나 다르다. 누구의 말이 옳고 누구의 말이 그른지 분석하여 논할 수 있겠는가?

슬퍼서 가슴을 두드리며 우는 일에도 예의와 격식에 따라 정해진 방식이 있는데, 무엇 때문에 예를 간소화하는 일을 거론했는가? 시집가고 장가드는 것도 시기가 있는데 무엇 때문에 육례六禮를 갖추지 않고 지내는 혼인이 많음을 거론했는가?

국가 간에 침벌侵伐은 예고 없이 벌어지는 일이 다반사인데, 왜 군역과 부역의 완화가 필요하다 하였는가? 흉년이 들면 도둑들이 늘어나기 마련인데, 왜 산과 들에 출입하는 사람들을 통제하는 정책을 논의하였는가? 이러한 12조목은 오늘날의 상황에서 일일이 시행할 수 없는 내용이 많다. 이에 대한 적용 여부를 열거하여 충분히 고민해야 하지 않겠는가?

한나라의 관리 급암汲黯은 황제의 명을 받아 하내河內 지역의 피해 상황을 조사하러 갔다가, 홍수와 가뭄으로 인해 1만 여 가구가 굶주리고 있는 것을 보고 직접 창고에서 곡식을 꺼내 사람들에게 나눠 주었다. 이는 국가의 공식적인 지침 없이 개인의 판단으로 시행한 것이었지만, 누구도 그를 처벌하지 않았다.

또 다른 사례로, 후한의 복담伏湛은 평원 태수로 재직하던 중 난리가 나서 사람들이 굶주리자, 가족들에게 "지금 모든 사람이 굶주리고 있는데 어떻게 나 혼자만 배불리 먹을 수 있겠소!"라며 거친 밥을 먹었다. 그는 이를 통해 명예를 얻고자 한 것일 수도 있지만, 그 진정성을 의심받지는 않았다.

이 두 사람의 사례를 보라! 예전의 관리나 학자들이 그들을 나무라지 않은 것은 무슨 까닭이었겠는가?

종친宗親과 가깝게 지내는 정치는 더욱 강화해야 할 텐데, 진晉나라 효무제孝武帝는 왕족들에게 지급하는 보조금을 절반으로 줄였고, 토목공사 비용 문제로 인해 사업을 취소해야 하는 상황에서도 절서浙西 지역의 경제 활성화를 위해 지원을 지속했다. 이는 황정荒政의 원칙에 부합하는 정책이라고 할 수 있겠는가!

진晉나라 때 전쟁이 벌어져 식량이 부족해지자 굶주린 사람들이 들쥐나 겨울잠 자는 제비蟄燕들을 잡아먹었다고 한다. 경제난이 심할 때, 정부는 비상식량을 마련할 책임이 있는데, 이를 위해 기르던 돼지를 하사한 사례도 있다. 또한 역사적으로 흉년을 극복하는 다양한 식량 대체재가 있었다. 예를 들어, 산에서 자라는 대나무 열매, 오매烏昧의 잎사귀, 토란, 감자 등이 대표적이다. 이런 식량 자원이 실제로 위기 극복에 도움이 되었겠는가?

장정들을 모집하여 군사 병력을 충당한 것이 어째서 은혜로운 정책이 되는가? 승려들을 시켜 탑을 건립하도록 한 것도, 역사적으로 보면 그 시대의 중요한 일이라고 할 수 있겠는가?

구리나 철로는 원래 사람들의 굶주림을 해소할 수 없다. 그런데도 화폐를 주조하여 사람들을 구제한 것은 정책적으로 과연 어떠한가? 원래 비단으로는 사람들의 굶주림을 해소할 수 없다. 그런데도 비단을 내려 사람들을 도와준 것은 과연 효과적인 구제책이 아닌 듯한데, 어떠한가? 이에 대한, 장단점을 분명하게 말할 수 있겠는가?

우리나라에서는 황정에 관한 제도 설치도 많았고 규모도 질서 정연했다. 혜민서惠民署, 활인서活人署, 선혜청宣惠廳, 균역청均役廳과 같은 관청들을 비롯해, 함경도와 평안도 지방의 교제창交濟倉, 전라도와 충청도 지방의 상진곡常賑穀 등의 구휼창고가 그러하다.[14] 이들은 서로 계승되고, 안팎이 서로 관련되어, 창고에 비축한 곡식이 풍부했고, 정책을 세밀하게 시행했다. 이런 정책이나 제도가 하·은·주 삼대三代를 앞지를 만한 점도 있었다.

14 혜민서는 서민을 위한 병원이고, 활인서는 구호 활동을 수행하는 기관이며, 선혜청은 구휼미를 관리하고, 균역청은 균역법을 시행하고 관리하기 위해 설치된 관청이다.

그런데 최근에는 그 폐단이 생겨나고, 날로 기강이 문란해져 국가나 개인의 창고가 모두 텅 비었다. 풍년에 저축하고 흉년에 나눠 주는 제도도 법도나 질서도 무너지고 말았다. 이러다 보니, 특별한 상황이 발생하지 않는 평년에도 사람들이 제대로 생활하지 못할 뿐만 아니라, 한번 흉년을 당하면 국가가 아무런 대책을 세울 수도 없는 지경에 이르렀다.

요즘 상황을 보면, 극심한 가뭄으로 재해가 발생하여, 팔도八道의 사람들이 모두 곤궁하다. 임금께서는 잠과 식사를 제때 못하면서 걱정하시고, 나라에서는 곤궁함을 구제하기 위해 최선을 다하고는 있지만 역부족이다. 벌써 창고가 텅 비었고, 비축한 식량이 모두 바닥이 났다. 어떻게 할 것인가?

옛날에 주자朱子는 가뭄과 흉년에 대비하기 위해 교맥蕎麥, 즉 메밀을 심도록 권장했다. 주자가 제시한 대안은 상당히 좋은 방법으로 인정받았으나 막상 시행해 보니 실제 효과는 미미했다. 이전의 임금들이 조세를 납부할 때, 기장과 조로 대체하도록 조치를 취한 것은 의미 있는 정책이었지만, 사람들에게 미치는 혜택이 흡족하지 못하였다.

고향을 떠나 이리저리 떠도는 유민流民을 금지한 정책은, 때로는 생계를 위해 여기저기 떠돌며 살 만한 곳을 알아보는 가난한 사람들의 소원에 어긋나기도 했다. 곡물을 비축하기 위해 주민들이 관청에 내야 하는 공곡公穀의 납부를 연기해 준 정책은 간사한 하급 관리들의 농간 때문에 제대로 작동되지 않았다. 조세를 면제해 주어도 부정과 진실은 언제나 분명하지 않은 부분이 많았고, 병역이나 부역을 완화하여 주어도 누가 청백리淸白吏이고 누가 탐관오리貪官汚吏인지 두루 살필 수 없는 실정이다.

부유한 사람들에게 곡식을 납부하도록 권유하면, "강제로 빼앗아 가는 것이 아닌가?" 하는 불만이 나오고, 반대로 먼 지방에서 곡식을 옮겨 와 배급하려 하면 "주었다가 다시 가져가는 것이나 다름없다!"는 원성이 터져 나온다.

그러니 흉년이 들었을 때 국가가 외부에서 식량을 들여오는 것은 오히려 불필요한 논란을 일으킬 수도 있다. 결국, 과거의 현명한 지도자들이 나라의 비축 창고를 열어 직접 사람을 구제했던 방식과 비교하면, 지금의 정책은 그만큼 효과적이지 못한 것이 아닌가 하는 아쉬움이 남는다.

이리저리 온갖 생각을 해 보아도, 참으로 임금님의 걱정을 들어 드리고, 수많은 사람들의 생명을 구제할 길이 보이지 않는다. 여러 관료들과 학자들은 학문이 상당한 수준에 이르러 세상 이치를 관통했고, 지식이 온 시대의 역사를 통달했을 정도다. 평소에 생각해 둔 대비책이나 정책이 있으면 진지하게 제안해 보라!

다산의 질문 ④

소금에서 국가 운영의 해법을 찾아보자

흔히, '빛과 소금'이라고 말하듯이 소금은 모든 사물의 생명을 지속하는 주요한 요소이다. 체내의 수분 조절, 즉 체액의 평형과 관련된다. 소금으로 간을 맞추지 못하면, 음식도 맛이 없을 뿐만 아니라, 몸의 신진대사를 돋굴 수도 없다. 그러기에 모든 국가에서는 소금을 관리하는 '염책鹽策'을 마련하여 인간의 삶을 운용해 왔다. 현재도, 소금이나 담배, 인삼, 지하자원, 수자원 등 삶에서 주요하게 다루어야 할 산업은 국가적 차원에서 정책을 편다.

소금은 모든 일에 필수적이고 모든 사람이 원하는 것이다. 사람들의 식생활食生活을 돕고, 국가의 재용財用을 넉넉하게 만드는 데 소금보다 중요한 것은 없다. 칡으로 짠 베와 소금을 조공한 사실이 요임금 때에 처음 나타난다. 처음으로 불을 지펴 밥을 짓던 시대에는 바닷물을 끓여 소금을 만들 줄 몰랐던가?

『주역』「설괘전說卦傳」에는 강노剛鹵, 즉 간석지干潟地의 모습이 이미 기록되어 있다. 그렇다면 복희씨伏羲氏가 괘卦를 그리기 전에 간석지가 있었던 것인가?

제사祭祀에는 보통 귀하고 아름다운 물건을 바치는 것이 원칙이다. 그런데도 쓴맛이 강한 고염苦鹽을 쓰는 것은 무슨 뜻인가? 또한, 손님을 접대할 때는 대개 기름진 음식을 마다하지 않는데, 유달리 덩어리 소금인 형염形鹽을 쓰는 것은 무슨 예의인가?

경전에 의하면 연못에서 얻는 지염池鹽, 돌에서 얻는 석염石鹽, 우물에서 퍼올리는 정염井鹽, 땅에서 얻는 지염地鹽이 이미 주나라 때 존재했다고 기록되어 있다. 그러나 역사서에 의하면 못에서 석염을 파내고 바닷물을 말려 소금을 생산했다는 기록이 후위後魏 때 처음 등장했다고 적혀 있다. 그렇다면 이 소금 만드는 여러 방법이 진秦나라와 한漢나라 때 와서 폐지된 것인가?

소금 못인 염지鹽池와 소금 우물인 염정鹽井에는 일반적으로 몇 갱의 구멍을 내는지 알고 있는가? 염수를 증발시켜 얻는 수염水鹽과 절벽 등지에서 소금을 캐내는 애염厓鹽은 모두 몇 종류나 있는가? 또한 청염靑鹽, 녹염綠鹽, 백염白鹽, 홍염紅鹽, 흑염黑鹽은 어떻게 그 색깔이 같지 않고 다채로운 것인가?

차가운 소금이라 하는 한염寒鹽은 무슨 책에 보이고, 소금의 색이 희고 부드러운 유염乳鹽은 어느 지방에서 생산되는가? 마찬가지로 중국에서 생산되는 소금들은 잠염韆鹽, 난염欒鹽, 봉염蓬鹽, 냉염冷鹽, 맥염陌鹽 등 그 이름을 생산지, 형태, 색깔, 질감, 성질에 따라 구분하여 부르고 있다. 이것들이 생산되는 지명과 쓰이는 용도를 제각기 가리켜 말할 수 있는가?

「제어齊語」에는 "관중이 어염魚鹽의 판로를 열어 제후들을 이롭게 하였다."라고 하였다. 반면 『관자管子』에는 "관중이 염철鹽鐵의 이권을 독점하여 모든 사람에게 해독을 끼쳤다."라고 하였다. 같은 인물에 대해 헐뜯거나 칭찬하는 양상이 이렇게 다르게 기록되어 있는데, 두 책의 옳고 그름을 분명히 말할 수 있겠는가?

진秦나라는 제齊나라를 차지한 뒤, 얼마 안 되어 멸망하고 말았다. 그렇다면, 한나라 때 학자 동중서董仲舒가 "소금의 이익이 옛날의 곱절이나 되었다."라고 한 말은 잘못된 것이 아닌가?[15]

15 한나라 때 소금과 철의 전매제를 실시하여 국가가 소금과 철의 생산과 유통을 독점하였다. 이때 동중서의 말처럼 재정의 입장에서는 경제적 이익이 증가했으나, 백성들에게는 큰 부담으로 작용하였다. 다산의 물음에서, 진나라가 제나라를 차지한 것과 한나라의 염철 전매제는 직접적인 관련은 없으나, 진나라의 멸망 원인 중 무거운 세금과 강제 노역이 중요한 요인으로 꼽히는 점을 지적했다고 볼 수 있다. 즉, 국가의 과도한 개입이 나라의 부강과 직결되는 것은 아니며, 오히려 백성들의 불만을 초래해 국가를 위태롭게 할 수도 있다는 점을 지적하는 것이다.

오吳나라 왕인 유비劉濞는 본디부터 한漢나라를 빼앗으려는 뜻을 품고 있었다. 그런데도 『한서』를 지은 반고班固는 "소금의 이익이 오나라 왕에게 반역을 일으킬 마음을 싹트게 하였다."라고 서술하였다. 이는 너무 단순하고 성급한 해석이 아닌가?

한나라 무제武帝 때 국가가 직접 소금을 관리하는 전매 기관인 염관鹽官을 설치했지만, 정작 국고는 비어 있었다. 반면, 한나라 선제宣帝 때는 소금값을 내렸더니 오히려 지방의 군국郡國들이 경제적으로 풍족해졌다. 그렇다면 소금의 독점이 정말 국가의 재정을 안정시키는 데 도움이 되지 못하는 것일까?

성인이 된 국민 수를 기준으로 소금 소비량을 추산하고, 그 장부에 따라 소금에 대한 세금을 계산하는 우책禹筴은 어떤 법이고, 소금 굽는 가마인 뇌분牢盆은 어떤 물건인가? 소금 정책과 관련하여 논란을 제기한 학자들은 누구이며, 염관을 부활시키자고 주장한 신하는 누구인가?

 후위^{後魏} 때 견침^{甄琛}이 염관^{鹽官}의 혁파를 힘써 주장한 것은 어쩌면 너무 지나친 논의가 아닌가? 반면 유동^{劉彤}은 염관의 철폐가 전적으로 백성에게 이익이 된다고 말하였는데, 어쩌면 현실과 부합되지 않는 주장이 아닌가?

 유안^{劉晏}의 상평법^{常平法}은 마땅한지 마땅하지 않은지가 분명하지 않다. 풍년에 오히려 비싼 값으로 쌀을 사들였다가 흉년에 반대로 싼 값으로 사람들에게 팔아, 풍년이나 흉년에 관계없이 고르게 나눠 먹이려는 취지는 이해한다. 그러나 정말 효과가 있었는가? 그렇지만 이와 비슷하게, 한유^{韓愈}가 소금을 국가에서 전매하자는 논의에 대해 비판하며 공격한 것은 너무 엄격한 것이 아닌가? 송나라 신종^{神宗} 때의 염법^{鹽法}은 소금의 전매를 확대하여 하북^{河北}까지 아울러 전매하도록 하였고, 명나라 때의 『대명률^{大明律}』에는 소금을 사적으로 유통하면 참수형으로까지 판결하였다. 즉 "사사로이 소금을 굽는 자는 곤장 100대, 감옥 살이 3년에 처하고, 체포에 저항하는 자는 참수형에 처한다." 이에 대한 옳고 그름을 모두 상세히 말할 수 있는가?

 소금은 사람들이 일상에서 수시로 먹어야 하는 것이다. 오곡^{五穀}이 있어도 맨밥을 먹을 수는 없고, 여러 가지 나물이 있어도 나물을 그냥 절일 수는 없다. 소금으로 초와 간장을 만들고, 소금으로 젓갈을 담근다. 소금으로 나물을 무치고 장조림을 만들며, 소금으로 국의 간을 맞추고 음식의 성질을 조화시킨다. 날마다 먹는 음식 가운데 한

가지라도 소금을 필요로 하지 않는 것이 없다. 사람들이 필요로 하는 것이 이렇게 간절하므로, 마땅히 국가에서 담당하여 제대로 정책을 펴야 한다.

그런데 한漢나라 이후, 소금에 대한 정책을 까다롭게 하여, 국가가 그 이익을 독점하였다. 관청에서는 장사를 하면서도 부끄러운 줄을 몰랐고, 형벌이 지나쳐 코와 발꿈치를 베면서도 딱하게 여길 줄을 몰랐다. 그리하여 자연의 바른 이치를 해치고, 사람들의 원망이 쌓이게 되었다. 그런데도 대대로 독점적인 정책을 펼쳐 오면서 끝내 고칠 줄을 몰랐다. 국가의 재정은 더욱 침체되어 경비를 조달하기조차 어려웠다. 옛날에는 소금에 대한 이익을 말하지 않았는데도 국가가 부강했고, 사람들의 삶이 풍족한 것이 오늘날보다 훨씬 나았다고 하는데, 이는 무슨 까닭인가?

우리나라는 소금에 관한 제도를 세운 것이 여러 왕조보다 훨씬 뛰어났다. 염장鹽場이 대군大君·왕자군王子君·공주公主·옹주翁主의 집인 궁가宮家에 소속되어 있기도 했고, 염세鹽稅는 군현에만 바치게 했으므로, 호조戶曹의 경비를 소금에 의지하지 않은 지 오래되었다. 그렇게 내려오다가, 균역법均役法을 시행하면서 달라졌다.[16]

한 조각일지라도 개인의 땅은 모두 국가의 토지대장에 흡수되었고, 이에 따라 몇 개의 소금가마까지도 모두 무거운 세금을 물게 되었다. 세액을 충당하기 어렵게 되자, 소금업에 종

16 균역법은 조선 영조 26년(1750년)에 백성의 세금 부담을 줄이기 위하여 만든 납세 제도다. 종래의 군포를 두 필에서 한 필로 줄이고, 부족한 액수는 어업세·염세·선박세·결작 따위를 보충하여 징수하였다.

사하는 사람이 더욱 적어졌고, 손해와 이익이 서로 어긋나 사람들이 잘 살아갈 수 없게 되었다.

 영남嶺南 지역은 뱃길이 중간에 통하였으므로 국가에서 염창鹽倉을 설치했다. 관북關北 지역은 소금가마의 이익이 적은데도 사람들이 염세鹽稅를 바쳐야 했다. 반대로 내륙의 산골 지역은 소금이 금옥金玉같이 귀하므로, 오늘날에는 그 협잡하는 방법과 폐단의 조목을 낱낱이 거론할 수 없을 정도다.

 이제 그 세금을 공평하게 하고 병들고 여윈 사람들을 소생케 하여, 위로는 국가의 재정에 모자람이 없고 아래로는 사람들의 식생활이 곤궁하지 않도록 하려면, 어떤 방법을 써야 하겠는가?

3부

작은 일에서 나라의 미래를 본다

정조와 정약용은 나라를 지키고 발전시키는 일과 관련해 당시의 조선이 당면한 문제들을 당연하게 여기지 않았다. 최고지도자의 정책 입안 과정은 처절할 정도로 민생을 걱정하며 개혁을 강조하는 현안들로 가득하다. 그 모습에서 이상과 현실, 문제와 해법을 통찰하는 깊이를 발견할 수 있다. 하나를 보면 열을 안다는 말은 국가 운영과 정책 대안 제시에도 적용된다. 작은 일도 허투루 대하지 말라고 강조하며 사회

병사와 농부는
하나다

동서고금을 막론하고 국토방위의 문제는 최우선으로 고려되는 정책이다. 지도자의 책무는 나라 땅에서 함께 모여 농사를 지으며 살아가는 사람들에게, 생명을 안전하게 보존할 수 있도록 최선을 다하는 것이었다. 농경사회에서 농민은, 농사를 지으면서도 그와 관련되는 다양한 역할을 겸비했다. 평화로울 때는 농사를 짓는 농민으로 생활하고, 전쟁이 일어나면 병사가 되어 국토방위에 나서는 '병농일치兵農一致'다. 안전을 보장받기 위한 군사 정책은 농사와 병졸, 군사시설 등을 어떻게 결합하여 시행하느냐와 연관된다.

정조가
물었다

지금, 우리 조선의 현실은 참담하다. 척박한 산간 지역이나 농업 생산이 어려운 작은 마을들은 나라의 명령을 받드는 데 지쳐 있다. 그리고 산속에 사는 화전민이나 해변의 어부들은 세금을 바치는 데 시달리고 있다. 그뿐만이 아니다. 여주와 양주 등 몇몇 지역의 기름진 논밭은 모조리 호족豪族들의 소유가 되어 버렸다. 흉악하고 약삭빠른 자들이 사방에서 세력을 키우고 있으니, 나라에서 베푸는 은택이 일반 사람들에게 미치지 못하고 있다.

더 큰 문제는 수도를 지키는 군대다. 궁성을 수비하거나 숙직하며 왕궁을 지키는 병사들의 운영 재정은 원래 경기 내에 있는 둔전屯田에 의지한다.[17] 그러나 지금 경기도 내 군대 운영을 위한 국유 농지의 규모를 개인이 소유한 땅과 비교해 보면 100분의 1에도 미치지 못한다. 결국 가까운 지방을 버리고 먼 지방에서 식량을 가져오고 있으니, 불편한 점이 매우 많다. 이게 말이나 되는 일인가?

[17] 조선시대의 둔전은 국가가 변방 지역에 군인들을 주둔시켜 농사를 짓게 함으로써 군량 조달과 국경 방어를 동시에 해결하는 제도였으며, 특히 임진왜란 이후 군사력 보강과 재정 확충을 위해 확대 시행되었다.

다산이
답했다

제 생각은 이러합니다. 수도권의 자원을 강화하려면, 충청도의 북쪽 경계부터 황해도 예성강 상류인 저탄猪灘 이남까지 10여 개의 군·현을 떼어 경기로 편입시킬 필요가 있습니다. 또한 전국에 흩어져 있는 군대 소속 둔전들을 시세에 맞춰 교환하여 경기도로 집중시킨다면, 수도 방어에 필요한 자원을 효율적으로 관리할 수 있을 것입니다. 경기의 사방 100리 되는 지역에서 병사와 농부가 하나가 되어 왕궁을 호위하도록 만든다면, 나라의 형세가 더욱 튼튼하게 되고 병력도 더욱 강성하게 될 것입니다.

정조가
물었다

우리나라의 방어 체계, 즉 군사 거점인 진鎭이나 보堡의 운영 방식도 신중하게 고려할 필요가 있다. 진이나 보를 처음 배치하였을 때는 상당히 믿을 만한 제도였겠지만, 지금은 그렇지 않다. 조그마한 진이나 험악한 지역의 보에 복무하고 있는 민병民兵의 경우, 그 규모가 100호戶도 채 미치지 못하는 곳이 있다. 이렇게 형편없는 병력을 가지고는 좀도둑을 막아 내는 데도 힘이 부족할 것이다. 하물며 몽골이나 여진 등 철기로 무장한 군대를 어찌 당해 낼 수 있겠는가?

또 그 진이나 보의 이름들도 살펴보아야 한다. 어떤 것은 3~4글자가 반복되거나 어색하여 조잡하고 의미가 불분명하다. 무관들이 그런 명칭을 공식 직함에 사용하고 있는 상황인데, 이는 국가의 위신을 고려할 때는 물론이고, 해당 관료들의 직위를 존중하는 측면에서도 바람직하지 않다. 어떻게 생각하는가?

다산이
답했다

제 생각으로는, 지금 국경 지역과 변방의 여러 방어 거점들을 통합하여 규모를 키우고, 보다 강한 군사 조직을 만들 필요가 있습니다. 방어력을 분산시키기보다는 보루堡壘들을 합쳐 하나로 만들거나 통합하여 영領을 설치하여 집중하는 것이 중요합니다.

명칭도 신라의 경덕왕이 고을 이름들을 고치던 방식을 참고하여,

복잡한 것은 없애고 간소하게 만들어야 합니다. 모두 두 글자로 된 명칭으로 바꾸어 쓰도록 한다면, 변방이 더욱 튼튼해지고 저급한 풍속도 깔끔하게 변모할 것입니다.

정조가 물었다

병자호란 당시 남한산성 안에 비축된 곡식은 겨우 1만 섬에 불과하여 5일치 군량미도 되지 못했다. 그 뒤에 군량미를 늘려 15만 섬까지 되었다고 하는데, 지금은 다시 해마다 줄어들고 달마다 축소되어 4~5만 섬에 지나지 않는다. 그 가운데 절반가량은 민간에 나누어 주기 때문에 성 안에 비축해 놓은 실제 군량미는 2만 섬에 불과하다. 군량미 비축이 이 모양인데 어떻게 성을 지킬 수 있겠는가?

다산이 답했다

이 문제는 심각합니다. 다시 군량미를 무작정 늘리기에는 여러 가지 어려움이 있습니다. 특히 경기도 광주 지역에서는 곡식을 관리하는 현실적인 문제가 굉장히 큽니다. 이런 상황에서 군량미를 늘리는 것만으로 문제를 전부 해결할 수 없습니다.

제가 일찍부터 남한산성 동문東門 근처에서 눈여겨본 것이 있습니다. 밖으로는 여러 겹의 산으로 둘러싸여 있고, 물은 30리쯤 흐른 뒤에야 큰 시내로 들어가며, 그 시내도 다시 10여 리를 흘러 큰 강으로 이어집니다. 그러므로 제 생각에는, 군량미를 강 연안의 여러 고을에다 분배하고, 동시에 물이 시내로 들어가는 곳에다 별도로 창고 하나를 설치해 놓고 군량미를 배로 운반하여 출납하도록 만드는 것입니다. 그렇게 한다면, 광주의 주민들만 일방적으로 고생할 염려가 없고, 군량미도 빨리 떨어지는 걱정이 없을 것입니다.

또한 그 지역은 비할 데 없이 험하고 좁습니다. 두어 개의 성문이나 성곽을 세우면, 한 사람이 방어해도 그곳을 지켜낼 수 있을 것입니다. 험난한 산길이 여기저기 연결되어 있으므로 군량미를 운반하는 데도 적이 강탈해 가거나 뒤를 차단해 버리는 일을 염려하지 않아도 될 것입니다.

해적을 물리치고
경계를 늦추지 말라

국경을 방어하고 수비하는 일은 지리적 위치에 따라 육지와 해상으로 나누어진다. 한반도는 삼면이 바다로 둘러싸여 있고, 해상에 침입하는 적군으로는 왜구가 상당히 위협을 가하는 존재였다. 따라서 왜적을 어떻게 방비하고 물리치느냐가 해상 방어의 핵심이 되었다. 다음의 문답에서 해상의 지형지물을 활용한 지리적 이점, 해상과 육지가 유기적으로 연결되는 방어선 구축, 임진왜란이나 병자호란과 같은 옛날 경험에서 군사적 지혜를 발휘하여 안보 강화에 힘쓰기를 소망하였음을 알 수 있다.

정조가 물었다

어째서인지 요즘 사람들은 지리地理가 정치와 정책의 기본이 되는 줄을 알지 못한다. 국경을 지키는 지역에서는 안보를 강화해야 하는데, 정작 실질적인 대비보다는 엉뚱한 논의만 오가고 있다. 성곽과 그 주변에는 방어시설을 구축한 흔적이 거의 없다. 경기京畿의 병마절도사兵馬節度使 인사 문제에 대해서도 논의가 오락가락하고, 강화도의 통어사統禦使 임명 문제도 의견이 통일되지 못한 채 표류하고 있다.

울릉도와 손죽도 등은 오랫동안 비어 있는 섬이 되었고, 북쪽 국경 근처의 여연군과 무창군 같은 지역도 거리가 멀다는 이유로 예전의 모습을 되찾지 못하고 있다. 또한 중앙에서 재정을 독점하지 않는데도, 건어물이나 소금 같은 필수품들이 점점 귀해지고 있다. 각 지역에는 지하자원을 캐라는 임무가 부여되지 않았는데도 금이나 은 따위가 차츰 바닥을 드러내게 되었다. 인재가 점차 줄어들고 사회 분위기가 야박해진 것은 말할 필요도 없다. 이러한 몇 가지 문제에 대해, 민생이 안정되도록 바로잡는 정책을 누구에게 물어야 하겠는가?

다산이
답했다

임금께서 오늘 대책을 제시하라고 말씀하시면서, 먼저 산과 바다와 같은 자연지리에 대해 언급하셨고, 다음에는 사람들이 살아가는 땅에서 구축되는 인문 지리로 논의를 마무리했습니다. 또한 정책 실행 과정에서 염려되는 부분들을 낱낱이 지적하시고, 무식한 저희에게 설명을 해 보라고 요구하셨습니다.

이는 지혜로운 분이 아무것도 모르는 나무꾼에게 조언을 구하는 것과 유사합니다. 제가 아는 것이 부족하지만, 그래도 평소 보고 들은 바를 바탕으로 감히 말씀드려 보겠습니다.

국경 방어가 허술하다는 문제점은 참으로 임금께서 염려하시는 것과 같습니다. "병사兵士란 100년 동안 써먹지 않을지언정, 하루라도 방비가 없어서는 안 된다."라는 말이 있습니다. 『주역』에서도 "조심스럽게 호령하여 방비하였기 때문에 밤중에 전쟁이 일어나더라도 걱정이 없다!"라고 했습니다.

이빨은 단단한 것도 씹을 수 있습니다. 하지만 모래나 작은 돌이 밥 속에 섞여 있으면, 아무리 단단한 것을 씹을 수 있는 이빨일지라도 깨질 수도 있습니다. 발은 구덩이도 뛰어넘을 수 있습니다만, 컴컴한 밤에 잘못하여 웅덩이에 빠지면 발목이 부러질 수도 있습니다. 이는 뜻밖에 일을 당하기 때문입니다.

우리나라는 삼면이 바다로 둘러싸여 적과 인접하고 있습니다. 서해의 경우, 걱정스러운 것은 해적들입니다. 옛날에 이점李岾, 전임田霖, 조원기趙元紀 등이 서해로 나가 해적들을 정벌한 적이 있습니다. 그러나 이 사실들이 『정토록征討錄』에 실려 있지 않습니다.[18] 그러므로 해적들을 정벌한 전말顚末이 어떻게 되었는지 알 수가 없습니다. 아마 조그마한 섬에서 해적들을 물리쳐서 그랬나 봅니다.

또한 왜적에 대한 걱정거리도 이만저만이 아닙니다. 왜적들은 원나라 군사들이 대마도를 침공한 뒤부터 원한을 가지고 있었는데, 조선 중엽에 이르러서는 더욱 심했습니다. 남쪽의 변방뿐만 아니라, 때로는 동쪽 변방이나 서쪽 변방에서도 곳곳이 위협을 받아 왔습니다. 결국 임진왜란에 이르러서는 전쟁이 극한으로 치달았습니다. 하지만 지난 일들은 이미 끝난 것이니, 이제 정말 왜적을 방어할 좋은 대책을 세워 둬야 합니다. 그렇게 하면, 앞으로는 편안하게 될 것입니다.

---

18 『정토록』은 조선시대 왜구, 여진족, 내부 반란 등에 대한 정벌 과정과 결과를 기록한 군사 문헌으로, 작전 계획, 전투 과정, 병력 동원, 전술적 분석 등을 담아 후대에 군사적 교훈을 남기기 위해 작성되었다.

정조가
물었다

또 염려해야 할 곳은 서쪽과 북쪽의 두 지역이다. 삼국시대나 고려 때만 해도 우리 군대가 그런대로 강성하여 국경 주변에 있던 여진족을 정벌하기도 했다. 그런데 지금은 태평을 누린 지도 오래되었고, 사람들도 안일함에 빠져 있다. 그렇다 보니, 적군이 쳐들어온다는 소문만 듣고도 놀라 머리를 싸고 쥐처럼 숨어 버리곤 한다. 이러한 군사를 가지고도 제대로 변란에 대처할 수 있겠는가?

다산이
답했다

지금 가장 시급한 일은 국경을 튼튼히 지키고, 성곽과 주변의 방어 시설을 제대로 갖추는 것입니다. 황해도와 평안도 경계인 동선銅仙이나 청석靑石은 서쪽 지역의 큰 방어선이고, 충청도와 경상도 경계인 조령鳥嶺과 죽령竹嶺은 남쪽 지역의 중요한 요충지입니다. 그런데도 작은 성을 쌓거나 성문을 지키는 것만으로 충분하다고 생각하는 듯합니다.

이는 저의 얕은 생각으로 보아도, 어리석은 일입니다. "염소를 잃고서 우리를 고친다!"는 속담이나 '각주구검刻舟求劍'과 같은 고사성어도 있지 않습니까? 사태가 벌어진 후에야 허둥지둥 대처하는 것은 전혀 현실적인 방안이 될 수 없습니다.

정조가
물었다

병자호란 때는 청나라 병사들이 청석령靑石嶺으로 쳐들어왔기에, 그 결과 청석령을 국경 방어선으로 삼게 되었다. 그러나 다음번에는 적군의 병사들이 다른 경로를 통하여 곧장 쳐들어올 수도 있지 않은가? 그렇다면 청석령 하나쯤은 잃어버려도 괜찮은 것이 아니겠는가!

마찬가지로 지난 번 임진왜란 때는 왜적들이 조령鳥嶺으로 쳐들어왔으므로 조령을 방어선으로 삼게 되었다. 그러나 다음번에는 허점을 노려 무방비한 다른 곳을 기습해 올지도 모른다. 그렇다면 조령 하나쯤은 신경 쓰지 않아도 괜찮지 않겠는가?

다산이
답했다

제 생각으로는, 서쪽 지역에서는 청석령보다 백치白峙를 지키는 것이 더 중요하고,[19] 남쪽 지역에서는 조령보다 추풍령을 지키는 것이 더 절실하다고 봅니다. 그러므로 지금이라도 마땅히 그 형편을 면밀히 살펴, 백치의 성곽과 보루를 더욱 강화하고, 추풍령에도 성과 방어시설을 빠르게 구축해 조령과 같은 수준으로 방어 태세를 갖춰야 합니다.

그렇게 한다면, 『주역』「계사하전」에서 강조했듯이, "문을 겹겹이 세우고 목탁을 쳐서 도적을 대비한다!"라는 뜻에

[19] 백치는 황해도에 위치한 서울과 평안도를 연결하는 고개다. 산봉식 산성이 있어 북방의 침입을 막는 방어선 역할을 했으며, 봉수대를 설치하여 국방의 요충지로 활용했다.

부합할 것입니다. 유비무환有備無患이라고 했듯이, 모든 일에 미리 경계하고 방비해 두어야 하지 않겠습니까? 국가의 안보는 실로 '목탁을 쳐서 도적을 대비하는 것'처럼 철저한 예방과 대비가 이루어져야 합니다.

하나된 마음으로
국토를 수호하라

국방 문제를 풀기 위해서는 다양한 정책 요소들을 고려해야 한다. 국토의 지리적 이점과 그것을 활용하는 전략 전술, 병사들과 지휘관의 자세 등 여러 요인이 국토방위의 현실에 영향을 미친다. 다음의 문답에서 알 수 있듯, 다산은 국방의 기본 원리를 강조한다. 천혜의 요새가 국토 곳곳에 있어 방어선을 구축할 수 있다 하더라도, 국가의 보존은 지도자가 구성원을 어떻게 배려하는가에 달려 있다. 그것은 사람 사이에 마음을 화합하는 일에서 판가름 난다.

정조가 물었다

한나라가 북방에 있는 돈황敦煌과 장액張掖을 국경 안으로 편입하여 철저히 방어하자 흉노가 비로소 쇠약해졌다. 반면, 당나라가 변방 지역인 복여福餘와 태령泰寧에서 국경을 방어하지 않고 철수하자 몽골이 다시 번성해졌다.

남방을 위협했던 진나라는 촉나라 지역의 땅을 전부 차지하며 세력을 키웠고, 강동 지방을 보전하였던 송나라는 회수의 긴 물줄기를 방어하며 나라를 지켰다.

이런 측면에서 볼 때, '한·당·진·송', 이 4대四代에 걸친 정책의 잘잘못을 낱낱이 분석해서 말할 수 있겠는가?

다산이
답했다

돈황과 장액은 흉노의 입장에서 보면 오른팔에 해당하는 전략적 요충지입니다. 복여와 태령은 몽골의 세력을 충분히 방어할 수 있는 요새입니다. 이러한 지역을 국경선의 안으로 편입하여 관리하느냐 아니면 방어선을 내어 주고 철수하느냐에 따라 흉노가 쇠약해지기도 하고 몽골이 강해지기도 하였습니다. 이는 지극히 자연스러운 흐름입니다.

또한, 진나라는 사천 지역인 서촉을 점거하고 남방까지 넘보았기에 기각掎角의 형세를 얻을 수 있었고,[20] 결국 오나라까지 위협할 수 있었습니다. 한편, 송나라는 회수를 지키고 강남 지역을 보전하였기에 마치 남조 때 북방 세력의 남하를 막은 것과 같은 기반을 보유할 수 있었던 것입니다.

[20] 기각은 사슴을 잡을 때 사슴의 뒷발을 잡고 뿔을 잡는다는 뜻으로, 앞뒤에서 적을 몰아침을 비유적으로 이르는 말이다. 협공을 할 수 있는 지형적 이점을 뜻한다.

그리하여 오나라의 마지막 황제인 손호係皓가 실수를 하지 않았다면, 진나라가 강을 쉽게 넘어올 수 없었을 것입니다. 이와 마찬가지로, 송나라 또한 변란 등으로 내부적으로 불안한 상황에서, 한쪽 구석 지역에서 끝까지 방어를 유지할 수는 없었을 것입니다.[21]

그러기에 옛사람이 말했습니다.

21 실제로는 오나라의 손호가 정치를 어지럽히고 내부 혼란을 초래하여, 제대로 저항하지 못한 채 진나라에 의해 멸망했다. 송나라 또한 회수를 방어선으로 삼았지만 변란과 불안정한 정세로 방어를 유지하기 어려웠다. 아무리 유리한 지형과 전략적 요충지를 확보하고 있어도, 국가 내부가 혼란스러우면 끝까지 버틸 수 없다는 점을 지적하는 대목이다.

"국가를 보전하는 일은 덕德에 달려 있다! 지리의 험악한 형세를 이용하는 데 있지 않다!"

또 이런 말도 있습니다.

"아무리 지리적 형세가 유리할지라도, 사람 사이에 마음이 화합하는 것만 못하다!"

제가 감히, 이 두 마디 말을 임금님께 말씀드리는 바입니다.

성곽을 정비하고
국방을
튼튼히 하라

국토방위는 자연의 지리적 조건을 최대한 활용하여, 방어시설을 튼튼하게 구축할 때 그 효율성 역시 배가할 수 있다. 이 문답에서는 옛날부터 전략 요충지에 만들어 놓은 성곽들은 적극적으로 다시 활용해야 한다고 강조하고 있다. 그리고 국방을 염려하지 않는 어리석은 자들에 의해, 요새와도 같은 지형이 허물어지거나 성곽을 버려 놓아 망가진 것들은 다시 복원하여 군사 방어시설을 구축해야 한다고 강조한다. 울릉도나 강화도, 그리고 제주도에 이르기까지, 주요 도서들의 군사적 가치도 시대에 맞게 다시 생각해 보게 해 준다.

> 정조가
> 물었다

성과 그 주변의 방어시설을 구축하는 문제도 심도 있게 논의할 가치가 있다. 신라와 고려 이전의 우리나라 군대는 매우 강성했고, 그 힘이 천하제일이었다. 당시에는 수나라나 당나라처럼 전쟁을 자주 하는 나라들도 우리나라를 칼로 대나무 쪼개듯 쉽게 이기지 못했다. 그 까닭이 무엇이겠는가?

**다산이
답했다**

제가 여러 지역을 다니며 높은 산에 뚜렷하게 남아 있는 성터들을 볼 때마다, "저것이 무엇인가?"라고 물어보았습니다. 그때 대체로 왜적들의 성터라고 대답하는 사람들이 많았습니다. 그러나 실제로는 왜적들의 성터가 아니라, 바로 고구려·백제·신라 등 삼국이 지역을 분할하여 서로 대치하고 있을 당시에 쌓았던 산성山城들이었습니다.

우리나라에 왜적들이 침략하기 이전에 간행된 책인 『동국여지승람』을 살펴보면, 각 지역에 산성들이 어마어마하게 많았다는 것을 알 수 있습니다. 이루 다 셀 수가 없을 정도입니다. 이는 아마도 삼국 시대에 전쟁이 잇달아 일어나자, 산성을 곳곳에 쌓아 두었기 때문일 것입니다.

전쟁이 없는 평시에는 산성 아래로 내려와 농사를 짓고, 전쟁이 나면 곡식들을 거두어 산성 안으로 들어가 버렸던 듯합니다. 이것이 이른바, '들을 깨끗이 하고 보루를 견고히 하라!'는 계책인 것입니다. 그리하면 적들이 산성을 공격해 온다고 할지라도 시간이 길어질수록 그들의 군량이 바닥나게 되고, 무리하게 성을 공략하려고 하면 오히려 산성 안에서 반격당할 위험을 감수해야 했습니다. 이로써 아군이 직접 칼날을 겨루기도 전에 적들이 반드시 스스로 퇴각하고 말 것이며, 이를 대비하여 활용한 것입니다.

정조가
물었다

지금은 교통이 편리한 고을과 큰 마을들이 성벽이나 관문도 없이 넓은 평야에 그대로 노출되어 있다. 게다가 곡식과 쌀이 날로 불어나 창고가 해마다 가득 채워지는 형편이다. 이런 상황에서 혹시 전쟁이라도 일어나게 된다면, 손 한번 제대로 써 보지 못하고 적에게 곡식을 바치고 말 테니, 이 얼마나 민망스러운 일이 아니겠는가?

다산이
답했다

지금이라도 마땅히 각 지역의 수령들에게 옛 성곽이 있었던 곳을 조사하여 보고하도록 하십시오. 그중에서도 지대가 높고 평탄하면서 돌이 많고, 물이나 샘이 끊기지 않는 곳을 골라 성곽을 다시 정비해야 합니다.

또한, 국경이나 전략적으로 중요한 지역에서는 행정 중심지를 옮기거나, 창고에 있는 곡식과 무기들을 안전한 곳으로 이전하는 것도 필요합니다. 더 나아가 지역의 부유한 가문 몇몇을 성 안으로 이주시키면, 전쟁이 났을 때 피난할 장소가 확보되는 것과 같습니다. 동시에 적병들에게 무기나 식량을 보태주는 염려도 없게 될 것입니다.

정조가
물었다

강화도를 관리할 수 있는 것은 오로지 교동喬桐의 지원에 힘입고 있기 때문이다.[22] 때로는 교동을 강화도에 통합하기도 했고, 때로는 교동을 따로 두기도 했다. 그만큼 논의들이 여러 갈래였고 지역 배치도 여러 차례 바뀌었다. 어떻게 하는 게 좋겠는가?

게다가 심각하게 바라봐야 할 문제도 있다. 진창 갯벌 여기저기에 자갈을 깔아 놓아서, 천군만마千軍萬馬라도 한꺼번에 마음대로 달릴 수 있다고 한다. 이와 같다면, 바다 가운데 있는 다른 섬들 가운데 무엇 때문에 강화도를 선택했겠는가?

[22] 교동도는 강화도 바로 옆에 있는 섬으로, 지리적으로나 행정적으로 강화도와 밀접한 관계가 있었다. 강화도와 마찬가지로 교동도 역시 조선의 중요한 방어 기지이자 전략적 요충지였다. 강화도는 외적의 침입을 방어하는 곳이었기 때문에, 주변 지역과의 협력이 필수적이었고, 교동도가 중요한 협력 거점으로서 중요한 역할을 했을 것이다.

다산이
답했다

제 생각으로는 지금 교동을 다시 강화도로 통합하는 것이 좋다고 봅니다. 강화도가 험난한 지역인 것은 삼면에 깎아지른 듯한 낭떠러지가 우뚝 서 있고, 한쪽은 진창 갯벌로 되어 있어 아무리 배가 있어도 육지로 올라올 수 없기 때문입니다.

그리고 자갈을 빨리 철거해 버리고, 대나무를 엮은 파자笆子로 길을 만들어야 합니다. 그래야만, 뜻하지 않은 전쟁이나 변고를 당하더라도 천연의 험지險地를 믿고 방어할 수 있을 것입니다.

정조가
물었다

울릉도와 손죽도 등은 어떠한가? 이 섬들을 빈 섬으로 방치해도 괜찮은가?

다산이
답했다

울릉도는 예전에 우산국으로, 신라 지증왕 때 정복하였던 곳입니다. 화살대, 담비 가죽, 기이한 나무, 진귀한 식품 등이 제주도보다 많이 생산됩니다. 또 뱃길이 일본과 인접해 있으므로 교활한 왜인들이 몰래 와서 울릉도를 먼저 점거해 버린다면, 이는 국가의 큰 걱정거리가 될 것입니다. 지금이라도 주민들을 모집하여 울릉도로 들어가서 살도록 만들고, 진鎭이나 보堡의 설치도 더는 지연해서는 안 됩니다.

어떤 이는 "울릉도를 빈 채로 방치한 것은 일본과 약속한 것이므로 약속을 위반할 수 없다!"라고 합니다. 하지만, 이런 말은 너무나 고지식한 견해에 불과합니다. 시대 상황을 잘 살피는 것이 중요합니다. 곧이곧대로만 나아가려고 하는 주장은 국가를 위하는 정책이 아니라고 봅니다.

반면, 여수 근처에 있는 손죽도는 조그마한 섬인 데다가 우려할 만한 문제도 보이지 않습니다. 방치하더라도 해로움이 없을 것입니다.

정조가
물었다

폐지된 사군四郡을 다시 두는 문제를 살펴보자. 장기적으로 봤을 때, 어떻게 처리하는 것이 좋겠는가?[23]

다산이
답했다

제 생각으로는, 이보다 시급하고 큰 문제는 없다고 봅니다. 압록강은 국토를 가로지르는 천연의 방어선으로, 이미 폐지된 사군 지역의 중간을 흐르고 있습니다. 그런데 수십 년 전부터 압록강 연안에 살고 있던 여러 오랑캐 종족이 손쉽게 건너와서 국토를 유린하고 민생을 위협합니다.

어떤 자는 나무 위에 집을 얽어 짓고 1년 이상을 살기도 하고, 어떤 자는 땅에 굴을 파고 거처하며 계절을 넘기기도 합니다. 산삼을 캐어 나물로 만들기도 하고 사슴을 잡아 안주로 만들기도 하며, 심지어는 활과 창을 메고 우리나라 사람들과 싸움을 벌이기도 합니다. 조그마한 진鎭이나 약한 보堡로서는 감히 어찌할 도리가 없는데도, 수신守臣이나 도신道臣 등 그 지역을 관리 감독하는 관리들은 그런 사실들을 숨기고 보고하지도 않고 있습니다. 앞으로 닥쳐올 걱정거리가 지금보다 훨씬 클 것입니다.

빨리 정부에서 결단을 내려야 합니다. 지금이라도 폐지된 사군을 다시 설치하

---

23 폐사군은 세종 때 북쪽으로 영토를 넓힌 4군 6진 중 조선 후기 여진족의 침입으로 인해 조선이 사실상 지배력을 상실한 길주 이북의 4개 군을 의미한다.

여, 선조들이 물려준 강토를 공고히 하셔야 합니다. 국경 요새지의 방어 초소에 감도는 나쁜 기운을 쓸어 버리십시오! 이런 일을 더 이상 지연시켜서는 안 됩니다.

정조가
물었다

탐라耽羅, 즉 제주도는 외딴섬이었으나 애초부터 그 지역의 우두머리인 성주가 있었다. 하지만 9한九韓 가운데 네 번째에 해당한다. 이 어찌 참담한 상황이 아니겠는가?

다산이
답했다

탐라耽羅, 즉 제주도가 9한 가운데 네 번째에 해당한 것에 대해, 『삼국유사』를 살펴보면 좋습니다.

안홍安弘의 『동도성립기』에 기록된 9한 가운데 그 첫째가 일본日本, 셋째가 오월吳越, 다섯째가 응유鷹游, 일곱째가 단국丹國, 아홉째가 예맥濊貊이고, 중화中華가 둘째, 탐라가 넷째로 되어 있습니다. 그러나 제 생각으로는 그 의례義例가 거칠고 번잡하므로, 수다스럽게 변론할 필요가 없다고 봅니다.

우리나라가 오래도록 오랑캐의 풍속에 물들었다는 사실에 대한 문헌 증거가 없고, 전해 오는 사적史籍은 대개가 황당하고 저속한 아야기들입니다. 신인神人이 박달나무 아래로 내려왔다고도 하고, 또는 큰 알에 아이가 잉태되어 흘러가는 박 속에 간직되었다고도 하며, 사람과 귀신에 대한 이야기들이 뒤섞여, 사리에 어긋나기 때문입니다.

저는 우리나라의 풍속이 비현실적인 아득히 먼 곳으로 치달리는 것을 깊이 개탄합니다. 우리 임금님을 비롯하여 조정에서 현실적으로 실제적인 가까운 것을 관찰하기를 간절히 바랍니다.

한반도에 있던
고대 국가들을
기억하라

역사는 현재를 비추어 보는 거울이므로, 단순한 과거의 기록을 넘어선 가치가 있다. 오늘날 우리나라가 굳건하게 서 있을 수 있도록 그 바탕을 만들어 준 한반도의 고대 역사를 낱낱이 살펴보면, 그 속에서 이 나라의 현실을 반성할 단서를 찾을 수 있다. 고조선에서 발해에 이르기까지, 한반도 고대 역사에서 사실은 무엇이고, 진실은 무엇이며, 그에 대한 관점은 어떻게 세워야 하는가? 올바른 역사의식이 나라의 미래를 비출 수 있다.

정조가 물었다

우리나라 조선의 지리와 역사에 대해 고민해 보자. 우리나라는 한쪽으로만 대륙과 연결되어 있고, 나머지 삼면三面이 바다로 막혀 있다. 조선이라는 나라 이름은 멀리 단군 시대부터 사용되었다.

숙신肅愼이란 나라 이름은 주나라 역사에 기록되어 있다. 한나라 무제는 '낙랑樂浪·임둔臨屯·진번眞番·현도玄菟'의 4군四郡을 나누어 설치했다. 당나라 고종은 9부九府를 옛날대로 설치했다.

하지만 그 지역이나 유적들에 대해, 옛것을 고증하여 현재에도 그대로 증명할 수 있겠는가?

다산이
답했다

우리나라를 보면, 산을 짊어지고 바다에 둘러싸여 있습니다. 지리적 조건으로만 이해하면, 한마디로 험난합니다. 그럼에도 불구하고, '중국의 제도를 이용하여 오랑캐의 풍속을 변혁시켰다!'라는 측면에서 조선은 찬란하고 아름다운 문물제도를 갖췄습니다. 따라서 '소중화小中華'라는 칭호를 붙이는 것은 당연합니다. 주변에 있는 동이족의 나라이지만, 중심에 있는 중국의 문명을 자신의 것으로 소화하여 문화를 발전시켜 왔던 것입니다.

우리나라가 '조선'으로 이름을 얻은 것은 벌써 기자箕子 이전부터였고, '숙신'으로 불린 것은 공자의 옛날 집 벽 속에서 나온 『상서』에 기록되어 있습니다. 이로 본다면, 우리나라의 국호가 중국에서 구체적으로 불려 온 것은 매우 오래전부터입니다.

한무제가 4군四郡을 나누어 설치한 것에 대해 살펴보았습니다. 제가 생각하기에는, 4군 가운데 진번眞番 1군만이 지금 우리나라의 국경 바깥에 있고, 그 외 3군은 그 지역을 뚜렷이 지적하여 증명할 수 있습니다. 낙랑은 지금의 평안도와 황해도 지역이고, 현도는 지금의 함경남도의 1000리쯤 되는 지역이며, 임둔은 지금의 저수 이남에서 열수 이북으로 경기의 북쪽 교외 지역입니다.

그런데 한나라 소제昭帝 시원始元 5년에 이르러, 4군을 혁파하고

2부府로 만들었습니다. 현도의 옛 지역을 낙랑의 동부로, 임둔의 옛 지역을 낙랑의 남부로 만든 다음, 이내 현도군은 진번의 옛 지역으로 소속시켜, 고구려를 비롯하여 3현縣을 통솔하도록 했습니다. 지금 반고의 『한서』「지리지」에 현도와 낙랑 2군만이 실려 있는 것도 바로 이 때문일 것입니다. 진번은 압록강 이북에서 홍경興京 이남까지가 모두 그 지역입니다.

반고의 『한서』「지리지」에는 다음과 같이 기록되어 있습니다. 이른바 누방鏤方은 지금의 덕천군德川郡이고, 증지增地는 지금의 증산현甑山縣에 해당합니다. 해명海溟은 해주海州, 점제黏蟬는 연안延安, 대방帶方은 장단長湍, 열구列口는 강화江華이며, 화려華麗나 불이不而는 영흥永興과 함흥咸興의 경계 안에 있던 지역들입니다.

「한지」나 「위사」 등을 고찰하고, 『수경』이나 『통전』 등을 고증해보면, 모두 확실한 증거가 있습니다. 하지만, 책문의 체제가 제한되어 있으므로, 제가 감히 여기에서 번거롭게 일일이 말씀드리지는 못합니다.

당나라 고종이 9부九府를 옛날대로 설치한 것에 대해 말씀드리겠습니다.

소정방이 백제를 멸망시키고 나서 그 지역을 분할하여 '웅진熊津·마한馬韓·동명東明' 등 5도독부五都督府를 설치했습니다. 그 뒤에 유인궤가 남원에 머물러 있으면서 남원을 대방주帶方州로 만들었습니다. 또 그 뒤에 이세적이 평양을 안동도호부安東都護府로 만드는 한편, 유인궤와 상의하여 고구려의 여러 성 가운데 도독부 및 주·군 등을 설치할 만한 곳을 편리한 대로 분할하여 모두 안동부에 예속시켰습니다. 이렇게 하여, 이른바 9부라는 이름은 이세적에게서 비롯되었습니다. 그러나 그 뒤 당나라에서 설치하였던 주·부 등은 모두 신라에 병합되어 버렸고, 한무제가 설치한 4군처럼 오래도록 유지하지는 못했습니다.

정조가 물었다

고구려의 건국이 한나라 원제元帝 이후인데, 공안국의 주석에서 그 이름이 미리 열거된 것은 왜 그런가?

다산이 답했다

제가 『서경』을 한번 살펴보았습니다. 『서경』에서도 빠진 부분이라고 하는 「회숙신지명賄肅愼之命」에서 공안국은 "동해東海의 고구려·부여扶餘·간駻·맥貊의 족속에 대해 주나라 무왕이 모두 소통했다."라고 주석을 붙였습니다.

그런데 후세의 학자들은 다음과 같이 말했습니다.

"고구려의 임금인 주몽朱蒙은 기원전 37년, 즉 한나라 원제元帝 건소建昭 2년에 비로소 국호를 세웠다. 공안국이 임금의 명령에 따라 『서경』의 「전傳」을 지을 때도 중국과의 왕래가 거의 없었는데, 하물며 무왕 때이겠는가?"

저는 이런 인식이 잘못되었다고 봅니다. 우리나라의 국호는 본래부터 지명地名을 따랐습니다. 주몽이 한나라 원제 때 고구려를 건국하였다 할지라도, '고구려'라는 땅 이름은 당연히 공안국 이전에도 있었을 것입니다. 그런데 어떻게 미리 열거한 것이 되겠습니까?

『문헌통고』에는 "한나라 무제가 고조선을 멸망시키고 고구려를 현縣으로 만들었다."라고 했습니다. 『한서』에도 "현도玄菟와 낙랑樂浪은 무제 때 설치되었다."라고 했습니다. 그러므로 「지리지」의 현도군 속현에 고구려가 명백하게 나타나 있습니다. 고구려라는 이름은 사실 한나라 무제 이전에 있었으니, 이것을 가지고 고문이 허위라는 확실한 증거로 삼을 수는 없습니다.

정조가
물었다

마한馬韓·예맥濊貊·고구려가 각각 그 이름을 쓰는 것이 2개다. 나라 이름과 지명이 어찌 이처럼 뒤섞여 구별이 없는 것인가?

다산이
답했다

첫째로, 마한이 2개나 있었다는 것에 대해 제가 생각해 보았습니다. 마한의 멸망이 왕망王莽 원년인 9년에 있었던 일이라고 『백제사』에 분명히 기록되어 있습니다. 그런데 그로부터 100여 년 뒤인 한나라 안제安帝 때 이르러, 고구려 태조가 마한·예맥 등을 거느리고 나아가 현도성을 포위했습니다. 『통전』에는 또 "진나라 무제 함녕 연간에 마한왕이 와서 조회했다."라고 기록하고 있습니다. 이를 근거로 본다면 마한이 전후에 걸쳐 두 나라가 있었는가 봅니다.

그다음으로, 예맥이 2개나 있었다는 것에 대해 제가 생각해 보았습니다. 예맥은 북부여北夫餘의 본래 이름입니다. 그런데 강릉江陵을 예濊라고 하고, 춘천春川을 맥貊이라고 한 것은 중세 시기에 불리게 된 명칭입니다. 아마 옛날에 북부여왕 해부루解夫婁가 동쪽 강릉으로 도읍을 옮긴 까닭에 마침내 강릉이 예로 불리게 되었나 봅니다. 「한사」나 「위지」에서 춘천을 맥이라고 한 것은 분명한 증거가 없습니다. 오직 가탐賈耽의 『군국지』에 명주溟州를 예, 삭주朔州를 맥으로 보았는데, 명주는 강릉이고 삭주는 춘천입니다. 지금의 우리나라 모든 역사책을 고찰해 보아도 예맥은 본래 두 종류가 아닙니다. 그런데 어찌 꼭 강릉·춘천 두 고을에다 나누어 소속시킬 필요가 있겠습니까? 지금 춘천에 맥국의 옛터가 있다는 것은, 춘천이 본래 낙랑의 옛 나라였으므로 맥국으로 불리게 된 것입니다.

또한, 고구려가 2개나 있었다는 것에 대해 제가 반고의 『한서』「지리지」를 살펴보았습니다. 고구려는 본래 현도현의 이름이라고 하였는데, 고구려가 현도현을 차지하기 전부터 고구려로 불렸기 때문에, 고구려가 2개나 있었다고 한 것입니다.

정조가
물었다

옥저沃沮·안시安市·패수浿水가 각각 3개다. 나라 이름과 지명이 어찌 이처럼 뒤섞여 있는데, 모두 열거할 수 있겠는가?

다산이
답했다

옥저가 3개나 있었다는 것에 대해 제가 생각해 보았습니다. 그 첫째인 북옥저北沃沮는 한나라 성제 때 고구려 동명왕이 북옥저를 정벌하여 멸망시키고 그 땅을 성읍으로 만들었습니다. 위나라 명제 때는 고구려왕이 왕기王頎에게 축출당하여 북옥저로 망명하였던 곳입니다. 그 둘째인 동옥저는 『후한서』에서 말한 불내예不耐濊가 바로 그곳입니다. 그 셋째 남옥저는 김부식이 말한, 남옥저 사람들이 서쪽으로 부양斧壤에 이르러 백제에 항복하였다는 곳입니다. 북옥저는 지금의 6진六鎭 지역이고, 동옥저는 철관鐵關 이북 지역이며, 남옥저는 철령鐵嶺 이북 지역입니다.

그런데 『일통지』에는 전혀 고찰하지도 않고 경솔하게, 지금의 해성현海城縣을 옥저의 옛 땅이라고 하였으니, 이는 본래 『요사』의 잘못된 부분을 그대로 갖다 놓은 것입니다. 『요사』에서 발해5경渤海五京을 요동 지역에 잘못 배열시켰기 때문에 옥저도 요동 지역에 있다고 했습니다. 발해5경은 상경용천부上京龍天府·중경현덕부中京顯德府·동경용원부東京龍原府·남경남해부南京南海府·서경압록부西京鴨綠府를 말합니다. 이 또한 개념 없는 짓이 아니겠습니까? 이렇게 말한다면, 옥저는 3개뿐만이 아니라 4개나 있는 셈이 됩니다.

그다음으로, 안시가 3개나 있었다는 것에 대해 제가 반고의 『한서』「지리지」를 살펴보았습니다. 「지리지」에서 "안시현은 본래 요동군에 예속되었다."라고 하였고, 또 "요수는 서쪽으로 안시현을 거쳐서 바다로 들어간다."라고 했습니다. 『요사』「지리지」에는 "철주鐵州의 건무군建武軍은 본래 한나라 안시현이었다."라고 하였으니, 이것이 첫째 안시입니다. 또 『성경속지』를 살펴보면, "요양遼陽의 동북쪽 사이에 안시의 옛 성이 있었다."라고 하였으니, 이 기록이 신빙성이 없는 것 같지만, 약간은 믿을 만한 점도 있습니다. 『당서』에 의하면, 이적李勣이 요수遼水를 건너 맨 먼저 개모성蓋牟城을 위시하여 동쪽으로 사비성沙卑城을, 또 동쪽으로 요동성을, 다시 동쪽으로 백암성白巖城을 함락시키고 나서 비로소 안시성에 이르렀습니다. 안시성이 개모성 70리 부근에 있었다면, 그가 백암성에 도착했을 때는 벌써 200리 밖이 됩니다. 그가 꼭 건안을 공격하지 않고 먼저 안시성을 공격하려고 한 것은 안시성이 그들의 뒤를 차단해 버릴까 두려웠기 때문이었습니다. 안시성이 본래 백암성 서쪽에 있었다면, 건안을 공격하지 않더라도 안시성이 진작 그들의 뒤를 차단하려고 했을 것입니다. 그렇다면 안시성이 백암성 동쪽에 있다는 것이 어찌 분명하지 않겠습니까? 이렇게 말한다면, 당나라 때의 안시성과 한나라 때의 안시성이 똑같지 않으니, 이것이 둘째 안시입니다. 김부식의 『삼국사기』「지리지」에 "안시성은 다른 명칭으로 환도성丸都城이라고도 한다."라고 하였는데, 환도는 지금 강계부江界府 북쪽 강 건너 지역에 있었습니다.

고구려 산상왕 때 일찍이 이 환도성으로 도읍을 옮겼으니, 이것이 셋째 안시입니다. 제가 또 「여지서」를 살펴보았는데, 용강현龍岡縣에도 안시 옛 성이 있었다고 하였으니, 이렇게 말한다면 안시는 3개뿐만이 아니라 4개나 있는 셈입니다.

또한, 패수浿水가 3개나 있었다는 것에 대해 제가 살펴보았습니다. 『사기』에는 "위만衛滿은 패수를 건너 평양의 옛 이름인 왕검성에 도읍하였고, 섭하涉何는 패수를 건너 한나라 요새지로 들어왔으며, 순체荀彘는 패수를 건너 우거右渠를 공격했다."라고 하였으니, 이는 압록강을 패수로 보았던 것입니다. 『한서』에는 "패수는 서쪽으로 증지增地를 지나서 바다로 들어간다."라고 하였고, 『통전』에는 압록강을 마자수馬訾水로 보았으며, 『당서』에는 "평양성은 남쪽으로 패수에 임해 있다."라고 하였으니, 이는 모두 대동강을 패수로 보았던 것입니다. 『일통지』에는 요동의 헌우락蓒芋濼을 옛날 패수로 지칭한 것이 있고, 『고려사』에는 평주의 저탄수猪灘水를 패수로 부른 것이 있습니다. 이렇게 말한다면 패수는 3개뿐만이 아니라 4개나 있는 셈입니다. 그런데 『황화집』에는 압록강만을 패수로 보았고, 김부식은 대동강만을 패수로 보았으니, 저의 얕은 식견으로는 정확하게 분석하여 판단할 부분이 아닙니다. 다만 『수경』에 기록되어 있는 패수는 분명 지금의 대동강입니다.

정조가
물었다

부여夫餘가 4개, 대방帶方이 5개, 가야伽倻가 6개씩이나 된다. 나라 이름과 지명이 어찌 이처럼 뒤섞여 구별이 없는데, 그것이 어디에 있는지 모두 열거할 수 있겠는가?

다산이
답했다

부여扶餘가 4개나 있었다는 것에 대해 제가 생각해 보았습니다. 그 첫째인 북부여는 바로 고구려와 백제의 종주宗主입니다. 『후한서』 및 『위지』에 모두 "부여국은 고구려 북쪽에 있다."라고 했습니다. 『통전』에는, "부여국은 만리장성 북쪽에 있는데, 현도까지의 거리가 천 리나 된다."라고 하였는데, 지금 『성경지』에 기록되어 있는 개원현開原縣이 바로 그 북부여의 옛 땅입니다. 그 둘째인 동부여는 한나라 초기에 북부여왕 해부루解夫婁가 동해의 해변으로 천도한 땅이 가섭원迦葉原인데, 가섭은 본디 지금의 강릉입니다. 그 셋째 졸본부여는 고구려 시조가 처음에 북부여에서 졸본으로 도망쳐 와서 붙여진 명칭입니다. 그 넷째 사비부여는 백제 문주왕이 공주의 옛 이름인 웅진으로 천도하여 백마강의 옛 이름인 사비수 상류에 거주하면서 붙여진 명칭입니다.

그다음으로, 대방帶方이 5개나 있었다는 것에 대해 제가 『한서』「지리지」를 살펴보았습니다. 「지리지」에는 "낙랑의 속현 가운데 대방이 있다."라고 하였고, 또 "대수帶水는 서쪽으로 대방을 지나서 바다로 들어간다."라고 하였습니다. 이때 대수는 지금의 임진강이니, 이것이 첫째 대방입니다.

한나라 말기에 공손강公孫康이 군사를 나눠 주둔하여 유염有鹽을 차지하고 대방군帶方郡을 설립했습니다. 유염은 지금의 연안延安이며, 그 뒤에 그 지방의 추장이 대방을 점거하여 대방왕이 되었습니다. 백제의 책계왕이 대방왕의 공주에게 장가들었으니, 이것이 둘째 대방입니다.

한나라 질제質帝 때, 고구려가 요동을 기습하여 대방령帶方令을 살해했습니다. 그 뒤 수나라 양제가 고구려를 정벌할 때 내린 조서에, "12군軍은 점제와 대방 등으로 출동하여 압록강 서쪽에서 회합하라."고 하였으니, 아마 요동 지역에도 대방이 있었던가 봅니다. 이것이 셋째 대방입니다.

이세적이 주州·부府 등을 배치할 때 올린 상소문에 "대방주帶方州는 본래 죽군성竹軍城이다."라고 하였는데, 죽군성은 지금의 나주에 소속된 회진會津의 옛 현縣 이름입니다. 대방이란 이름이 회진으로 옮아갔으니, 이것이 넷째 대방입니다.

백제가 평정된 뒤에 신라는 차츰 백제의 땅을 차지하였고, 당나라는 조서를 내려 유인궤를 대방주자사帶方州刺史로 임명하여 남원에 머물게 하면서 동쪽에서의 침범을 방어하도록 했습니다. 이에 대방이란 이름이 남원으로도 옮아갔으니, 이것이 다섯째 대방입니다.

그러나 요동 지역에는 본래 대방이 없습니다. 『한서』에 실린 대방은 추측한 말이고, 수나라 양제의 조서에서 말한 대방은 그저 과장한 것에 불과하니, 거론할 필요가 없다고 봅니다.

제가 또 『고려사』를 살펴보았습니다. 『고려사』에서 "남원부는 후한 헌제 연간에 대방군이 되었다."라고 했습니다. 정말 그렇다면 김부식의 『백제사』에 어찌 이런 말이 없겠습니까? 백제가 멸망하기 전에는 중국의 발자취가 한 번도 열수洌水의 남쪽까지 미치지 못했는데, 어떻게 남원을 갑자기 한나라의 군郡으로 만들 수 있었겠습니까? 이는 도저히 있을 수 없는 이치입니다.

또한, 가야伽倻가 6개나 있었다는 것에 대해 제가 생각해 보았습니다. 6가야六伽倻는 모두 김해를 종주로 삼았습니다. 김해는 금관가야金官伽倻, 고령高靈은 대가야大伽倻, 고성固城은 소가야小伽倻, 성주星州는 벽진가야碧津伽倻, 함안咸安은 아나가야阿那伽倻, 함창咸昌은 고령가야古寧伽倻로 되어 있습니다.

그러나 가야는 변한弁韓입니다. 『위서』「지리지」에 보면, 변한은 본래 12국으로 되어 있습니다. 『신라사』에 포상팔국浦上八國이 있는데, 바로 지금의 칠원漆原·웅천熊川·함안咸安·고성固城 등입니다. 가야 6군에다 포상 8국을 합하여 그 가운데 중복된 것을 빼버리면, 변한 12국이 그 숫자에 꼭 맞습니다.

정조가 물었다

고구려·백제·신라 즉, 삼국의 국경은 명확하게 어느 지역이고, 낙랑군의 속현屬縣인 점제黏蟬는 지금 어느 도道에 예속되었으며, 개마蓋馬는 과연 무슨 산인가?

다산이
답했다

삼국의 국경 구분에 대해서는 다음과 같이 생각합니다.

신라의 강토는 바로 지금의 영남 지역입니다. 물론 봉화에서 해안 이북으로 강릉까지도 신라의 옛 강토였습니다. 또 『삼국사기』에 의하면, 지금의 청주·옥천·영동·황간·청산·보은 등 여섯 고을도 본래 신라에 소속되었습니다. 이는 아마 추풍령으로 가는 하나의 산맥이 나지막하기 때문에, 신라의 강토가 점차 이처럼 확장되었던 것이 아닌가 생각됩니다.

백제의 국경은 본래 한강 이북까지를 점거하였다가, 뒤에 고구려의 괴롭힘을 받아 결국에는 한강 이남에서 남쪽으로 전라도 지역을 전부 차지하였을 뿐입니다.

고구려의 국경은 고구려의 시조 주몽, 즉 동명성왕이 국가를 건립하던 처음에는 지금의 소자하蘇子河 이북까지였습니다. 그의 아들 유리왕 시대에 이르러서야 비로소 압록강 이북까지 차지하였고, 동천왕 때에 이르러서는 패수浿水 이북까지 차지했습니다. 광개토왕 시대에는 저수潴水 이북까지 차지하였고, 장수왕 시대에는 남쪽으로 점차 확장하여 마침내는 한강 이북까지 차지했습니다.[24]

옥저는 본래부터 고구려에 항복하였고, 명주 동쪽과 한강 이남은

24 고구려의 국경에 관한 지명은 현대의 지명으로 정확히 일치하기 어려운 경우가 많다. 대략적으로 소자수는 중국 지린성(吉林省)에 있는 소자강 일대, 패수는 랴오허강(辽河) 일대, 저수는 하얼빈 근처의 수이푸강(綏芬河) 인근 지역으로 추정된다.

고구려가 잠깐 차지하였다가 도로 잃어버렸습니다. 이런 사실들은 역사에 실려 있으므로, 제가 자세히 말씀드릴 필요가 없겠습니다.

그다음으로, 점제가 지금 어느 도道에 소속되었는가에 대해 제가 반고의 『한서』 「지리지」를 살펴보았습니다. 「지리지」에서 "점제는 낙랑군에 소속되어 있다."라고 하였고, 탄열현의 주석에, "열수가 820리를 흘러 서쪽 점제에 이르러 바다로 들어간다."라고 했습니다. 열수는 지금의 한강이며 점제의 옛터는 당연히 강화도 근방에 있을 것입니다. 지금 연안·백천 등을 옛날에는 점제로 불렸던 것이 읍지에 실려 있으므로, 점제는 지금의 황해도에 소속되었다는 것을 의심할 여지가 없습니다.

마지막으로, 개마가 과연 어느 산인가에 대해 제가 반고의 『한서』 「지리지」를 살펴보았습니다. 「지리지」에서는 "서개마西蓋馬가 현도군에 소속되어 있다."라고 했습니다. 『삼국사기』에 의하면 "고구려 대무신왕이 개마국蓋馬國을 직접 정복하고 나서, 그 땅을 군·현으로 만들었다."라고 하였는데, 서개마는 지금의 분수령分水嶺을 말합니다.

제 생각으로는 『한서』에 이미 "서개마가 있다."라고 하였으니, 당연히 '동개마東蓋馬'도 있어야 할 것입니다. 그렇다면, 아마 백두산이 동개마가 아니겠습니까? 『통전』에 "동옥저는 개마대산蓋馬大山의 동쪽에 있다."라고 하였으니, 개마는 곧 백두산일 것입니다.

정조가 물었다

마한馬韓·진한辰韓·변한弁韓으로 불리는 삼한三韓의 영토를 어떻게 구분하고 소속시키는 것이 좋은가? 이 문제는 누구의 말을 따라야 하는가?

다산이 답했다

삼한三韓을 나누어 소속시키는 문제에 대해 알고자 『두씨통전』을 살펴보았습니다. 그 기록에서는 "마한은 서쪽에 위치하였는데, 그 북쪽은 낙랑과 인접해 있다."라고 하였고, 또 "진한은 동쪽에 위치하였는데, 그 북쪽은 예맥과 인접해 있다."라고 했습니다. 또 "변한은 진한의 남쪽에 위치하였는데, 그 남쪽은 왜국倭國과 인접해 있다."라고 하였고, 또 "변한은 진한과 뒤섞여 살았다."라고도 했습니다. 마지막으로 "삼한은 백제와 신라에게 병탄幷呑되었다."라고 기록하고 있습니다. 이로 말미암아 본다면, 마한은 지금의 호서와 호남 지역이고, 진한과 변한은 지금의 영남 지역임에 의심할 여지가 없습니다.

그런데 김부식의 『삼국사기』에 실려 있는 최치원의 편지에서는 조금 다른 견해를 보이고 있습니다. 최치원이 태사太師에게 말하기를, "마한은 고구려, 변한은 백제, 진한은 신라이다."라고 했습니다. 최치원이 마한을 고구려라고 한 것은 기자조선의 마지막 왕인 기준箕準이 본래 평양에서 금마金馬 즉 익산으로 천도함으로써 평양이 결국 고구려의 것이 되어 버렸기 때문에 이처럼 말한 것으로 보입니다.

그러나 변한이 백제라고 주장한 것은, 우리나라 어떤 역사를 고찰해 보아도 분명한 증거가 없습니다. 『후한서』에는 변한이 진한의 남쪽에 있는 것으로 기록되어 있는데, 백제가 어찌 신라의 남쪽에 있겠습니까? 그러므로 호조참의를 지내고 『동국지리지東國地理誌』를 쓴 한백겸韓百謙은 수로왕首露王이 세웠던 금관가락金官駕洛을 변한으로 보았습니다. 이는 고칠 수 없는 정론이 아닐까 생각합니다.

정조가 물었다

신라는 국토를 정리하면서 5악五嶽과 9주九州라는 개념을 만들어 정돈하고 배치했다. 5악은 중요한 산들을 의미하고, 9주는 이와 관련된 여러 행정 지역을 말한다. 고려는 네 개의 수도인 4경四京을 두고, 10도十道의 행정 구역을 나누었다.

또한, 진흥왕은 북쪽의 국경을 순수巡狩하여 그 공적이 나라의 영토를 개척하는 데 크게 기여했다. 경덕왕이 여러 고을의 이름을 개칭한 것은 그 뜻이 오랑캐의 풍습을 변혁시키려는 데서 나온 것이다. 이들의 소재지를 정확하게 지적하여 사실들을 논할 수 있겠는가?

> 다산이
> 답했다

　신라에서 5악과 9주를 정하여 배치한 것에 대해 살펴보았습니다. 북쪽 태백산, 남쪽 지리산, 동쪽 토함산, 서쪽 계룡산이 팔공산으로 불리는 중악中嶽과 아울러 오악이 됩니다. 이와 더불어 사벌沙伐인 상주尙州, 삽량歃良인 양주良州, 두병豆倂인 전주全州, 하슬何瑟인 명주溟州 등이 5주五州와 아울러 9주가 됩니다.

　그다음으로, 고려가 4경四京과 10도十道를 설치한 것에 대해 제가 『통고』를 살펴보았습니다. 고려 왕이 촉막군蜀莫郡에 거주하면서 이를 북쪽의 수도인 상경上京으로 삼는 한편, 신라의 옛 도읍인 경주를 동쪽 수도인 동경東京으로 삼고, 백제의 옛 도읍인 금마를 남쪽 수도인 남경南京으로 삼았으며, 기자의 옛 도읍인 평양을 서쪽 수도인 서경西京으로 삼았으니, 이것이 이른바 4경입니다. 그 뒤 성종 때 비로소 10도를 정하였으니, 개성부開城府와 아울러 관내도關內道·중원도中原道·하남도河南道·영남도嶺南道·영동도嶺東道·산남도山南道·강남도江南道·해양도海陽道·삭방도朔方道를 일컬어 10도라고 했습니다.

　또한, 진흥왕이 북쪽의 국경을 순수한 것에 대해 제가 살펴보았습니다. 진흥왕 16년에 북쪽 지방을 순수하여 고구려와 국경을 정했는데, 그 순수비巡狩碑가 함흥부咸興府 북쪽 황초령黃艸嶺 기슭에 있습니다.

　마지막으로, 경덕왕이 고을 이름들을 개칭한 것에 대해서는 앞에서 말한 사벌이 상주로, 삽량이 양주로 된 따위가 바로 그것입니다.

아침에 땅을 얻었다가 저녁에 도로 잃어버린 경우, 아무리 국토를 개척한 공적이 있다고 할지라도, 훌륭한 일을 했다고 말할 수 없습니다. 이와 마찬가지로 속된 명칭을 버리고 우아한 이름을 취한 경우, 아무리 지명을 변경한 아름다움이 있다고 할지라도, 소홀히 간주할 수 없는 일입니다!

정조가
물었다

발해가 차지했던 옛 강토의 경우, 절반쯤은 거란에 빼앗겨 버렸다. 고려 태조가 통일은 했으나 어찌 여한이 없겠는가?

다산이
답했다

발해 땅의 절반 가량이 거란에 흡수되어 버렸다는 것에 대해, 제가 살펴보았습니다. 고구려와 백제가 멸망한 다음, 발해가 뒤를 이어 일어났는데, 당나라 현종 때 발해왕 대조영大祚榮이 부여·옥저·조선 땅들을 모조리 차지하여 국토가 사방으로 수천 리나 되었습니다. 가탐의 『군국지』에서는 "발해의 땅이 덕원德原의 옛 이름인 동쪽의 천정泉井에서 서쪽으로 책성柵城에 이르기까지 통틀어 39역驛으로, 압록강 이북까지 강토를 크게 개척했다."라고 했습니다.

그러나 요나라가 발해를 멸망시킨 뒤로 압록강 이북 지방은 모조리 요나라의 통치권 안으로 들어가 버렸습니다. 압록강 이남에 있는 보주保州와 정주定州만이 그런대로 신라에 예속되었으며, 그 뒤에 고려 태조도 발해의 옛 강토를 수복하지 못했습니다. 참으로 한스러운 일입니다.

다산의 질문 ⑤

국방은 어느 모로 보나 최후의 보루다

국가를 유지하기 위한 요소는 여러 가지다. 국방, 외교, 교육, 세금, 치안 등 다양한 정책들이 어우러지는 가운데, 국가는 흥망성쇠를 거듭한다. 그 가운데 '국방'은 안보를 책임지는 최후의 보루다. 해양 국가나 삼면이 바다로 둘러 싸인 한반도의 경우, 국토방위에 필요한 배, 즉 전투함을 관리하는 일은 매우 중요하다. 그에 관한 정책 대안을 '전선책戰船策'이라 한다. 다음은 과거시험에 시험관으로 참여한 정약용이 작성한 책문으로, 각종 전투함과 그 운영의 실상, 나아가 도적을 막고 적을 대비하기 위한 올바른 전투함 운영책에 대해 물었다.

강이나 바다에서 벌어지는 전투에서는 배가 필수적이다. 이러한 전투함은 해적을 막고 변방을 튼튼히 하며, 뜻밖의 변고를 대비할 때 빼놓을 수 없는 군사 장비다.

중국의 지도를 보면, 서쪽에는 동정호洞庭湖라는 호수가 있고 오른쪽에는 팽려彭蠡가 있다. 즉, 이 지역에는 강과 호수가 많다는 것이다. 그렇다면 요순시대 남쪽 지역의 오랑캐였던 삼묘三苗를 정벌하는 전쟁에서 어찌 수전水戰이 없었겠는가?

고대 문헌에서는 '창시蒼兕'라는 단어가 등장하는데, 이는 배를 관리하는 직책을 뜻하기도 하고, 물에 사는 동물을 의미하기도 한다. 주나라의 강태공姜太公이 여러 제후국의 군대를 모아 은나라의 폭군주紂를 공격하려 할 때, 왼손에는 누런 도끼를 들고 오른손에는 흰 깃발을 잡고서 창시에게 전투에서의 승리를 맹세했다고 한다. 그리고 주나라 무왕武王이 군사를 이끌고 황하를 건너 은나라로 진격할 때, 강의 중간쯤 이르자 백어白魚가 왕의 배 위로 뛰어들었다는 일화가 있다. 이에 무왕은 흰색이 은殷나라를 상징하는 색이므로, 백어가 배 위로 뛰어든 일이 은나라를 격파할 조짐이라 생각하고, 이 백어에게 제사를 지냈다고 한다. 이처럼 창시에 맹세하고 백어에게 제사를 지냈다는 것으로 보아, 이 전투에서 이미 수군水軍을 사용했다는 말인가?

장안長岸의 전쟁에서 노획한 배는 무슨 배이고, 전국시대의 장수인 서승徐承의 군사가 간 곳은 어느 나라인가? 이러한 기록들도 수전水戰의 전통과 연관이 있지 않겠는가?

삼국시대의 적벽赤壁 전투에서는 동남풍이 승패를 좌우하는 중요한 요소였다. 만약 그 바람이 불지 않았다면, 결과를 쉽게 예측하기 어려웠을 것이다. 진晉나라 무제 때의 명장 왕준王濬은 거대한 전투함을 이끌고 강을 따라 내려갈 때, 얕은 물을 만나 배의 바닥이 땅에 닿게 되어 움직이지 못하게 될까 걱정했을 것이다. 그런데 후대 사람들은 이러한 고민이나 전략적 판단보다, 단순히 전쟁에서의 승패만을 가지고 영웅을 논의하고 평가하려 한다. 이는 복잡한 전쟁 가운데 영웅을 판단하는 올바른 기준이 아니지 않은가?

송나라 때, 장안長安 출신인 번약수樊若水는 당시 임금인 태조太祖에게 충성을 맹세하고 싶어 했다. 그리하여 채석강에서 고기잡이를 하다가 달밤에는 노끈을 배에 싣고 강의 너비를 쟀다. 태조가 강남 지방을 칠 때 부교浮橋를 놓고 도강渡江하게 되었는데, 번약수가 미리 재어놓은 너비가 한 치도 틀리지 않았다고 한다. 이게 사실인가?

송나라 고종高宗 때, 금金나라의 올출兀朮이 쳐들어오자, 한세충韓世忠이 황천탕黃天蕩에서 그를 막았다. 한세충은 금산金山 아래 대형 전투함을 배치한 후, 쇠를 녹여 긴 쇠줄을 만들고, 그 끝에 커다란 쇠갈고리를 달았다. 그런 다음, 용감하고 건장한 병사들에게 이를 맡겨 적의 뒤쪽으로 돌아가 배에 걸고 강하게 잡아당겼다고 한다. 이렇게 쇠줄과 갈고리를 이용해 적의 배를 하나씩 침몰시킨 전술이 바로 '금산에서 쇠줄을 만들어 큰 쇠갈고리를 꿰었다.'는 사건이다. 이는 무슨 전법이라 할 수 있는가?

한편, 배와 수레는 만드는 제도가 다른데도 송나라 때의 반역자인 양요楊幺는 배에 수레바퀴를 달아 마치 땅 위에서처럼 물을 안고 돌게 하였다. 물과 육지는 그 특징과 성격이 동일하지 않은데도 오吳나라 사람은 배에 반드시 성벽을 공격하는 성가퀴를 설치하였다. 그 제도에 대해 자세히 말할 수 있는가?

고대에는 해진 옷을 사용해 배의 물이 새는 것을 막았고, 후대에는 석회를 기름에 개어 썩은 배를 보수하는 방법이 사용되었다. 성인聖人은 지혜가 많은데도 이처럼 엉성했고, 세속의 학자들은 거친 성품을 가졌음에도 기술적으로는 매우 정밀했다. 그 이치를 상세하게 말할 수 있겠는가?

 육지에서 적을 막는 것보다, 바다 밖에서 선제적으로 적의 침입을 막는 것이 낫다. 마찬가지로 평지에서 전투를 치를 때도 병사들이 죽을 각오로 싸우도록 사지死地에다 결속시키는 것이 좋은 전략이 될 수 있다.

 전투함은 나라를 지키는 데 매우 이로운 장비라 할 수 있다. 조수潮水와 바람을 이용하여 마음대로 진퇴進退할 수 있고, 또 편리한 대로 포화砲火를 발사하여 공격할 수도 있다. 전선戰船이 돌격하면 가벼운 전차戰車나 날랜 기병騎兵도 따르지 못할 정도고, 적을 포위할 때는 육상에서 한 줄로 길게 늘어서서 벌이는 진법인 장사진長蛇陣이나 새의 날개 모양으로 진을 치던 조익진鳥翼陣보다도 우세하다. 그런데 어찌하여 우리나라에서는 체계적으로 전투함을 발전시키지 못하고 있는가?

 과거를 돌아보면 당나라의 소정방蘇定方이 바다 건너 한반도로 왔을 때, 백마강에는 한 척의 작은 배도 없었다고 한다. 원나라 세조世祖가 일본을 정벌하려 했을 때, 1만 척이나 되는 배가 일기도一岐島에서 전부 격파당했다. 삼면三面이 바다로 둘러싸여 있는 우리나라의 경우, 바다를 통해 들어오는 도적 떼를 막는 일이 다른 어떤 나라보다 중요하다. 그런데 자잘한데 매몰되고 지리멸렬한 것이 옛날부터 이러했으니, 이런 상황을 이해한다면 뜻있는 자들이 어찌 안타까워하지 않을 수 있겠는가?

명장 이순신李舜臣이 한산도에서 왜적을 쳐부술 때, 어떤 진법陣法을 썼는가? 또한, 숙종肅宗 때의 장군 신유申瀏는 무과에 급제하여 혜산진 첨절제사惠山鎭僉節制使를 지내고, 효종 9년에 나선정벌羅禪征伐에 참여했다. 그는 조총군鳥銃軍 250명을 거느리고 흑룡강黑龍江으로 원정에 나서 청나라를 도와 러시아 군대를 전멸시켰다. 이때 신유가 적을 무찌른 술책은 어떤 것이었는가?

이순신이 개발한 거북선은 어떤 원리를 본뜬 것이고, 골선鶻船을 만들자고 조정에 건의한 사람은 누구인가? 전투에 특화된 전선戰船과 병사와 군수품을 실어나르는 병선兵船은 어떤 차이가 있으며, 방어에 특화된 방선防船과 협공에 특화된 협선挾船은 어떤 차이가 있는가? 자그마한 거도선艍舠船이 가장 많은 곳은 어느 군영軍營이고, 맹렬하고 공격력이 강한 맹선猛船은 몇 층으로 이루어져 있는가?

전투함을 부분적으로 수리하는 것과 새로 건조하는 것에 대한 기한은 지역마다 각각 다르게 정해져 있다. 또한, 중심 거점인 주진主鎭과 보조적인 기지인 속진屬鎭의 제도를 유지하는 데에도 나름의 이유가 있다. 이에 대해 낱낱이 상세하게 말할 수 있는가?

전투함을 튼튼하도록 무겁고 크게 만들면, 왜선倭船을 제압하기는 이로우나 운행하기가 매우 어렵다. 반대로 그러므로 이것들로 가볍고 날래게 만들면 적선賊船을 추격하기는 이로우나 부서지기 쉬운 우려가 있다. 이 두 가지 가운데 어느 법이 나은가?

전투함을 한군데만 매어 두면 중요한 부품을 녹슬지 않게 해야 하는 본의에 어긋난다. 돌아다니며 장사하도록 허가해 주면 급할 때 격문檄文을 띄워 바로 불러들일 방법이 없다. 이 두 가지 가운데 어떤 논의가 좋은 것인가?

수군水軍은 산골 지역에 많이 있고, 내륙의 어느 지역에는 간혹 수군이 없는 경우도 있다. 당초에 이렇게 법을 만든 뜻을 지금 상세히 말할 수 있는가?

요즘에 와서, 법이 오래됨에 따라 폐단이 생기게 되었다. 그리하여 배를 건조할 때에도 옛날 제도대로 하지 않게 되어 감독하는 사람이 재료를 훔쳐 팔기도 한다. 오래된 배일지라도 반드시 전부 버릴 것이 아닌데, 이를 팔아 국가의 재정에 보태지 않는다. 또 새로 건조한 배도 진흙 뻘에 버려두기 때문에 대포大砲가 움직이지 않을 수도 있다. 지역의 전투함 관리를 하급 관리에게 맡겨 두기 때문에, 적을 경계하기 위해 배 위에 설치한 전망대인 누로樓艣가 망가져도 보수하지 않는다. 그러므로 긴급한 상황이 발생하면 속수무책束手無策이 되고 말 것이다.

이제 평상시나 전쟁 중에 믿고 의지할 수 있고, 경비經費도 지나치게 들지 않으며, 나아가 도적을 쓸어버리고, 물러날 때에도 군영軍營을 굳게 지키게 하려면, 어떤 방법을 써야 하겠는가?

다산의 질문 ⑥

도량형 통일이 공정함의 기초다

하나된 국가에 필요한 정책 가운데 하나가 도량형 통일이다. 생활의 편의를 위해, 사람들이 쓰는 생활 도구가 어떤 기준에 의해 정돈된 표준안을 마련하는 작업이 중요하다. 경술년(1790년) 8월, 원자元子의 호號를 정하고, 증광별시增廣別試와 동당초시東堂初試의 과거시험을 보았다. 동당同堂은 식년과式年科나 증광시增廣試등 문과文科를 총칭하는 말이다. 여기에서는 초시初試·복시複試·중시重試 등이 있었다. 이때 김상집金尙集, 민종현閔鍾顯, 심환지沈煥之가 함께 시험관이 되었는데, 여러 사람이 첫 번째 시험장에서 정약용에게 문제를 내도록 위촉하였다.

길이를 측정하는 '도度', 부피를 측정하는 '량量', 무게를 재는 '형衡'은 세상의 기준이 되는 도구다. 이것들로 맑고 흐린 청탁淸濁을 조절하고, 길고 짧은 장단長短을 측정하며, 많고 적은 다과多寡를 헤아리고, 가볍고 무거운 경중輕重을 저울질한다. 그러므로 이것들로 모든 사물을 고르게 하나로 통일시켜 표준을 정하게 된다.

음률인 율려律呂가 만들어진 것은 중국 상고시대 삼황三皇의 하나인 황제 헌원씨黃帝軒轅氏 때부터이다. 그렇다면 도, 량, 형의 제작은 어느 시대에 시작되었을까?

도량형을 만든 사람은 반드시 12율 가운데 하나인 '황종黃鐘'의 소리를 기준으로 삼았을 것이다. 왜냐하면 황종은 6률律과 6려呂, 즉 음계의 기준이 되는 소리이기 때문이다. 그런데, 소리의 길이를 기준으로 물리적인 길이나 부피, 무게를 정한 건 무엇 때문인가?

또한, 음률인 율려를 만든 사람은 반드시 곡식의 부피를 재는 '양기量器'를 기준으로 삼았다. 즉, 검은 기장인 거서秬黍의 낱알 수를 표준으로 삼은 것이다. 그런데 곡식 알갱이 개수가 기준이 된 것은 무엇 때문인가?

옛날부터 정치적 업적을 평가할 때도 음악의 6률六律과 궁宮·상商·각角·치徵·우羽의 5성五聲으로 정치적 업적의 높고 낮음을 살폈다. 또한 120근斤으로 통용되는 무게의 단위인 석石과 30근으로 균등하게 만드는 균鈞으로 자손에게 모범이 될 법칙을 남겨 주었다. 이런 점에서 참으로 정치와 법도는 통하는 점이 있다. 그렇다면, 무게와 부피를 헤아리는 권權과 양量의 용도도 이처럼 중요한가?

당나라 때의 대학자인 한유漢愈는 이단을 배척하는 데 힘썼다. 그러나 그는 먼저 쪼개고 나누어 생활을 편리하게 만드는 일에 집중했다. 한유가 이단으로 배척했다는 일화로 『장자』에 다음과 같은 말이 남아 있다. "성인聖人이 없어지지 않으면 큰 도적이 멎지 않을 것이다. 말斗을 쪼개고 저울대衡를 분질러 버려야만 사람들이 다투지 않을 것이다!"

송나라 때의 범진范鎭과 사마광司馬光은 추구하는 학문적으로는 서로 같았다. 그러나 율려律呂의 제도에 대해 논쟁할 때는 서로 양보하지 않았다고 한다. 그런데 이 논점이 유학을 발전시키는 데 도움이 되고, 또한 학자다운 논쟁이었다고 보는 것이 맞겠는가?

'어질고 재능 있는 사람을 뽑는 이에 대해 반드시 옥척玉尺으로 인재를 잰다!'라고 일컫고, '의리義理를 강론하는 사람을 간혹 금 저울로 물건을 잰다!'라는 데 비유하였다. 그렇다면, 형상이 없어 모색하기 힘든 것도 달고 잴 수 있는가?

이렇듯 사람을 평가할 때는 '율기律己·척보尺步·양력量力·형평衡平'이라 한다. 물건을 평가할 때는 '법률法律·제도制度·기량器量·전형銓衡'을 사용한다. 이때, 비유한 의미를 모두 자세히 말할 수 있겠는가?

도량형은 예악禮樂과 형정刑政 등 어떤 것을 막론하고 정치를 실천하는 도구다. 그럼에도 불구하고, 모든 일의 근본과 임금의 전장典章이 되는 것은 '율·도·양·형'만 한 기구가 없다!

하나씩 살펴보자면, 5성五聲이 간혹 급격하게 높아지기도 하고 늘어지기도 하여 상호조화가 되지 않을 때는 율律로써 조화롭게 만들었다. 물건이 짧기도 하고 길기도 하여 틀리는 때는 자尺로써 조절했다. 거짓으로 꾸며 속이는 일이 속출하는 데는 양기量器를 만들어 용량을 가지런히 했다. 경쟁이 일어나는 데는 저울을 만들어 중량을 고르게 했다.

이 네 가지 기구의 용도는 가지런하지 않은 만물을 가지런하게 만드는 데 있다. 또한 이 네 가지의 제도는 한 가지만 틀려도 끝내 하나로 통일하여 사람들의 믿음을 세울 수 없게 된다. 그러므로 성제聖帝와 명왕明王도 이것을 급선무急先務로 삼아서 똑같게 만들려 했던 것이다.

후세로 내려오면서 지혜가 점차 늘게 되었다. 기계器械를 만들어, 그 모양을 본떠서 새나 짐승의 색다른 소리를 배우는 사람도 있었다. 푯대를 세워 해의 그림자를 측량하여, 일·월·화·수·목·금·토, 즉 7요七曜의 낮음을 정하는 사람도 있었다. 드러나지 않은 숫자를 측면으로 계산하여, 창고에 쌓여 있는 실제 숫자를 헤아리는 사람도 있었다. 저울을 수직으로 하여, 저울대의 기울어짐으로 바깥 기온의 건조하고 습한 것을 분별하는 사람도 있었다.

이것은 후대 사람이 장인 정신이 더욱 투철하고 기술이 좋아서인가? 아니면 명물名物과 도수度數의 변변치 못한 기술이나 재주로 여겨, 임금의 정치에서 소중한 일이 되지 못해서인가?

우리나라가 단군檀君과 기자箕子 이래로 "문명화가 이루어지지 않아, 끝내 옥적玉笛 소리가 파도를 잔잔하게 하였다!"라는 표현은 그 말이 터무니가 없다. 옥적은 신라 때의 전설상의 피리인 '만파식적萬波息笛'을 말한다. 옥적을 불면 소원을 이루게 되므로 나라의 보물로 여겼다.

"금척金尺으로 언덕을 쌓았다!"라는 표현도 이치에 맞지 않는 말이다. 금척은 신라의 시조 박혁거세朴赫居世의 꿈속에 한 신인神人이 주었다는 신물神物이다. 그것으로 병든 사람을 재면 병이 고쳐지고, 죽은 사람을 재면 다시 살아났다고 한다.

신라의 제도는 제대로 거론할 것이 없다. 고려 초기에 설치했던 국가 창고인 흑창黑倉에 저축을 하자, 오히려 쌀이 많이 없어졌다. 고려 때의 돈으로 쓰인 은병銀甁으로 화폐를 대신하자, 중량이 각각 달랐다. 이런 점에서 고려의 도량형도 상당히 미비하다.

아! 우리 조선은 성스러운 임금님이 서로 계승하여 생활에 필요한 도량형을 제대로 제작하여 그 규모를 잘 갖췄다.

악기樂器와 양기量器가 날로 새롭게 발전하여 율려律呂가 바르게 되었고, 구리로 만든 자를 세상에 퍼트리니 호毫와 홀忽도 틀리지 않게 되었다. 추분秋分에 인印을 검열하니 공조工曹의 말과 휘斛가 고르다 일컫고, 율·도·양·형의 기초가 되는 황종黃鍾의 율관律管인 종관鍾管에 물을 담으니, 왕실 창고의 저울이 꼭 맞게 되었다.

이를 계기로 음악을 만들어 올려 사직과 종묘에 제사하니 귀신과 사람이 화합하여 어울리고, 모든 복福이 이르렀다. 이를 계기로 궁실宮室을 짓고 시장을 벌이니 규모가 바르고 법도가 곧게 되었다.

그런데 어찌하여 옛것만을 그대로 인습할 뿐, 쇄신하려는 움직임이 없는가? 율려律呂에 대해 말하자면, 아음牙音·치음齒音·후음喉音·설음舌音에 청탁淸濁이 구분되지 않아, 조화를 이루는 묘미를 들을 수 없다. 또한 도度에 대해 말하자면, 심尋·인引·장丈·척尺에 상호 장단長短이 있어 점차 가지런하게 만드는 법을 상실하게 되었다.

양기量器가 고르지 못하면, 곡식을 팔고 나라에 내는 일이 문란해져 관리가 간교한 짓을 부리게 된다. 저울이 일정하지 않으면, 눈금이 달라져 사람들이 손해를 보게 된다. 이런 원인을 따져 보면, 오로지 황종율黃鍾律이 바르게 정착하지 못하여, 도량형 제도가 점차 잘못되었기 때문이다.

주周나라의 척도尺度인 주척周尺과 예기禮器를 만들 때 쓰는 자인 예척禮尺은 심尋·인仞의 표준이 되는 것이다. 그런데도 베와 비단을 파는 상점에는 따로 긴 자가 있고, 집에서 쓰는 양제量制와 국가에서 제정한 양제는 약龠·홉合으로 조절하는 것인데도 양곡을 파는 가게에는 별도로 큰 되가 있다. 금金·은銀·약藥·솜綿絮 따위를 잴 때에도 몇 개씩 저울을 사용하고 있으니, 어떻게 원근遠近을 가지런히 하고 물정物情을 고르게 하겠는가?

지금 현명하신 임금께서 위에서 정치를 잘하고 계시니, 사람들이 임금을 중심으로 모든 업무 제대로 진행하고 있다. 이에 세상이 고르게 되고 모든 분야에서 발전하고 있으니, 시대정신에 맞게 제도를 새롭게 개혁하고, 정치의 도리를 변화시킬 시기에 다다랐다.

율·도·양·형을 가지런히 하는 아름다움을, 어찌 요순시대에서만 독차지하게 할 수 있겠는가? 조선의 발전을 위해, 여러 학자 관리는 충실하게 대책을 강구해 주기 바란다.

4부

전국의
균형 잡힌
발전을 이끌다

지리는 인간이 살아가는 터전이며, 특히 농경사회에서는 그 땅의 조건이 경제와
생활 방식을 좌우한다고 해도 과언이 아니다. 이런 점에서 농업 정책은 엄격함과
동시에 지역별 다양성을 전제로 할 수밖에 없다. 각 지방의 지리적 특성 및 기후와
지형이 어떤 작물을 키울 수 있는지를 정하고, 이것들이 나라 전체를 순환하면서
지역 및 국가 경제, 국방, 각종 산업에 기반이 된다. 또한 교통망과 자연자원의 분포는
산업의 발전 방향을 좌우하며, 이는 도시와 농촌의 삶을 크게 바꾼다. 그런 만큼
지리를 이해하는 것은 지속 가능한 경제와 풍요로운 삶을 위한 필수 조건이다.

지리는
민생경제의
발원지다

건륭乾隆 기유년己酉年, 즉 1789년 윤閏 5월에 정조가
내각內閣에서 직접 시험을 보았다. 이때 정약용의
정책 대안이 최고의 평가를 받았다. 그것은 다름 아닌,
국가를 관리하고 운영하는 지도자들은 지리를 파악하고
장악해야 혜안이 생기고, 나라를 이끌어 갈 정책을
입안할 수 있다는 지적이다. 이른바 '지리책地理策'이다.
지리 문제는 땅을 다룬다는 차원에서 정치, 경제, 국방 등
여러 분야에 적용되는 최고의 정책 이슈라고 할 수 있다.

정조가
물었다

『주역』에서 '곤도坤道'를 보면, 땅에 관해 잘 설명해 놓았다. 땅의 형세가 높고 낮은 것은 자연의 섭리다. 그러자 땅의 법칙을 뜻하는 곤도는 단순한 지리적 개념을 넘어, 땅에서 이루어지는 생성生成의 모든 차원을 의미한다. 이를 들여다보면 땅의 본질과 변화의 작용은 물론이고, 인산이 그것을 응용하고 활용하며, 자연과 조화를 이루어 사회를 가꾸어 가는 삶의 전반적인 모습을 알 수 있다.

그러니 지상낙원이라고 하는 인간이 꿈꾸는 이상적인 사회 또한 땅의 법칙에 따라 만들어진다고 할 수 있다. 땅의 원리가 인간 사회의 원리와 연결되는 것이다. 이는 하늘의 법칙인 '건도乾道'와도 짝을 이룬다. 곧, '건도'는 천문天文으로 드러나고 '곤도'는 지리地理로 나타난다. 그래서 우주 자연의 이법理法에 관한 전반적인 공부를 '천문지리天文地理'라고 하는 것이다. 이때 '곤도'는 『주역』 곤坤괘의 「단象」과 「상象」, 그리고 「계사상전繫辭上傳」에서 역동적인 생명력으로 설명되기도 한다.

사람들은 이런 땅이 얼마나 넓은지 그 실태를 알고, 그 특성을 다섯 가지로 분류할 수 있어야 한다. 그리고 땅의 특성에 따라 각 지역에서 어떤 물건들이 생산되는지를 파악해야 한다. 그 다섯 가지는 산과 숲山林, 강과 연못川澤, 언덕과 구릉丘陵, 평지와 물가墳衍, 건조한 땅과 습지原濕다.

각 땅에서 생산되는 물건을 알아야 민생경제에 도움을 줄 수 있는 정책을 수립할 수 있지 않겠는가? 그러기에 지리地理에 관한 학문이 생기게 된 것이다. 이런 사실에 대해 어떻게 생각하는가?

다산이
답했다

제가 생각해 볼 때, 세상에서 모조리 다 연구할 수 없는 것이 지리입니다. 동시에 세상에서 구명하지 않을 수 없는 것도 지리입니다. 이런 차원에서 보면 지리보다 더한 학문도 없습니다.

저는 오래전부터 천문天文과 역법曆法을 관찰하고 공부해 왔습니다. 인류는 아주 오래전부터 별의 움직임을 관측하며 역법과 달력을 만들어 사용해 왔습니다. 그 과정에서 혼천의渾天儀 같은 천문 관측 기구를 만들고, 주비周髀 같은 측량법을 개발하여 하늘과 땅의 크기, 해와 달의 운행을 계산할 수 있게 되었습니다.

이를 통해 다섯 개의 주요 행성五緯인 금성·목성·수성·화성·토성이 운행하는 궤도까지 연구할 수 있었습니다. 물론 그 논의들 가운데 서로 모순되고 잘못된 부분이 없는 것은 아닙니다. 하지만 북두칠성이 운행하는 오묘한 이치를 비롯해 일식과 월식이 번갈아 나타나는 질서에 대해서는 대체로 잘 정돈되어 있습니다.

아! 더할 나위 없이 높은 것은 하늘입니다. 그 범위가 너무나 넓고 형체가 묘연합니다. 이런 하늘은 단순하게 인간의 지혜로써 헤아릴 수 있는 영역이 아닙니다. 사람이 한 번 고개를 들 때마다 우주의 절반가량이 시야에 들어옵니다. 이때 모든 별의 자리와 궤도의 위치들을 훤하게 관찰할 수 있습니다. 역법가들은 이를 바탕으로 천문을 밝힙니다.

그러나 지리의 경우에는 그렇지 않습니다. 한 걸음 바깥은 발로 걸어 나갈 수 없고, 큰 바다 너머는 눈으로 보고 확인할 수도 없습니다. 그 사이에서 어찌 인접 나라와 국경의 한계가 없으며, 바다에서 일어나는 풍랑과 같은 험난한 길이 없겠습니까? 아무리 여러 지역을 두루 살피며 치밀하게 알아보고 싶어도 불가능한 일입니다.

중국 한나라 때의 사마천司馬遷처럼 세상을 유람하고, 장건張騫과 같이 여러 나라에 사신으로 갈 수 있다 하더라도, 인간이 파악할 수 있는 규모에는 한계가 있습니다. 기껏해야 산천이나 마을의 크기, 또는 궁실이나 의복의 제도 따위를 파악하는 정도에 불과합니다. 구체적으로 들어가 지역마다 다른 독특한 민요나 풍속의 차이, 나라마다 국경의 수비 상황이나 보물로 여기는 물건을 구별하는 일과 같은 것에 대해서는 알아내기 힘듭니다. 이 때문에 제가 '세상에서 모조리 다 연구할 수 없는 것은 지리'라고 한 것입니다.

그렇다 할지라도, 한나라는 세상을 평정할 때, 제일 먼저 '지도'와 '호적'을 입수했다고 했습니다. 당나라도 세상을 통일할 때, "지도를 고찰하였다!"라고 했습니다. 역사를 돌이켜볼 때, 역사가들은 제각기 지리에 관한 사항을 기록하여, 그 지방의 경계를 구분하고 토산물을 고찰했습니다.

세상을 통치하는 일은 한 집안을 다스리는 것과 유사합니다. 한 집안을 정돈하여 다스릴 때에도 마루와 아랫목, 그리고 윗목 따위를 마땅히 구분해야 하고, 마구간이나 창고, 부엌 따위도 마땅히 그 상황을 파악하고 있어야 합니다. 한 집안의 일도 이러한데, 한 나라를 다스리는 일은 그렇게 하지 않으면, 규모를 확정하고 명령을 내릴 수 없고, 임금으로서 정치를 시행할 수도 없습니다. 이 때문에 제가 '세상에서 구명하지 않을 수 없는 것도 지리'라고 한 것입니다.

지금, 그런 특성을 가진 '지리'에 대해 구명해야 하겠지만, 그 이치를 끝내 모두 연구할 수는 없으니, 어떻게 연구해야 할지 깊이 고민해야 합니다.

실정에 맞는
지리 조사와
정책이 필요하다

동서고금을 막론하고, 지리는 삶의 현장이다. 정치 지도자의 역할과 기능은 그 삶의 현장을 윤택하게 만들어야 하는 사명을 부여받았다. 그러기에 정조는 국토의 실상을 정확히 파악하는 것이 국정을 운영하는 정치의 기본으로 보고, 실측을 통한 지리 조사의 중요성을 강조하였다. 다산 또한 사람들이 살아가는 땅을 정확히 이해하는 것이 올바른 행정과 정책 수립의 출발점이라고 주장했다. 역사적 문헌을 비판적으로 바라보면서, 실제적 지리 파악과 운용을 고심했다.

정조가
물었다

사람들이 형이상학적이고 관념적인 일에만 힘쓰고, 실제로 가까운 사안에 대해 소홀하게 여기는 것은 예나 지금이나 공통적인 병폐다. 그런 부분에서 우리나라 조선이 유독 심하다.

예를 들어, 해·달·별이나 별자리를 그려 하늘의 밝음을 상징한 왕실의 깃발이나 의전용 수레, 임금의 예복 문양 같은 것은 중국에서 배워 온 것들이다. 하지만 그렇다고 해서 우리가 기록하고 연구해야 할 내용까지 중국 것을 그대로 따라가야 하는 것은 아니다.

　우리나라의 국경 바깥에 있는 신기한 것을 탐색하려는 자세는 물론 중요하다. 하지만 동시에 연구할 수 없는 사안에 대해 억지로 연구하려는 것과도 같다는 한계도 있다. 그렇다면 그런 태도보다는 우리나라의 국토 안에 있는 실제적이고 가까운 것을 조사하여 밝혀 놓아야 하지 않겠는가?

다산이
답했다

　지금 임금께서 현명한 질문을 내리셨습니다. 저는 이 자리에서 답안을 작성하는 법 같은 형식에 얽매이지 않겠습니다. 대신, 사실만을 모조리 털어 조목조목 논의하겠습니다.

　땅은 모든 물건을 싣고 있는 큰 수레와 같습니다. 『주역』에서는 "땅의 모양이 순하다!"라고 했습니다. 이는 땅의 높고 낮은 모양을 설명한 것일 뿐입니다. 땅에서 높은 것은 산악이나 구릉이 되고, 낮은 것은 평지나 물가가 됩니다. 그러므로, 높고 낮은 지역의 특성을 파악하는 것처럼, 그 지리를 분별하는 학문이 지리학입니다.

　다시 보겠습니다. 땅의 동쪽과 서쪽은 가는 곳마다 지형이 바뀌어 그 분포가 넓습니다. 반면, 남쪽과 북쪽은 원래 고정된 기준인 남극과 북극이 있어 그 회전하는 것이 수레바퀴와 같습니다. 그리고 산과 연못에는 짐승과 물고기 등이 살기에 적합하고, 언덕이나 평지에는 과일나무나 콩과 팥 같은 곡식을 재배하기에 알맞습니다. 동물들의 번식과 식물들의 성장이 이처럼 지리에 따라 모두 다릅니다.

중국의 옛 문헌인 『주례』 「직방씨」나 『관자』 「지원」에도 이런 내용을 자세하게 기록하고 있습니다. 옛날 사람들도 지리에 대해 이처럼 힘을 기울여 연구했습니다. 임금께서는 사물의 이치를 연구하여 정치를 해야 합니다. 어찌 이런 자세를 견지하는 데 힘쓰지 않을 수 있겠습니까!

정조가 물었다

증자曾子는 "땅이 둥글다!"라는 말을 남겼다고 한다. 그런데 후대의 여러 학자들은 "땅이 네모지다!"라고 주장했다. 이는 어디에 근거한 말인가?

주자朱子는 "땅이 만두饅頭처럼 생겼다!"라고 비유했다고 한다. '서북·서남·동북·동남'의 네 방향 가운데 "땅의 동쪽과 하늘의 서쪽이 다른 방향에 비해 기울어져 모자란다!"라고 했다는 말도 있다. 이것은 무슨 뜻인가?

『회남자』 「천문훈」에 그에 관한 기록이 나와 있기는 하다. 옛날에 공공共工이 전욱顓頊과 서로 임금이 되려고 다투다가 머리로 부주산不周山을 들이받았다. 그러자 하늘을 떠받치고 있던 기둥이 부러지고, 땅을 얽어서 지탱하고 있던 밧줄이 끊어졌다고 한다. 그 충격으로 하늘이 서쪽과 북쪽으로 기울었기 때문에 해와 달과 별들은 그쪽으로 운행하고, 땅은 동쪽과 남쪽이 모자라게 되었기 때문에 물이나 티끌 따위는 그쪽으로 모이게 되었다고 한다. 이런 얘기가 땅의 모양을 설명하는 것인가?

다산이
답했다

저는 이렇게 생각합니다. 증자曾子가 "땅이 둥글다!"라고 말한 것은 그의 제자였던 선거리單居離의 물음에 대답한 말입니다. 하늘이 둥글고 땅이 네모지다면, 하늘이 땅의 네 귀퉁이를 가리지 못할 것입니다.

예전부터 여러 학자가 "땅이 네모지다!"라고 했는데, 이 말은 실제로 『주비경』의 끝부분에 "하늘은 둥글고 땅은 네모지다!"라는 말에 근거한 것입니다. 『주비경』은 하늘과 땅을 측량하는 일에 관한 기록입니다. 이 때문에 땅을 측량하는 방식은 네모진 것이 아니면 시행할 수 없습니다. 그러기에 우선 네모진 것으로 비유했습니다.

땅의 본래 모양은 둥글다고 보는 것이 맞습니다. 주자朱子가 땅이 만두처럼 생겼다고 비유한 것도 같은 맥락입니다. 그가 말한 '만두의 뾰족한 부분'은 곤륜산崑崙山의 등성이를 가리킨 것으로 보입니다.25 아마 땅이 울퉁불퉁하고 하나로 뭉쳐진 가운데, 곤륜산이 다른 땅에 비해 더욱 튀어나왔다는 의미일 것입니다.

또한 땅의 동쪽과 하늘의 서쪽이 모자

---

25 곤륜산은 중국 신화에 등장하는 산 또는 산맥을 말한다. 중국의 서쪽에 있으며, 세계관과 신을 나타내는 중요한 상징으로 자주 언급되곤 한다.

란다는 말은, 마치 우물 속 개구리가 하늘을 보고 하는 얘기처럼 근거 없는 주장입니다. 이런 이야기까지 굳이 따져 논쟁할 필요가 있겠습니까?

조선 팔도의
아름다운 발전을
돌아보라

어떤 나라이건, 국토는 지리적 여건에 맞는 아름다움을 간직하고 있다. 한반도의 조선도 팔도로 구분하고, 지역별로 생산되는 풍부한 산물을 제대로 활용하여 사람들이 살아갈 여건을 구비하였다. 하지만 이러한 자부심이 있다고 하도 미진한 부분이 없는지 확인하고, 시대정신에 부합하도록 성찰하여, 미래 지향적 국토 균형 발전을 도모해야 한다. 특히, 중앙과 지방이 골고루 발전할 수 있는 개선 방안을 고민할 필요가 있다.

정조가
물었다

우리나라 조선은 강토를 잘 정비해 왔다. 하늘의 아름다운 뜻을 받아 대동大東 지역을 전부 차지한 이후, 팔도道로 구분하여, 주州와 군郡이 별처럼 잘 펼쳐져 있다. 국방을 위한 진鎭과 보堡도 사방으로 바둑알처럼 널려 있다.

우리의 국토는 수천 리가 더 되고 사람들이 열심히 살아온 지 수백 년이 넘었다. 기름진 들과 땅에는 뽕나무와 삼이 사나나 자급자족

할 수 있고, 깊은 산림과 큰 못에는 풍부한 자원이 있다. 남쪽 지방에는 화살대, 옻칠, 견직물 등 풍요로운 특산물이 있고, 북쪽 지방에는 인삼과 녹용, 피혁皮革 등의 귀한 생산물이 있다. 산에는 크나큰 재목들이 자라고 물에서는 다양한 물고기가 살고 있다. 이런 점에서 풍족한 재물과 아름다운 사회 풍속이 중국을 제외하고는 최고가 아닌가?

다산이 답했다

저는 다음과 같이 생각합니다. 천지가 개벽하여 인류가 처음 생겨났을 때는 문물이 갖춰지지 못하고 예의가 밝지 못했습니다. 모두가 미개한 상태였기 때문에, 사람들이 새나 짐승들과 함께 떼를 지어 살아왔습니다. 다행히도 그 가운데 성인聖人이 나와서 하늘의 밝은 뜻을 받아 인류의 윤리 기강을 세웠습니다. 이에 삶의 바탕과 문명이 더불어 숭상되고 예와 악이 비로소 일어나게 되었습니다. 이는 자연스러운 형세입니다.

우리나라 또한 신라와 고려 이후로 꾸준히 문명을 발달시켜 왔습니다. 지금 조선에 이르러서는 찬란하게도 문명이 한창 융성한 시기를 만났습니다. 광대한 국토 내에 주州와 군郡의 배치는 국가 운영의 큰 틀을 이루고, 풍요로운 자원과 아름다운 풍속은 참으로 중국 이외의 나라가 높이 우러러보는 바입니다.

그러나 옛 제도에만 매달려 생활한 지 오래되다 보니, 그 폐단이 점점 심해지는 양상도 보입니다. 임금님께서 의미 있는 정책을 고민하는 가운데 지리적 조건을 언급하신 것에 대해, 제가 격식에 구애받지 않고, 낱낱이 들어 논의해도 괜찮겠습니까?

저는 주와 군을 배치한 제도에 미진한 점이 있다고 생각합니다. 왜냐하면 전국을 팔도八道로 나누어 배치해 놓은 것은 큰 틀에서 옳은 방향이지만, 정작 지금의 현실을 보면 경기 지역이 피폐해져 있기 때문입니다. 이는 중앙을 튼튼히 하고 지방을 약화시키는 의미는 있지만, 강한 지역에서 약한 지역을 효과적으로 통치하는 체제에는 부합되지 않습니다.

제가 『서경』「우공」을 살펴보았습니다. 거기에 보면, 천자天子가 살고 있는 수도 주변 지역을 특별히 관리하고 보호하는 방식을 택했습니다. 하나의 예로, 천자의 봉토 내에 공물을 바치는 사항이 없는데, 아마 공물을 요구하지 않은 것은 천자의 수도를 호위하고 있기 때문인 듯합니다. 또한 한나라 때는 수도인 장안長安을 중심으로 풍익馮翊과 부풍扶風을 배치해 수도를 튼튼하게 방어했고,²⁶ 당나라의 장안이나 명나라의 순천順川도 주변 지역을 전략적으로 운영했습니다. 이처럼 역사 속에서 수도와 행정구역을 어떻게 배치했는지를 참고하면, 우리 조선의 수도와 주·군에 대해서도 현 상황을 개선할 방안을 찾을 수 있을 것입니다.

26 '풍익'과 '부풍'은 한나라 때 수도 장안을 보호하기 위해 동북쪽과 서쪽에 각각 설치된 군사 행정 구역의 이름이다. 전략적 요충지에 배치되어 수도 방어의 핵심 역할을 담당했다.

땅의 특성과
세금의 문제를
함께 고민하라

지리가 민생에 미치는 영향은 막대하다. 땅의 특성에 따라 생산물이 다르고, 생산물의 차이는 지역에 대한 정책을 다르게 유도한다. 의류, 광물, 수산업, 산림 등 각종 특산물의 수요 공급과 세금 문제는 지역의 번영과 국가 발전을 동시에 고려하게 만든다.
과거에서부터 현재에 이르기까지 중앙의 정책 담당 부서는 물론 지역의 담당관은 각 지역의 지리적 이점을 확인하고, 그에 맞는 정책 수행과 상황을 고려한 정책 개발에 힘을 쏟아야 한다. 지리에 관한 이러한 열정이 정치의 양식이다.

정조가
물었다

의복을 만드는 데 필요한 뽕나무나 삼을 재배하는 정책은 매우 중요하다. 역대 임금들도 이 문제를 특별히 신경 써 왔다. 주나라 문왕의 제도와 맹자의 가르침에서도 맨 먼저 강조한 사안이 다름 아닌 집마다 담장 밑에 뽕나무를 심는 일에 관한 것이었다. 어떻게 생각하는가?

다산이 답했다

　우리 조선의 역대 임금들께서도, 지방 관리의 치적을 평가할 때, 뽕나무 재배 성과를 중요한 기준으로 삼았습니다. 이는 한나라 때부터 전해 내려오는 정치의 방식입니다.

　또한 돌아가신 이원익李元翼 대감이 일찍이 안주安州를 다스릴 때, 주민들에게 의무적으로 뽕나무를 심도록 장려했다고 합니다. 그 결과 1만 그루 이상의 뽕나무가 심어졌습니다. 특히, 안주의 서쪽 주민들이 그 뽕나무 덕을 많이 보았고, 지금까지도 그 뽕나무를 '이공상李公桑'이라 부르고 있다고 합니다. 이 또한 옛날 법에 따라 성실하게 근무했던 훌륭한 관리가 남긴 뜻입니다.

　지금 마땅히 이런 정치 방식을 널리 알려야 합니다. 수령은 주민들에게 의무적으로 뽕나무를 심도록 지도하고, 그 실제 효과를 체험하도록 하는 일은 나라의 근본을 튼튼하게 만드는 중요한 일입니다.

정조가 물었다

　옛날 임금들이 펼친 정책은 참으로 다양한 측면을 고려했다. 예를 들면, 톱이나 도끼로 나무를 베는 데에도 시기를 맞춰서 했고, 이제 막 자라고 있는 작은 나무를 함부로 베는 일이 없도록 했다. 또, 지나치게 촘촘한 그물로 물고기를 잡는 것을 막았다. 이렇게 하지 않으면 어린 물고기까지 모두 싹 쓸어 버리기 때문이다.

『주례』를 보면, 산림을 관장하는 '임형林衡'과 천택을 관장하는 '택우澤虞'라는 관직을 두고, 나무를 심고 물고기나 자라를 기르도록 했다. 또 『시경』에서는 "무성한 갈대밭에서 한 번 쏘아 다섯 수퇘지 잡았는데/아! 저 추우騶虞여!"라고 노래한 구절도 있다. 추우는 흰 바탕에 얼룩무늬가 있는 훌륭한 짐승으로 알려져 있는데, '성인聖人의 덕화에 감응하여 나타난다.'라는 말이 있는 동물이다. 옛날 학자 가운데 어떤 이는, 추우를 관직의 이름이라고도 말하기도 했다.

아무튼 이런 시구에서 볼 수 있듯이, 초목과 짐승들의 번영을 노래한 것은 국가의 산림과 천택 관리가 매우 중요했음을 알 수 있다. 우리나라에서는 수리와 토지를 관장하는 사공司空을 두었고, 주나라에서는 택우와 임형을 설치하였던 것이 모두 이 때문이 아니었던가?

다산이
답했다

그런데 지금 조선의 현실은 그렇지 않습니다. 임금의 관棺을 만드는데 필요한 목재인 황장黃腸이라는 소나무를 키우기 위해 지정한 산이나 임금의 능묘陵墓 외에는, 일찍이 나무를 심어 기르는 정책이 없었습니다. 그러다 보니, 모든 산이 벌거숭이가 되어 목재를 구하기가 쉽지 않게 되었습니다.

지금부터라도 옛날 제도를 밝혀야 합니다. 『예기』「월령」에서 12개월 동안 시행할 정치나 정책들이 기록되어 있는 부분을 참고하여, 산림을 맡길 관원을 특별히 임명하여 임무를 부여하십시오! 그렇게 하면, 궁궐이나 관곽棺槨에 쓰일 재목들을 마련하는 데 상당한 도움이 될 것입니다.

또한, 해안 지역 주민들과의 대화를 통해 듣고 있던 바에 따르면, 균역법이 시행된 이후로 고기 잡는 통발을 절반 정도 철거했다고 합니다. 그로 인해 어획량이 이전보다 줄어들었다는 것입니다. 균역법은 조선 영조 26년에 설치된 법으로, 몸으로 메꿔야 하는 노역의 대가로 바치는 군포軍布를 절반인 1필로 줄이고, 이에 따른 결손액은 어세나 염세 또는 선박세와 같은 것으로 보충할 수 있는 제도입니다.

제가 볼 때, 앞으로 이런 방식으로만 가다가는 어민들의 세금만 무거워지고, 임금님의 은혜도 베풀어지지 않지 않을까 염려스럽습니다. 지금이라도 세금을 완화시키고 조금이라도 이익이 남도록 해 준다면, 잃어버렸던 것을 되찾는 모습이 될 것입니다.

『후한서』「맹상전」의 사례를 보십시오!

"합포군合浦郡에서는 곡식이 제대로 나지 않아, 주민들이 바다에서 진주眞珠를 생산하여 교지交趾에서 나는 곡식과 바꿔 먹고살았다. 그런데 예전부터 합포合浦군에 부임한 태수들이 탐욕을 부려 진주를 마구 채취했고, 그 바람에 합포의 진주가 점차 교지로 옮겨 가 고갈 지경에 이르렀다. 진주를 생산하지 못한 사람들은 가난에 시달리며 길가에서 굶어 죽게 되었다. 이때 마침 합포군 태수로 부임해온 맹상孟嘗이 예전의 폐단을 개혁하고, 주민들의 생업을 영위하도록 정책을 폈다. 그러자 1년도 채 안 되어 교지로 옮겨 갔던 진주들이 다시 합포로 돌아왔다."

이 사람들에게, 진주가 다시 합포로 되돌아왔던 기적이 어떻게 옛날의 미담으로만 남아 전해질 수 있겠습니까? 이렇게 잘못된 정책을 바로잡고, 주민들이 다시 자생할 수 있게 도와주는 것이 중요할 것입니다.

정조가
물었다

인삼과 녹용에 관련된 문제도 심각하다. 이는 사실 조정에서 논의한 지 오래되었다. 뿐만 아니라, 여러 지역에서 현실적인 대책 마련을 지속적으로 요구하고 있다.

그럼에도 불구하고 나라의 책임자들은 여전히 개혁할 의지가 보이지 않고, 주민들의 어려운 상황을 제대로 살피지 못하고 있으니, 참으로 민망스럽다. 어떻게 해야 하겠는가?

다산이
답했다

제가 듣기로는, 강계 지역의 인구가 늘어나거나 줄어드는 원인을 살피면, 인삼에 대한 행정의 관대함이나 혹독함과 비례한다고 합니다. 참으로 어처구니없는 일입니다. 이유는 간단합니다. 그 지역에서 인삼 농사를 지을 수 있다고 하니, 처음에는 넉넉한 생활을 보장받을 수 있는 살기 좋은 고장으로 여겼을 겁니다. 그런데 시간이 지나면서 관청의 착취가 심해지고, 이 때문에 주민들은 다른 곳으로 이사를 하여 일정한 거주지가 없어졌기 때문입니다.

저는 이 문제에 대해 진지하게 요청드립니다. 임금께서는 각별한 관심을 가지고 특별히 신경을 쓰시어 멀리까지 굽어살피십시오! 가혹한 세금 징수를 중단하고, 주민들이 다시 그 지역으로 돌아와 편안히 살 수 있도록 해 주십시오! 그렇게 되면, 인삼과 녹용의 관리가 점차 공평하고 관대해지며, 국경 근처의 지역 주민들도 늘어나고, 결국 적을 방어하는 데도 큰 도움이 될 것입니다.

정조가
물었다

귀한 자원과 재화는 반드시 깊은 산이나 큰 골짜기에서 나오는 법이다. 다행히 우리나라는 산악이 웅장하고 지형이 험준하여, 값진 광물이 풍족하다. 하지만 현재 금金·사砂·은銀·동銅·철鐵 등 주요 광물의 채굴이 법으로 금지되어 있어 이러한 풍족함을 체감할 수 없다. 뿐만 아니라, 구리를 다루는 대장간이나 철물을 취급하는 상점들에도 무거운 세금이 부과된다. 이 때문에 부유한 사람은 사업이 중단될까 두려워 적극적으로 운영하지 못하고, 가난한 사람들은 점점 몰락하여 결국 사업을 접고 떠나는 실정이다. 이를 어떻게 해결해야 하는가?

> 다산이
> 답했다

각 도에서 구리가 나는 광산에는 대장간을 운영할 수 있도록 허가를 내주고, 철물 산업과 관련된 점포들의 세금을 완화해야 합니다. 그렇게 하면 산과 들에서 얻는 자원과 그 이익이 날로 증가하여, 국민들의 삶이 나아지고 국가 또한 더욱 부유해질 것입니다.

> 정조가
> 물었다

수산업에 대해 논하고 싶다. 내가 듣기로, 어장과 염전에서 나오는 이익들은 하층민에게 전속된다고 알고 있다. 균역법으로 세금을 징수하는 경우, 중국의 강소성이나 절강성 등 해안 지방의 그것과 비교하면, 우리나라의 세금이 지극히 가벼운 편이다.

그런데도 주민들이 생업에 재미를 붙이지 못하고, 생활을 제대로 이어 나가지 못한다. 이는 그 지역 현령縣令들이 징수하는 세금이 국가의 공식적인 세금보다 갑절이나 되고, 하급관리인 아전衙前이나 군사 업무에 종사하는 장교將校들의 위엄이 관청의 공문서보다 높기 때문이 아닌가?

다산이
답했다

제 생각으로는 각 도를 맡고 있는 안렴사의 임무 가운데 이 부분을 거듭 강조하여, 어장이나 염전을 가지고 있는 주민들이 관리들의 침해에 시달리지 않게 해야 합니다. 그렇게 된다면, 어염업에 종사할 사람들이 많아져 나라 안에 생선이나 건어물, 소금 따위가 풍족하게 될 것입니다.

정조가
물었다

금이나 은 같은 자원에 대한 정책을 보자. 신라의 옛 역사를 읽어본 바에 의하면, 해마다 바치는 일정량의 황금이 적지 않았다. 이로 측정해 볼 때, 금을 캐는 광산이 옛날부터 있었던 것을 알 수 있다. 지금은 강계江界의 은파동銀坡洞에서만 은을 제련하도록 허가해 주고, 나머지 각 도의 모든 산에는 일체 대장간을 금지하고 있다. 이는 무슨 법인가?

실제로 금이나 은 따위를 사용하는 실태를 보라. 한번 연경燕京으로 가는 사신이 수만 냥의 은을 가져가고, 통역관인 상서象胥가 몰래 가져가는 것도 몇천 냥이 되는 줄 모른다. 반면 연경에서 들여오는 것은 능단綾緞이나 금수錦繡 같은 비단인데, 이것들은 쉽사리 낡아 버리는 물품에 불과하다.

금이나 은 따위는 예나 지금이나 녹슬지 않지만, 능단 따위는 세월이 지나면 티끌처럼 낡아 버리므로, 결국 우리나라의 은화銀貨는 전부 반출되어 버리는 꼴이다. 반면, 중국의 능단 따위는 한없이 생산되어 우리나라로 밀려 들어올 텐데, 이 어찌 안타까운 일이 아니겠는가?

다산이
답했다

제가 듣기로는, 연경에서는 시장에서 통용되는 은 가격이 모두 육해법六解法을 따른다고 합니다.[27] 이제부터는 국내에서도 모두 이 육해법을 사용하여 시행할 필요가 있습니다. 그렇게 되면, 통역관들이 우리나라에서 은을 사서 중국으로 수출한다고 한들 본전도 건지지 못할 것입니다. 자연스럽게 업무 이외의 은을 가져가지 않을 것이므로 국내의 은이 어느 정도 넉넉해질 것입니다.

27 육해법은 『구장산술(九章算術)』에서 금과 은의 가치를 바꾸어 계산할 때, 문제를 해결하는 여섯 단계의 풀이법을 말한다.

지리는
스스로를
아는 것이다

농경사회에서는 천문지리를 파악하여 정치에 응용하는 능력을 갖추는 것이 지도자에게 필수적으로 요구되었다. 이 때문에 고대 사회에는 지리에 관한 이론서가 많이 편찬되었고, 이를 연구하여 정책 입안이나 정치에 활용하였다. 오늘날도 마찬가지로 지도급 인사는 사람들이 살고 있는 지역의 환경과 실상을 정확하게 파악하여, 오류가 있는 부분은 바로잡고, 정치에 활용할 수 있도록 스스로 연구하고 공부하며 개혁을 해 나가야 한다.

> 정조가
> 물었다

별과 별자리의 위치, 큰 산과 작은 산이 나누어지는 산맥의 형세, 물의 발원지와 하류까지의 흐름 등을 그림으로 그리고 기록으로 자세히 나타내야 한다. 그런 다음에야 그 토질을 구별하고 장점과 단점을 파악하여 생활을 넉넉하게 할 수 있고 교육을 해 나갈 수 있다. 그러므로 지리에 뜻이 있는 이들이 가 시대마디미디 지리서를 남겼다.

예를 들어 중국의 제나라와 양나라 때는 지리학을 전공한 이가 수백 명에 이르렀다. 그 가운데 육징陸澄과 임방任昉은 『지리서地理書』를 편찬했지만, 수나라와 당나라 무렵에 와서는 유실되어 지금은 전해지지 않고 있다. 그렇지만 이후에도 지리에 관한 책을 펴낸 학자가 50여 명이나 되므로, 후대에도 지속적으로 연구를 할 수 있었다.

문제는 우리나라 조선이다. 우리나라 학자들 가운데 지리학을 연구하는 이가 거의 없고, 전해 오는 지리서라고는 『동국여지승람東國輿地勝覽』과 『문헌비고文獻備考』 등 한두 종류에 불과하다. 이런 상황이니, 어찌 세상을 다스리고 견문을 넓히는 데 도움이 될 수 있겠는가?

초야草野에 묻혀 있는 선비들의 경우, 집안에 매우 값진 지리에 관한 자료가 있는데도, 특별하게 감추어 두는 관계로 그것을 내놓지 않는 경우가 많다.

그러니 그대들에게 부탁한다. 공개적으로 지리에 관해 설명해 주고, 아울러 책으로도 만들어 보라. 여유가 되면, 내가 직접 그것을 열람할 생각이다.

다산이
답했다

지리학은 국가 운영에서도 꼭 필요한 학문이며, 학자들이 반드시 힘써 연구해야 하는 분야입니다. 하늘의 별과 별자리, 땅의 산천초목, 강의 흐름 등에 대해 빠짐없이 기록해야 힙니다. 그러므로 곽빅郭璞이 『산해경주』에서 큰산과 작은 산이 어떻게 산맥을 이루는지에 대해 정리했고, 관중管仲이 『관자』「지수」에서 물의 근원과 하류의 수로에 대해 기록했습니다. 『관자』에 보면, "동·서·남·북의 크기는 각각 2만 6000리고, 강의 발원과 하류의 끝 지점까지는 각각 8000리다."라고 하였습니다.

제나라와 양나라로부터 수나라에서 당나라에 걸친 시기 동안 옛날의 『지리서』는 지금 없어졌지만, 그 뒤에도 새로운 지리서가 계속 나왔습니다. 그리하여 그 지리서들이 안개가 일고 까치가 날아오르듯 성행하였는데, 실으면 소가 땀을 흘릴 정도이고 쌓으면 대들보까지 꽉 찰 정도로 많았다고 합니다. 이것으로써 사람을 다스려 지리가 주는 이로움과 해로움을 알려 주고, 또 이것을 교육의 기준으로 삼으며 세상의 분위기를 살폈습니다. 이 때문에 문물제도가 발달하고 주변 국가들에 이르기까지 영향력을 미칠 수 있었던 것입니다.

정조가
물었다

우리나라 조선의 선비들은 참으로 지리에 무관심하다. 각종 지리서를 고찰하고 조사하는 것이 그렇게 어려운 일인가? 지리에 소홀하고 잘 모르는 부분이 많다. 광막한 세상은 고사하고, 우리나라 내부의 사정도 분별하지 못할 정도다.

고려시대 김부식의 『삼국사기』「지리지」에 확실한 증거가 있는데도, 모두 '자세하지 않다!'라며 대충 넘겨 버렸다. 정인지의 『고려사』「지리지」에도 잘못된 곳이 있었는데, 아무도 바로잡지 않았다. 『동국여지승람』은 지역의 변천 과정을 싣지 않았고, 『문헌비고』에는 빠뜨린 명칭이나 해석이 많다.

지리서를 편찬할 때마다 학자들은 자신의 생각을 두둔하는 견해만을 잡다하게 기록했다. 은연중에 취하고 버리는 내용을 선별하는 과정에 개인의 사심이 작용하여, 지금껏 우리나라에 제대로 된 지리서가 한 권도 없는 것 아닌가?

다산이
답했다

"만나기 어려운 것도 기회이고, 놓치기 쉬운 것도 기회다!"라는 말이 있습니다. 지금 임금께서 즉위하신 뒤로 훌륭한 정치가 베풀어지고 있습니다. 다양한 교육을 통해 인재를 양성하고, 임금과 신하 사이의 신뢰도 두터워지고 있습니다. 정책에 밝은 사람들이 요직에 등용되어 활발하게 임무를 수행하고 있습니다. 이는 천 년에 가끔 있는 기회입니다.

이런 시점에 특별 지시를 내리시어, 학식이 넓고 재빠르게 대응하는 인물들에게 지리서 편찬을 맡기십시오. 동시에 두어 사람을 별도로 뽑아 보조할 인재도 따로 선발하여 함께 작업하도록 지시하십시오. 『대명일통지大明一統志』의 범례凡例를 모방하되, 잘못된 점은 바로잡아서 지리서를 편찬해야 합니다.[28]

28 『대명일통지』는 1461년 중국 명나라의 이현 등이 편찬한 지리서다. 중국 전역과 조공국의 지리, 인구, 산물, 문화 등을 상세히 기록하였다.

지리서를 편찬할 때에는 국가의 경계나 주·군·현 등 강역의 구분은 아주 세밀하게 밝히고, 고금의 제도 변화 과정도 그 사실을 상세하게 기록해야 합니다. 산은 그 산맥들을 기록하고, 물은 원류와 갈래로 흐름을 구별하는 것이 좋습니다. 또한 옛 사적 가운데 정벌이나 전쟁에서의 공격과 방어에 관한 사실들은 무엇보다도 자세하게 기록해야 합니다. 효자나 열녀 등 인물은 행적이 탁월하고 순정하여 온 세상이 모두 아는 바가 아니면 과감하게 축약하거나 빼 버리고 간략하게 다루며, 특정한 장소나 풍경을 제목으로 읊은 시에 대해서도 100수 가운데 한 가지 정도만을 채택하여 엄격하게 정돈해야 합니다.

또한 다양한 분야에 관심이 많고 사물을 널리 아는 선비들을 다시 뽑아 지리서 편찬을 맡기십시오. 상흠桑欽의 『수경』과 역도원酈道元의 『수경주』를 모방하여, 『동국수경東國水經』 1부를 편찬하고, 지리서와 함께 출간하게 하십시오. 그리고 이를 소중히 보관하면서 전국에 퍼트리십시오. 그렇게 한다면, 우리나라의 강역疆場이 본래 작은 만큼 나라의 지리에 관한 사항이 빠짐없이 수록되어, 수천 년 동안의 약점을 시원스럽게 씻어 버리고, 일대 쇄신할 수 있을 것입니다!

이런 작업은 임금께서 구현하려는 정치에 큰 도움이 될 것입니다. 진정으로 이렇게 한다면, 우리나라의 산천이나 풍속, 국방이나 토산물 등이 중국을 비롯한 다른 나라와 어떤 부분에서 다른지, 또 정부의 정책이나 그 효과, 대책이나 제도 등이 어떤 점에서 훌륭한지 전반적으로 알 수 있습니다. 어찌 참으로 아름다운 정치가 아니겠습니까?

옛날 말에 이런 표현이 있습니다.
"만들었기 때문에 간직할 수 있었다."
임금께서는 이를 유념하십시오!

세상은 너무나
넓지 않은가

지리는 단순히 지형지물 같은 현실적인 정보를 다루는 데 그치지 않는다. 그 이야기를 따라가다 보면, 세상을 바라보는 관점을 포함하고 있기에 세계관을 만날 수 있다. 예컨대, 땅의 중심과 끝은 어디인지, 가장 높은 산과 강의 근원은 무엇인지 같은 질문들이 그것이다. 정조와 다산도 이러한 지리적 세계관에 대해 자주 대화를 나누었다. 오늘날의 시각으로 보더라도 흥미롭게 살펴볼 만한 주제들이다.

정조가
물었다

　동쪽 끝에 있는 태원泰遠과 서쪽 끝에 있는 빈국邠國, 그리고 남쪽 끝에 있는 복연濮鉛과 북쪽 끝에 있는 축률祝栗 등이 제각기 나라와 땅의 경계가 나뉘어져 세상의 끝이 되었다. 28수宿의 별자리의 운행 이외에도 동서남북 상하에 각각 1만 5000리나 되는 사방의 끝이 자리한다. 세상의 땅덩어리가 이처럼 무한하게 넓단 말인가?

다산이
답했다

사방의 끝인 사극四極에 대한 말은 『이아爾雅』에 드러나 있습니다. 동쪽의 태원과 서쪽의 빈국도 어디까지나 중국 땅의 면적과 둘레 안에 있을 뿐입니다. 그러므로 온 세상이 넓고 아득하다는 것은 당연한 말입니다. 하지만, 28수의 별자리마다 제각기 천문가가 중국 전역을 구분하여 이름을 붙였습니다. 이 말은 온 하늘의 별자리와 도수를 중국에서만 독차지할 수 없다는 뜻입니다. 따라서 본래 이치에 맞지 않는 것입니다.

정조가
물었다

'태산泰山·화산華山·형산衡山·항산恒山·숭산崇山'의 오악五嶽이 다섯 방향을 누르며 거느리는 진鎭이 된다. 그런데 『도경圖經』에 보면, 광승廣乘이나 장리長離와 같은 산도 또한 오악이라고 표시해 놓았다. '동해·남해·서해·북해'의 사해四海가 사방의 기준과 중심이 된다. 하지만 바다와 사막 이외에도 또 대영大瀛이라는 큰 바다가 있다는 말이 『십주기』에 기록되어 있다. 상황이 이러한데, 그 방위와 이름들을 지금 낱낱이 말할 수 있겠는가?

다산이
답했다

광승과 장리는 도가의 『운급칠첨雲笈七籤』에 기록된 것입니다. 그러므로 오악만이 으뜸이 된다는 것은 본래부터 일정한 이치가 없는 말입니다. 무슨 산인들 오악이 될 수 없겠습니까?

추연이 말한 대영도 『십주기』에 기록되어 있지만, 사해는 본래 하나로서 이 땅 안에 감싸여 있습니다. 어디에 그처럼 큰 바다가 따로 있겠습니까? 이러한 말들은 모두 황당하여 이치에 맞지 않습니다. 따라서 그에 대한 방위나 이름들을 탐구할 필요가 없다고 봅니다.

정조가
물었다

중국의 산하를 남쪽과 북쪽의 두 경계, 즉 남계와 북계로 나눈 것은 당나라 때의 승려인 일행一行에게서 비롯되었다. 중국의 산맥을 음과 양의 4열四列, 즉 음렬陰列·차음렬次陰列·차양렬次陽列·정양렬正陽列로 배열한 것은 후한의 정현鄭玄으로부터 시작되었다. 그것들이 어디에서 어디까지가 사실인지 모두 확정지을 수 있겠는가?

다산이
답했다

북계는 삼위三危에서 동쪽으로 예맥濊貊까지이고, 남계는 민산岷山

과 파총산幡冢山에서 동쪽으로 동구東甌와 민중閩中까지입니다. 이는 천체의 현상을 통해 남북으로 구분해서 말한 것입니다. 그리고 음렬은 견산岍山과 기산岐山에서 서경西傾까지이고, 양렬은 민산에서 파총산까지입니다. 이는 땅의 표면을 네 부분으로 구분해서 말한 것입니다. 그러나 그 논의가 지역에 국한되어 있기에, 자세히 따질 필요가 없을 것으로 봅니다.

정조가
물었다

지리서의 핵심인 『산해경』에 보이는 『남산경南山經』, 『서산경西山經』, 『북산경北山經』, 『동산경東山經』, 『중산경中山經』 등 다섯 경전에는 남쪽의 초요산招搖山, 서쪽의 전래산錢來山, 북쪽의 단호산單狐山, 동쪽의 속주산㩥䗰山, 중앙에 감조산甘棗山을 으뜸이 되는 산으로 기록하고 있다. 그렇다면, '태산·화산·형산·항산·숭산'은 등은 다섯 방향의 으뜸 산이 될 만하지 않다는 말인가?

다산이
답했다

오경에 기록되어 있는 으뜸이 되는 산들에 대해, 『산해경』을 살펴보면 황당한 것들이 많습니다. "계수나무와 궤나무는 초요산이나 단호산에서 생산된다."라고도 했고, "쥐 모양에 얼룩무늬가 있는데, 이를 먹으면 목의 혹이 치료된다고 하는 '산 쥐'와 얼룩소 모양에 호랑이 무늬가 있는데, 돼지처럼 운다고 하는 '용어'는 감조산이나 속주산에 산다."라고도 했습니다. 그러나 『산해경』이 본래 괴이하고 일들을 기록한 것이 많기 때문에, 거기에서 말한 초요산·감조산 따위에 오악의 자리를 양보할 수는 없다고 생각합니다.

정조가 물었다

'강江·하河·회淮·제濟' 등 4개의 물길, 즉 사독四瀆은 그 원류를 따져 보면, 강수江水는 민산岷山에서, 회수淮水는 동백산桐栢山에서, 제수濟水는 왕옥산王屋山에서, 하수河水는 곤륜산崑崙山에서 발원된다고 했다. 그런데 어찌 제수와 회수의 발원지를 소계산昭稽山과 찬황산贊皇山이라고 지칭하였는가?

다산이 답했다

사독의 원류에 대해서도 이견이 분분합니다. 『풍속통風俗』을 살펴보면, "제수濟水는 찬황산贊皇山에서 나온다."라고 하였고, 또 『지지地志』에서는 "소계산은 평씨현에 있는데 회수淮水가 거기에서 나온다."라고 했습니다. 이렇게 볼 때, 제수와 회수의 원류는 찬황산과 소계산인 것으로 생각됩니다.

정조가
물었다

 호수에 관하여 얘기해 보고 싶다. 청초青草를 비롯한 다섯 호수, 이른바 오호五湖는 하나의 호수를 말하는 것인가? 다섯 호수를 제각기 따로 부르는 명칭인가? 『후한서』「풍연전」의 주석에는 '태호太湖·격호滆湖·조호洮湖·사호射湖·귀호貴湖'라고 했고, 『서언고사』「지명류」에는 '태호·파양鄱陽·청초·동정洞庭·단양丹陽'으로 되어 있다. 어느 기록을 따라야 하는가?

다산이
답했다

 청초를 비롯한 오호에 대해서는 장발張勃의 『오록』에 자세히 적혀 있습니다. 능고菱皐에서 서유胥游까지를 통틀어 진택이라 부르고, 사양射陽에서 조만洮滿까지를 통틀어 태호라 불렀습니다. 하나의 물이 오호가 된 것이 어찌 황하에 구곡이 있는 것과 다르겠습니까?

정조가
물었다

 산의 별칭들에 대해 살펴보고 싶다. 무열無熱이나 전손大係 등은 어떤 산의 다른 이름이며, 어떤 서적에 나와 있는가?

다산이
답했다

 무열은 아뇩달阿耨達의 다른 이름입니다. 아뇩달은 불교에서 말하는 설산의 북쪽이자 향취산의 남쪽에 있는 연못을 가리킵니다. 무열은 아뇩달의 별명인 무열뇌無熱腦의 준말로 청량淸涼이라는 뜻을 갖고 있습니다.
 천손天孫은 노나라 태산의 다른 이름입니다. 이런 견해는 불교 서적의 다른 이름인 『패엽경』에 나오기도 하고, 때로는 『박물지』에 기록되기도 했습니다.

정조가
물었다

 바다에도 별칭이 있지 않은가. 바닷물이 모이는 곳인 귀허歸墟나 바다를 다르게 부르는 말인 천지天池도 어떤 강이나 호수의 다른 이름인가? 그것은 누구에게서 비롯되었는가?

다산이
답했다

 그것들은 도가에 기록된 것입니다. 귀허歸墟와 바닷물이 새어 나가는 곳인 미려尾閭는 『열자列子』의 「미언微言」에서 나왔습니다. 천지天池와 남명南溟은 『장자莊子』의 「우언寓言」에서 나온 것입니다.

흥미로운 신화와
전설을 살펴보다

정조와 다산은 고대 중국에서 전해지는 전설이 얼마나 과장되어 전해지는가, 그리고 그걸 우리가 어떻게 바라봐야 하는가에 대한 이야기도 나누었다. 고대의 전설은 과장되고 비현실적인 이야기처럼 보이지만, 단순한 허구로만 치부할 수는 없다. 그 안에는 당시 사람들의 자연에 대한 인식, 두려움, 세계를 설명하려는 상상력이 담겨 있다. 그래서 전설은 허황되더라도, 오늘날 우리가 당대의 세계관을 이해하는 데 여전히 중요한 자료가 된다.

정조가 물었다

"거령신巨靈神이 화산을 손으로 쪼개 버렸다!"라는 이야기나 "공공씨共工氏가 화를 내어 부주산을 머리로 들이받았다!"라는 이야기는 그 일들이 매우 괴이하다. '거령'은 하수河水의 신령神靈 이름인데, 옛사람들이 상상으로 만들어 낸 전설이라 하더라도 기록을 좀 살펴볼 필요가 있다. 『수경』의 주석에 따르면 "화산은 본래 하수 연안에 있었는데, 하수가 통과하면서 굽이쳐 흘러가므로 하수의 거령신이 화산을 손으로 떼밀고 발로 차서 돌로 쪼개 버렸다고 한다. 이때 발로

찬 거령신의 발자국이 지금도 바윗돌에 그대로 남아 있다."라고 하였다.

"하백河伯이 우禹임금에게 하도河圖를 주었다!"라는 이야기나 "경진庚辰이 무지기無支祈를 구금시켰다!"라는 전설도 그 말이 너무 황당하다. 경진은 우임금을 도와 홍수를 다스린 귀신 이름이고, 하백은 하신河神을 말하는데, 하도에 대해서는 책마다 기록이 조금씩 다르다.

『서경』「고명」의 주석에는 복희伏羲가 세상을 다스릴 때, 용마龍馬가 하수河水에서 나오자, 그 용마의 등에 있는 그림을 본받아 8괘를 그어서 하도를 만들었다."라고 했다. 『진서』「지명지」에는 "옛적에 대우大禹가 황하를 관찰하다가 녹자綠字가 쓰인 홀笏을 받았다."라고 했고, 『송서』「부서지」에는 "우임금이 하수를 관찰할 때, 큰 인어가 나와서 '나는 하수의 신령이다.'라고 하면서, 하도를 주고 홍수를 다스리는 법도를 일러 준 다음, 바로 하수로 들어가 버렸다."라고 했다.

『고악도경』에 "우임금이 홍수를 다스릴 때, 동백산에서 회와淮渦의 물귀신 무지기無支祈를 얻었는데, 묻는 대로 응답을 잘할 뿐만 아니라, 물을 박차고 공중으로 뛰어오르기도 하여 오랫동안 쳐다볼 수가 없었다. 이에 우임금이 그를 경진에게 맡겼지만 경진이 구족산 기슭에 구금시켜 버렸다."라고 했다. 그런데도 이런 내용이 지금까지 기록으로 전해온 것은 무슨 까닭인가?

수해豎亥와 태장太章은 모두 우임금의 신하로서 걸음을 잘 걸었다고 한다. 『산해경』「해외동경」에 보면, 우임금이 수해에게 동쪽 끝에서 서쪽 끝까지 걸어 보게 했다는 이야기가 있고, 『회남자』「추형훈」에는 우임금이 태장에게 동쪽 끝에서 서쪽 끝까지 걸어 보게 했다는 이야기가 있다." 그런데 두 책에 기록된 거리가 각각 다르다. 수해와 태장이 잰 거리가 각각 다른 것은 무슨 까닭인가?

다산이
답했다

거령신이 화산을 쪼개 버렸다는 말은 『수경』의 주석에 있고, 공공씨가 부주산을 들이받았다는 말은 『회남자』에 실려 있습니다. 하신이 우임금에게 녹자綠字를 주었다는 말은 『진서』「지리지」에서 나왔고, 경진이 무지기를 구금시켜 버렸다는 말은 『악독경』에 기록되어 있습니다.

수해가 측정한 거리가 다르다는 말은 『회남자』에서 나온 것입니다. 즉 "동쪽 끝에서 서쪽 끝까지와 북쪽 끝에서 남쪽 끝까지의 거리가 각각 2억 3만 3500리, 75보다."라고 했습니다. 이런 황당한 이야기는 대부분이 기준에 위배되고 정당한 이치에 맞지 않습니다. 그런 만큼, 저는 감히 자세히 논의하지 않겠습니다.

다산의 질문 ⑦

수로 운송으로 국가 재정을 튼튼히 하자

과거시험에 시험관으로 참여한 정약용이 작성한 책문으로, 국가 정무에서 중요한 조운漕運에 대해 물었다. 유통은 국가의 재정이나 국민의 생활을 풍요롭고 원활하게 만드는 주요한 방법이다. 그것은 전통적으로 육로와 수로, 두 가지 방법으로 이루어졌다. 특히 강과 바다로 운송하는 수로는 배를 이용하여 물건을 실어 나르는 정책에 의거하는데, 이에 관한 책문을 '조운책漕運策'이라 한다. 중국의 각 시대별 조운법을 나열하고, 우리나라 조운 제도의 문제점을 지적하며 그것을 바로잡을 방도를 요청하였다.

국가의 재정은 곡식을 모으는 것보다 더 시급한 문제가 없다. 또한 곡식을 운반하는 데는 수로로 실어 나르는 것보다 편리한 수단이 없다. 그러므로 배로 물건을 실어 나르는 조운漕運은 국가의 일 중에 매우 중대한 정책이다. 그렇지 않은가?

중국의 황제인 천자天子는 수도권인 기내畿內 지역에서 곡식을 모았고, 제후諸侯들은 각자의 봉토 안에서 곡식을 모았다. 당시에는 가까운 지역에서 조문이 이루어져, 배로 물건을 실어 나르는 정책이 필요하지 않았을 수도 있다. 그러나 중국의 하河·제濟·강江·회淮와 같은 강들은 서로 가까운 거리에 있어, 이를 연결하는 도랑이나 수로를 파는 것이 우선 과제가 아니었겠는가?

반면 우리나라는 삼면이 바다이고 지형이 좁다. 그러므로 바다를 이용하여 배로 물건을 실어 나르는 것이 정책의 기본이 되었다. 옛 제도를 참고하여 지금의 법을 알고, 중국의 제도를 모방하여 우리나라를 다스리는 데 어떤 방법들이 있겠는가?

고대에는 나무를 쪼개고 깎아서 배를 만들어 물을 건너다녔다. 그렇다면 당시에 이미 배로 물건을 실어 나르는 정책이 있었던 것인가? 또한 상고시대에는 물에서는 배를 이용하고, 뭍에서는 수레를 이용하였다. 그리하여 물과 뭍에서 옮길 수 있는 것과 없는 것을 나눠 힘써 날랐다고 한다. 그때 벌써 배로 물건을 실어 나르는 정책이 있었던 것인가?

『서경』에서는 "문수汶水에서 떠서 제수濟水에 이른다."라고 언급하였다. 채침蔡沈의 주석에 의하면 "부세賦稅를 바치는 길이다."라며 세금을 바치는 길이라 하였다. 그렇다면 당시에는 9주九州, 즉 전국의 세금이 모두 임금이 있는 수도로 들어온 것인가?

또한 『서경』 「우공禹貢」에 "잠수潛水에서 떠서 면수沔水를 넘는다."라고 하였는데, 역광조酈光祖의 주석에서는 포곡褒谷과 사곡斜谷 등 강과 연결된 수로들을 말하였다. 그렇다면, 강江·하河·회淮·제濟, 즉 네 개의 큰 강인 사독四瀆의 운송 체계가 요임금 때부터 있었던 것인가?

범주汎舟라는 수로는 춘추시대 진秦나라와 진晉나라가 곡식을 사고팔며 장사하던 시기에 만들어졌다. 『좌전左傳』 희공僖公 13년에 진晉나라에 흉년이 들자 진秦나라가 곡식을 원조해 줄 때 곡식을 실은 수많은 배가 이 수로 위를 뒤덮을 정도였다고 한다. 그리하여 후세에 '범주汎舟의 역사役事'라고 하여, 배가 떠 있는 거대한 수로라는 뜻의 이름이 붙었다고 한다. 한편, 한나라 때의 곡식 운반은 주로 황현黃縣과 수현睡縣의 운하에 의존하였다고 하니, 그 당시에도 배로 물건을 실어 나르는 정책이 매우 중요했다는 뜻이 아니겠는가?

한나라의 재상이었던 소하蕭何는 조운 정책의 중요성을 간파하고 배로 물건을 실어 나르는 조운 정책을 펼쳤으나, 정작 그 몸은 수도였던 관중關中을 떠나지 않았다. 반면 장양張良은 오로지 조운 정책을 국가 운영의 핵심으로 주장하여, 마침내 수도首都를 관중에 정하도록 만들었다. 관중이 중국 전체에서 보면 한쪽 구석에 위치해 있으면서도, 배로 물건을 실어 나르는 조운 정책을 통해 나라의 이익을 마음대로 조정할 수 있었던 것은 또 무엇 때문이었겠는가?

한나라 때 정당시鄭當時는 '위수渭水의 운하를 옮기자!'라고 주장하였고, 번계番係는 '분수汾水에 운하를 뚫자!'라고 주장하였다. 이들의 주장에 대해, 그 이득과 손실을 상세히 말할 수 있겠는가?[29]

또한 경수창耿壽昌은 조운을 통한 곡식의 운반을 부정적으로 보고 '수도에서 곡식을 사들이자!'라고 하였고, 소망지蕭望之는 조운을 보다 효율적으로 바꾸자며 '하수河水의 운하를 다시 복구하자!'라고 하였다. 이들의 주장에 대해, 그 옳고 그름을 분명히 가릴 수 있겠는가?

---

[29] 정당시는 수도 주변의 수로를 더욱 개발하자고 하였고, 번계는 북방 지역과의 교역을 활성화하는 수로를 개발하자고 주장하였다. 하지만 새로운 운하 건설에는 막대한 노동력과 비용이 필요하여, 기존의 수로를 계속 이용하자는 반론이 있었다.

진晋나라 무제가 처음으로 남산南山을 뚫어 황하黄河를 텄다. 수나라 양제煬帝는 변수汴水의 운하를 뚫어 회해淮海로 통하게 만들었다. 당시에는 여기저기 산맥을 끊고, 농토와 가옥을 파괴한 것이 셀 수 없었다. 그러나 그들의 공적은 길이길이 사람들에게 다방면으로 도움을 줄 정도가 되었다. 이렇게 본다면, 그런 작업을 어떻게 포학한 정치라고만 단언할 수 있겠는가?

그러나 조운 사업이 항상 순조로웠던 것은 아니다. 곡식 두 섬을 운반하는 데 1000냥이나 되는 경비가 들자, "쌀 한 말에 돈이 한 말이네!"라는 민요民謠가 나왔다. "배를 끄는 쇠테와 밧줄이 사람을 죽이는 도구가 되었다!"는 말도 떠돌았다고 한다. 즉, 당나라 고종 때 관중關中의 곡식을 장안長安으로 운반하기 위해 삼문산三門山에 운하運河를 팠는데, 동원된 인부들이 쇠테에 밧줄을 달아 배를 끌다가 쇠테가 터지고 밧줄이 끊어져 죽은 사람이 많았다.

또한 "초를 들이붓는 것이 돌을 깨는 방법이 되었다!"라는 말도 있다. 이 말은 당나라의 이제물李齊物이 섬군 태수陕郡太守로 있으면서 지주산砥柱山에 운하를 팔 적에, 초를 부어 바위를 깨뜨렸다는 말에서 나왔다. 여러 사례로 볼 때, 배로 물건을 실어 나르는 조운의 어려움이 이토록 심했단 말인가?

송나라는 6개의 수로로 나누어 물건을 운반하도록 하였는데, 끝내 바다를 이용하지 않고 해마다 운하를 파서 변하汴河까지 도달하게 만들었다. 이렇게 보면 우리나라 해운의 방법이 어찌 중국의 비웃음을 받지 않을 수 있겠는가?

　당시 송나라의 오개吳玠는 기어이 육로 운송을 주장하였고, 소단 邵溥은 수로 운송을 회복하자고 하였는데, 어느 것이 유리한지 밝히기 어렵다. 특히 수운을 담당한 관리들에게 지나치게 많은 상賞이 내려지는 경향이 있었고, 반대로 운반한 물자가 부족할 경우 그 손실을 일꾼들과 관리들이 함께 부담해야 하는 폐단이 있었다. 이러한 폐단의 실마리는 막기 어렵다. 그것에 대해 낱낱이 지적하여 진술할 수 있겠는가?

　원나라 세조世祖 때 주청朱淸과 장선張瑄이 시행한 해운법海運法은 비용을 크게 절감하였다고 한다. 이후 명나라 성조成祖 때 회통會通 운하의 조운 제도가 정비되면서 국가의 재정이 넉넉해졌다고 한다. 그 규모에 대해 상세히 들어볼 수 있겠는가?

　세상의 곡식을 모아 수도를 풍족하게 만드는 것은 임금의 큰 권리다. 나라의 모든 세금을 임금이 있는 곳으로 모으는 것은, 이를 다시 여러 사람에게 내려 주기 위해서라고 할 수 있다. 그리하여 모든 관리에게 봉급을 주고 굶주리는 사람이 없도록 만드는 것이 배로 물건을 실어 나르는 조운의 법칙이다.

　이것으로 외교 사절들은 접대하고, 이것으로 군사 비용을 지급하고, 이것으로 시장을 부흥시키고, 이것으로 국고를 충실하게 만든다. 그러므로 국가의 경비가 이에 의존하지 않는 것이 없다. 국가를 다스리는 임금의 마음이라면 밤낮으로 그 제도를 갈고 닦아 편리한 방법을 찾지 않을 수 있겠는가?

우리나라는 해구海口에 닿아 있는 한양漢陽에 도읍을 정했다. 그래서 황해도와 평안도의 양서兩西 지역과 충청도·전라도·경상도의 삼남三南 지역의 곡식을 해로海路로 수송하는 데 막히는 곳이 없고, 경기·강원 지방의 곡식을 수송하는 강로江路가 멀지 않다.

주요 지역에는 곡식을 저장하는 창고가 마련되어 있다. 충청도 서남 지역에는 공진창貢津倉과 성당창聖堂倉이 있고, 전라도 지역에는 법성창法聖倉과 군산창群山倉이 있으며, 경상도 지역에는 마산창馬山倉과 가산창駕山倉이 있고, 내륙 지역인 충주에는 가흥창可興倉이 있으며, 원주에는 흥원창興原倉이 있고, 춘천에는 소양창昭陽倉이 있다.

조운을 감독하는 직책으로는 해운판관海運判官과 수운판관水運判官이 있고, 조운을 영솔하는 데는 독발차사원督發差使員과 영선차사원領船差使員이 있다. 곡식을 운송할 때에는 국경이나 강, 또는 큰길 등을 끼고 따라가는 언저리 지역에서 힘을 다하여 운송하고, 손실이 있으면 처벌이 매우 엄하다. 그런 만큼 수송이 정체되지 않고 파손되는 염려가 없도록 해야 한다.

그런데 최근에 와서 법령이 해이해지고 명령이 시행되지 않는 경우가 많다. 개인적인 물건을 덤으로 싣는 것을 예사로 보고, 얕은 물에 일부러 물건을 파손시키는 것을 묘한 계책으로 여기며, 심지어 곡식에 물을 담아 불려서 횟가루를 섞어 버리는 탓에 물건을 가져다주기도 전에 먼저 썩어 버리기도 한다.

그렇게 하고는 물에 잠겨서 썩은 쌀을 사람들에게 나눠 주고, 징수할 때는 온전한 쌀로 거둬들인다. 심하면 배에 실은 모든 곡식을 팔아버리고 가을에 다시 사서 가져다주기도 한다. 은결隱結과 방납防納 같은 부정 행위는 기간이 지나도 장부에 기재하지 않는다.30

30 은결은 조세 부과 대상에서 제외하기 위해 부정으로 양안(量案)에 올리지 않은 숨겨진 토지에 개인적으로 매기는 세금이다. 방납은 각 지방의 공물(貢物)을 서울의 경주인(京主人)이 대신 바치고, 그 대가를 곱절로 불려 받던 일을 말한다.

이런 부정부패로 인해 국가 재정이 심각하게 부족해졌다. 호조戶曹에서 거둬들인 세입歲入은 12만 석에 불과하다. 그런데도 그중 배가 뒤집혀 가라앉지 않고 제대로 도착하는 것이 열 건 가운데 네댓 건뿐이고, 지연되지 않고 도착하는 것은 열 건 가운데 서너 건뿐이다. 이리하여 국가의 재정이 모자라고 사람들의 식량이 부족하여 허둥지둥 어찌할 바를 모르게 된다.

일부에서는 다음과 같은 대책을 내기도 했다. "양서兩西 지방의 곡식은 장산長山에서 손실을 당하고, 삼남三南 지방의 곡식은 안흥安興에서 손실을 당하는데, 운하를 파고 뱃길을 뚫어 배가 다니도록 한다면, 양서의 곡식이 서울에 도달하는 데 지장이 없고, 삼남의 곡식도 배가 뒤집혀 가라앉을 염려가 없다!"

그러나 여러 괜찮은 의견에도, 시험해 보지 않은 경우도 있고, 때로는 시작하였다가 바로 중단하기도 했다. 이는 정부의 무책임한 태도 때문이며, 동시에 사람들 모두가 같이 걱정해야 할 일이 아닌가 생각한다. 여러 학자들은 고금古今의 일을 널리 알고 있을 것이므로,

반드시 폐단을 바르게 고칠 계책이 있을 것이다. 한번 대안을 제시해 보라.

다산의 질문 ⑧

화폐 개혁, 어떻게 할까

화폐, 즉 돈은 동서고금을 막론하고, 인간 사회에서 매우 중요한 생활수단이자 삶의 양식이다. 일반적으로 '돈 없으면 못 산다!'라는 말이 일상용어일 정도다. 국가의 재정 확보나 유통, 물가조절은 물론이고, 사람을 관리하는 데도 돈이 필요하다. 그런 만큼, 시대에 부합하는 화폐 제도가 정착되고, 필요에 따라서는 개혁해야 하는 중대 사안이다. 이를 '전폐錢幣'에 관한 정책이라고 한다.

돈은 '주옥珠玉·황금黃金·도포刀布'의 삼폐三幣 가운데 하나다. 즉, 예로부터 역술과 옥, 황금, 칼이나 비단 등이 화폐로 사용되었는데, 돈도 그중 하나다. 이렇나 돈으로 옛날부터 임금이 나라의 재정을 확보하고, 사람들이 활용할 물품과 재화를 유통하게 만들며, 세상을 다스려 태평하게 만들었다.

신농씨神農氏는 가게에 물건을 늘어놓아 한낮에 시장을 열었고, 황제씨黃帝氏는 배와 수레를 만들어 무역을 통해 세상에 이익을 주었다. 이때 사용한 수단도 돈에 근본을 두었던 것인가?

역산歷山과 장산莊山에서 돈을 주조鑄造한 사실은 『관자』에 기록되어 있다. 외부는 둥글게, 내부는 모나게 만든 제도는 『주례』에 그 시작이 보인다. 돈을 직접 먹는다고 사람을 배부르게 할 수는 없다. 하지만 홍수와 가뭄으로 흉년이 들었을 때, 사람들의 굶주림을 구제할 수 있었다. 그 까닭은 무엇인가?

'화貨·천泉·포布·도刀'와 같이, 형태나 쓰임새가 다른 돈들을 여러 명칭으로 부른 것은 무슨 뜻이 있는가? '소小·요幺·유幼·장壯'과 같이 통용되는 지역이나 용도에 따라 화폐 제도를 다르게 한 것은 무슨 까닭인가?

한나라 때 왕망이 새로 만든 돈인 '계도契刀'와 '착도錯刀'는 너무 무거워서 쓰기 불편했고, 한나라 유협榆莢 때의 돈은 너무 가벼웠다. 상황에 따라 자전子錢과 모전母錢을 번갈아 사용할 수 있는 융통성을 발휘해야 하지 않겠는가?

『국어』「주어周語」에 의하면, 고액의 돈을 모전母錢이라 하고, 소액의 돈을 자전子錢이라 한다. 사람들이 가벼운 일을 걱정하면 무거운 돈을 만들어 쓰게 하는데, 이를 모권자母權子라고 하고, 사람들이 무거운 일을 싫어하면 가벼운 돈을 만들어 쓰게 하는데, 이를 자권모子權母라 하였다. '모전과 자전을 번갈아 쓴다!'라는 말은 고액의 돈과 소액의 돈을 섞어 쓴다는 말이다.

그리고 여전女錢과 치천稚泉이라는 이름의 돈도 있었다.『수서』「식화지」에 의하면, 여전은 위조를 막기 위해 특별히 돈의 둘레를 없애 만든 돈으로, 양나라 무제 때 오수전五銖錢과 병용했다. 치천은 원래 오수전을 말하는데, 크기가 워낙 작아서 어린 돈이라는 뜻으로 붙여진 이름이다.

이러한 점들을 볼 때, 화폐 사용의 편리 여부와 제도의 장점과 단점이 어떠한지 자세히 말할 수 있겠는가?

　돈에 연호年號를 새긴 것은 어느 시대에 비롯되었는가? 당나라 덕종 때 만든 상평본전常平本錢을 고쳐서 주조하기 시작한 것은 누구인가? 연환전縊環錢은 중국 남송시대에 만들었는데, 그 품질이 너무나 좋지 않아 물 위에 뜰 정도였다. 이 연환전이 '물에 가라앉는다!'라는 말은 어느 책에 등장하는가?

　"싸매 놓은 술병의 술이 쉬었다!"라는 말은 무슨 이치에 근거한 것인가? 『한비자』에 다음과 같은 기록이 있다. 송나라 때 어떤 술집에서 술도 많이 주고 손님도 친절하게 접대했는데, 어쩐 일인지 술이 팔리지 않아 쉬어 버렸다. 이에 술집 주인이 주변의 노인에게 왜 그런지 물었다. 그러자 노인이 말했다. "너의 가게에 사나운 개가 있다. 아이가 술을 사러 가면 개가 아이를 물기 때문에, 사람들이 자연스럽게 술을 마시러 가지 않는다!"

　한나라 때 붉은 구리로 테두리를 쳐서 만든 돈인 '적측赤仄'은 주조한 지 얼마 지나지 않아 사용하지 않게 되었다. 한나라 무제가 만든 돈인 '백찬白撰'은 보기에는 아름다우나 실용성이 없었다. 이런 제도 가운데 어느 것이 좋은지, 그 우열을 나눌 수 있겠는가?

　돈에 관한 몇몇 이야기가 전해 온다. 『후한서』「공손술전」에 의하면, "황우야! 백복아! 오수전五銖錢이 다시 활용될 것이야!"라고 했는데, 황우黃牛 백복白腹의 노래는 다음과 같은 내용이 얽혀 있다. 황우는 왕망王莽을 비유하고 백복은 공손술公孫述을 비유한 명칭이다. 이 노래는 한漢나라가 다시 중흥하기를 기원하며 부른 동요이다. 즉, 여기에서 오수전은 한나라 때의 돈이었고, 그 돈의 부활이 한나라의 중흥을 의미했다.

청부靑蚨의 피를 바른다는 이야기도 있다. 청부는 남방의 매미 비슷한 곤충이다. 『회남자』에 이런 이야기가 있다. 청부의 새끼만 잡아오면 그 어미가 저절로 날아오는데, 그런 원리를 이용하여 돈을 벌 수 있다. '81문文의 돈에는 어미의 피를 바르고, 81문에는 새끼의 피를 발라 두어라. 그리고 새끼의 피를 바른 81문의 돈은 가지고 있고, 어미의 피를 바른 81문의 돈으로 시장에 가서 물건을 사면, 그 돈이 저절로 돌아온다!'

흑사黑蛇로 인하여 용龍 모양의 추전鷔錢을 만들었다는 괴담도 있다. 당나라 헌종憲宗 때 왕청王淸이란 사람이 있었다. 그는 품삯으로 다섯 닢의 돈을 받았고, 그 돈으로 말라죽은 밤나무 한 그루를 매입하여 장작으로 만들어 팔려고 했다. 그날 밤 이웃 사람이 몰래 그 밤나무를 베려고 하자, 그 안에서 검은 뱀, 즉 흑사黑蛇가 갑자기 머리를 치켜들고 소리쳤다. "나는 왕청의 밑천이다! 너는 이 나무를 찍지 말라!" 다음날, 왕청은 자식들을 데리고 밤나무를 베어 장작으로 만든 다음, 그 뿌리를 캐 보았다. 뿌리 밑에는 두 개의 큰 단지가 묻혀 있고 그 속에는 돈이 가득 들어 있었다. 한순간에 큰 부자가 된 왕청은 추전鷔錢을 만들 때 용 모양을 그려 넣었는데, 그 돈을 '왕청본王淸本'이라고 한다.

장전張鷟의 모자에 참새가 돈을 떨어뜨린 징조에 관한 이야기도 있다. 장전은 진晉나라 사람이다. 옹주雍州에서 근무할 때, 근교에 놀러 나갔다가 큰 무덤 아래에서 쉰 적이 있었다. 그때, 참새가 동전 한 닢을 물어다 주고 갔다. 얼마 후 관청에 돌아와 낮잠을 자려고 누워 있는데, 참새 두 마리가 서로 싸우다가 각기 돈 한 닢씩 물어다가 장전의 갓 위에 떨어뜨렸다. 장전은 참새로부터 얻은 세 닢의 돈을 늘 상자에 넣어 보관했다. 어떤 학자가 그것을 보고, '큰 부자가 될 징조다!'라고 하였다.

이처럼, 돈에 관한 여러 이야기가 옛날부터 전해 오고 있다. 돈이란 물건은 진실로 신비하고 괴이한 차원이 있어서 그런 것인가?

용문龍文·마문馬文·구문龜文은 귀하고 천한 것이 매우 다르다. 왜 그럴까? 『한서』「식화지」에 의하면, 한나라 무제武帝 때 은銀과 주석으로 백금을 만들어 돈을 주조했다. 이때, 하늘에 쓰이는 돈에는 용 모양을 그려 넣은 용문龍文을, 땅에 쓰이는 돈에는 말 모양을 그려 넣은 마문馬文을, 사람에게 쓰이는 돈에는 거북 모양을 그려 넣은 구문龜文을 넣었다.

인비人排·마비馬排·수비水排는 그 공력과 비용이 같지 않다. 『삼국지』「위서」에 의하면, 비排는 풀무로 비鞴와 통용되는 말이다. 즉 인비는 사람의 힘으로, 마비는 말의 힘으로, 수비는 흐르는 물의 힘으로 바람을 불어 넣어 풀무질하는 것이다.

이런 돈의 쓰임을 처음으로 만든 사람이 누구인지, 그 일에 대해 논의할 수 있겠는가?

돈을 주조하기 위해, 동인銅人과 동마銅馬를 모조리 용광로에 녹였다는 이야기도 있다. 동인은 사람의 형상을 구리로 만든 것으로 온몸에 침을 놓는 구멍이 표시되어 있다. 의학에서 침술을 익힐 때 쓰는 도구로 쓰인다. 동마는 구리로 만든 말인데, 이 동마와 동인을 다 녹여도 문제는 돈의 주조가 아니었다. 구리를 녹여 돈을 아무리 많이 만들어도, 한나라 헌제獻帝 때의 뛰어오르는 물가를 잡을 수 없었다.

지팡이에 100전錢을 걸어 놓은 것은 고상한 행동이 아니다. 인간의 품격을 떨어뜨리는 일이 될 수도 있다. 하지만, 때로는 그렇게 처신하는 사람을 운치 있는 인사라 일컫는다. 『진서』에 의하면, 진晉나라 때의 완수阮修는 자유분방하게 지내는 것을 인생 최고의 즐거움으로 여겼다. 어떤 일에도 구애받지 않고 세상 사람들과 상대하기를 좋아하지 않았다. 항상 혼자 걸어 다니며 지팡이 위에 돈 100전을 걸어 놓고, 술집에서 실컷 마시고 취하곤 했다.

"황금 갑옷을 입은 사람이 증서를 받았다!"라는 것은 매우 괴이한 일에 가깝다. 황금 갑옷 얘기는 수나라 말기에 있었다는 전설이다. 어느 가난한 서생書生이 관청의 창고에 가서 그 안을 들여다보았다. 창고 안에는 수만 관貫의 돈이 있어 그 돈을 조금 가져가려고 하였다. 순간, 황금 갑옷을 입은 사람이 창을 들고 말했다. "이 돈은 울지공尉遲公의 것이다. 울지공의 어음을 가져오라!" 그 서생이 마침 대장간에서 일하는 울지경덕尉遲敬德을 찾아가 돈 500관貫을 빌려 달라고 했다. 그러자 울지경덕이 화를 내며 말했다. "대장장이에게 무슨 돈이 있겠는가! 나를 모욕하는가?" 그러나 서생은 조용히 요청했다. "그대는 나중에 부귀해질 것이다. 간단하게 증서 한 장만 써 달라!" 울지경덕은 할 수 없이 '아무에게 돈 500관을 준다!'라는 내용과 연·월·일을 쓴 다음, 서명하여 주었다. 서생이 증서를 가지고 오자, 황금 갑옷을 입은 사람이 증서를 대들보 위에 붙이게 하고, 500관의 돈을 가져가게 하였다. 뒷날 울지경덕이 당나라 태종을 도와 공을 세우자, 창고의 돈을 상賞으로 주었는데, 500관이 부족하였다. 이에 울지경덕은 창고 책임자에게 벌을 주려다가, 대들보 위에 붙인 증서를 보았다. 자신이 대장장이 시절에 써준 것이었기에 경탄해 마지 않았다.

'산속에 숨겨 놓은 돈 항아리에서 품삯을 가져갔다!'라는 말 또한 허황된 일에 가깝다. 이는 건안建安지방의 건계建溪에서 뱃길로 땔나무를 파는 사람에 관한 이야기이다. 하루는 갑자기 산 중턱에서 돈이 마구 흘러내렸다. 이에 그 사람이 그곳을 찾아가 살펴 보니, 나무 아래에 기울어져 있는 항아리에서 돈이 흘러나오고 있었다. 이에 기울어진 돈 항아리를 바르게 괴어 놓고는 돈 500전을 꺼내 집으로 갔다. 그 뒤, 돈을 모두 꺼내 오기 위해 식구들을 데리고 그곳을 찾았다. 그러나 그 장소를 찾지 못하고 여러 날 배회하다가 꿈을 꾸었다. 꿈속에서 어떤 사람이 말했다. "그 돈은 주인이 있다! 지난날 항아리가 기울어졌을 때 바르게 괴어 놓는 품삯으로 너에게 500전을 주지 않았느냐!" 이런 얘기를 모두 믿을 수 없는 것인가?

돈의 용도는 물건에 따라 오르내릴 수 있고, 가지고 있느냐 없느냐에 따라 서로 교역交易하는 것이기 때문에, 진정 국가의 큰 보배이고 사람들의 긴요한 물건이다.

포백布帛과 숙속菽粟은 무거움에 구애되고, 금은金銀과 주옥珠玉은 희귀稀貴해서 걱정이다. 그러므로 귀천貴賤의 중간을 절충하고, 빈부貧富의 사이에 유통할 수 있는 것은 돈처럼 편리한 물건이 없다. 다만 그것은 수송이 편리할수록 사기詐欺가 더욱 늘어나고, 무역이 번창할수록 사치가 더욱 많아졌다.

무역하는 법으로 말하면, 파촉巴蜀지역의 삼베와 오지吳地의 소금은, 자기들이 갖고 있는 것으로 자기들에게 없는 물건을 교환하지는 않는다. 판매하는 이익으로 말하면, 남방 지역의 모시와 북방 지역의 모직毛織은, 많이 가지고 있는 것을 덜어 적게 가지고 있는 것에 보태주지 않는다. 그러므로 장사를 통해 이익은 남겠지만, 사람들의 삶은 날로 피폐해진다. 돈이 국가에 미치는 영향력이 이와 같다.

우리나라는 바다의 한쪽 끝에 위치하여, 옛날부터 돈에 대한 법도가 없고, 사람들도 돈이 어떤 이익을 가져다주는지 알지 못하였다. 그러나 국가는 부유하고 군사력은 강하며, 사람들의 생활 태도는 순박하였다. 이는 사회 분위기가 소박하여 상황에 따라 융통성을 발휘하지 못하게 만들었다. 그뿐만이 아니라, 국토의 세 면이 동해·서해·남해의 바다이기에 뱃길이 교차하여, 무역할 때 수송의 어려움이 없었다. 이런 까닭에 여러 세대를 내려오면서 돈을 사용하지 않은 것이다.

우리나라에 돈이 통행한 지는 이제 140여 년이 된다. 맨 처음 오영

청五營廳에서 쓰기 시작하여 수원水原과 강화江華에 파급되었다. 이후에 태농太農에서 주조한 돈으로 호조戶曹의 비용을 충당하였다. 이에 수천 년 동안 막혔던 법도와 제도가 이제 확 트이게 된 것이 아닌가!

그렇다면, 사람들의 생업이 풍부해지고, 국가의 재정이 넉넉해져야 할 텐데도, 어찌하여 100여 년이 지나도록 국가나 개인의 창고가 모두 고갈되었는가?

남북 지역의 재화가 유통되지 않음으로써, 조그마한 이익에도 서로 다투어 사회 분위기가 나날이 각박해지고, 뇌물이 공공연히 행해지는데도, 왜 관리들의 탐욕을 징계할 수 없는지 모르겠다. 진실로 그 까닭을 따져 보아야 한다. 반드시, 돈을 다루는 데 문제가 있을 것이다!

어떤 사람은 "한군데로 모아서 돈을 주조하되, 그 통용 지역을 확대하면 폐단을 막을 수 있다!"라고 한다. 어떤 사람은 "제각기 나누어서 돈을 주조하되, 그 통행하는 지역을 제한하면, 그 쓰임새가 절약될 것이다!"라고 한다.

어떤 사람은 "돈을 빌리려는 국가적 요청은 중국의 북경北京으로 보내는 것이 마땅하다!"라고 한다. 어떤 사람은 "구리 캐는 법은 일본에서 배우는 것이 마땅하다!"라고 한다.

어떤 사람은 "별도로 은전銀錢을 만들어 중국 상인의 이익을 막자!"라고 주장한다. 어떤 사람은 "지폐紙幣 통행법을 익혀, 명나라 제도를 따르자!"라고 주장한다.

어떤 사람은 "본전本錢에 이자利子를 붙여 늘리는 것을 엄금하여 가난을 구제하자!"라고 주장한다. 어떤 사람은 "국가의 상평창常平倉 곡식을 여러 가지로 겸하여 쓰면서 개인의 풍요함과 검소함을 균일하게 만들자!"라고 주장한다.

여러 가지 주장 가운데 어느 것이 마땅하고 어느 것이 마땅치 않은가? 어느 것이 따르기 쉽고 어느 것이 시행하기 어려운가?

5부

고전으로
바른 마음을
기르다

조선은 성리학을 바탕으로 한 유교적 사회를 형성했으며, 이는 나라의 기틀을 마련하고 지속해 나가는 데 중요한 역할을 했다. 정조와 정약용도 유교 질서를 철저히 옹호하면서, 유교 경전을 토대로 실용적이고 도덕적인 정책을 펼쳐 나라를 이끌어 가려 했다. 정조는 성리학의 이상적인 가치와 현실적인 문제를 균형 있게 고려한 통치를 지향했고, 정약용은 실용적 지식을 통해 사회의 문제를 해결하고자 했으며, 동시에 도덕적인 지침을 놓치지 않았다. 이와 관련된 문답을 통해 성리학의 원칙을 실현하기 위해 현실적인 방법을 모색하며, 나라를 더 나은 방향으로 이끌기 위해 끊임없이 노력했음을 알 수 있다.

시대에 맞는
경서 해석이
중요하다

조선 사회는 유교를 국가의 기본 철학으로 삼았다. 따라서 유교 경전의 가르침은 제반 영역의 실천지침이자 기준이 되었다. 그 가운데 핵심 경전인 십삼경十三經을 섭렵하고 관리가 되어야 국가를 운영하는 기본 능력을 갖추었다고 본다. 그런 만큼, 정책 대안의 이론서인 십삼경에 관한 논의가 '십삼경책'이다. 경술년庚戌年, 즉 1790년 겨울에 임금이 내각內閣에서 직접 시험을 보았을 때, 정약용이 답변했다.

정조가
물었다

『논어論語』『맹자孟子』『시경詩經』『서경書經』『역경易經』『주례周禮』『의례儀禮』『예기禮記』『춘추좌씨전春秋左氏傳』『춘추공양전春秋公羊傳』『춘추곡량전春秋穀梁傳』『이아爾雅』『효경孝經』은 모든 경서經書 가운데 가장 중요한 십삼경十三經이다. 십삼경은 인간 사회의 윤리의식이 담긴 보고이자 문예가 실려 있는 바다다.[31] 그것

31 십삼경은 선진시대의 경전을 중심으로 송대에 정리된 유학의 정통 경전이다. 반면, 사서는 주희가 체계화한 유학 입문서로 해석서 성격이 강해 십삼경에 포함되지 않는다.

5부 고전으로 바른 마음을 기르다

들이 어떻게 전수되어 오늘에 이르렀는지, 그 원류와 해석의 장점 및 단점에 대해 자세히 설명할 수 있겠는가?

> 다산이
> 답했다

경서經書들을 해석하는 데는 세 가지 방법이 있습니다. 첫째는 기존에 전해 들은 것을 바탕으로 해석하는 방식이고, 둘째는 스승의 가르침을 받은 것으로 해석하는 방식이며, 셋째는 자기가 공부하여 터득한 뜻을 가지고 해석하는 방식입니다.

이 가운데 마지막, 즉 자기가 공부하여 터득한 뜻이 있어, 자신의 의사로 무엇인가를 해 보기 위해 해석한 경우가 있습니다. 이러한 것은 비록 과거의 사람보다 아무리 나중에 태어났다고 할지라도, 1100년 이상이 지난 고전의 내용을 검토하여 당당하게 자신의 해석을 근거로 입증할 수 있습니다.

이를테면 주자朱子가 그런 경우에 해당합니다. 주자는 『대학大學』에 대해, 다음과 같이 단정했습니다.

"『대학』의 「경」 1장經一章은 공자孔子의 말이고, 「전」 10장傳十章은 증자曾子의 뜻이다!"

이는 절대 전하여 듣거나 스승에게 가르침을 받은 것에 의지하여 해석한 것이 아닙니다. 자신이 연구한 소신대로, 자기의 의사로 단정지은 것입니다. 이와 같은 해석은 옛날이나 지금이나 시대를 초월해 영향력을 미칩니다.

그러나 전하여 듣거나 스승에게 가르침을 받은 대로 이해한 내용은 자기 의사로 해석한 것과는 상황이 좀 다릅니다. 이는 사회적으로 용인되는 내용과 가깝게 해석되었다고 보아야 합니다. 왜냐하면 전해 오는 가요나 풍속이 옛날과 서로 비슷한 것은, 저 시골의 별 볼 일 없는 데서 얻은 것일지라도, 그런대로 살펴볼 만한 점이 있습니다. 스승이 직접 강의나 해설을 통해 전해 준 내용은 스승이 평소에 하던 이야기나 농담 따위를 기록한 것일지라도, 나름대로 시대 분위기를 간접적으로나마 드러내는 증거가 될 만한 사항이 있기 때문입니다. 따라서 이러한 해석 방식의 차이는 다르게 바라봐야 합니다.

정조가 물었다

한漢나라의 선비들이 위진魏晉시대의 선비보다 낫고, 위진시대의 선비들이 수당隋唐시대의 선비들보다 낫다는 말이 있다. 왜 이런 말이 왜 생겨났겠는가? 옛사람들은 모두 현명하고 지금 사람들은 모두 못났기 때문이겠는가? 물론 그렇지 않다. 시대가 달라지면서 학문의 전승 방식이 변하고, 스승에게 직접 배울 수 있었는지 여부에 따라 차이가 생기기 때문이다. 시대가 멀리 떨어져 있는지 가까이 있는지, 스승에게서 직접 배웠는지 배우지 못했는지, 이런 차이로 인해 서로 상대적으로 볼 수 없기에 그런 말이 생겨나시 않았겠는가?

> 다산이
> 답했다

 그렇기에 십삼경의 원래 뜻을 연구하기 위해서는 필수적인 것이 있습니다. 바로, 그 십삼경에 관한 주석과 해설인 '주소注疏'를 챙겨야 합니다. 그것을 버려 두고서 십삼경의 뜻을 밝힐 수는 없습니다.
 주자가 『시경』과 『서경』의 주석을 정리하고 『논어』와 『맹자』의 해설서를 만들 때도 기존의 주석을 바탕으로 충실히 증명하여 정돈했습니다. 그 과정에서 십삼경의 주소와 동일한 내용을 정리한 것도 있고 그렇지 않은 부분도 있었습니다.
 이를 살펴보면 논리와 의미, 학문의 맥락 등에서 자기의 해석을 덧붙이기도 했지만, 글자의 뜻을 풀이하거나 장구章句를 해석하는 데는 전적으로 십삼경의 주소를 인용했습니다. 이렇게 본다면 주자가 학문하는 자세는, 특정한 사람이나 특정한 학파의 해석만을 가지고 무리하게 우기면서, 세상의 학문을 변혁해 나가려고 한 것이 아니었음을 알 수 있습니다.

> 정조가
> 물었다

 요즘 학자들은 문제가 심각하다. 칠서대전七書大全이 있는 것만 알고, 십삼경주소十三經注疏 같은 것은 있는 줄도 모르고 있다. 칠서는 사서삼경四書三經의 일곱 경전을 말하는데, 사서四書는 『대학』, 『논어』,『맹자』,『중용』이고, 삼경은『시경』,『서경』,『주역』이다. 곧, 칠서대전은 사서삼경에 관한 주석을 종합 정리해 놓은 성리학 저술이다.

이렇다 보니,『춘추春秋』나 삼례三禮, 즉『의례儀禮』,『주례周禮』,『예기禮記』와 같이 주옥같은 글이 칠서七書의 목록에 들어 있지 않았다고 하여, 그 글들을 폐기해 버렸다. 강의나 논의의 대상에서 제외되어 눈길조차 주지 않는 형편이다.

이는 참으로 유교를 연구하고 실천하는 학계에 큰 걱정거리다. 세상을 교육하는 문제에서도 시급한 과제 아닌가?

다산이
답했다

다행히도 임금께서 마음을 열어 놓고 이 문제를 언급하셨는데, 제가 어찌 감히 보고 들은 것을 덮어놓고 넘어갈 수 있겠습니까? 차근차근 하나씩 전부 말씀드리고, 가르침을 기다리겠습니다.

제가 생각할 때, 십삼경은 모든 책 가운데 으뜸입니다.

그중『역경』, 즉『주역』에서는 하늘과 땅의 형상形象을 관찰하여 길흉의 이치를 파헤쳤습니다.『시경』을 외우고『서경』을 읽으면, 정치에서 안정과 혼란의 자취가 어떻게 흘러가는지 알 수 있습니다. 이는 삼경三經인『시경』,『서경』,『역경』이 세상의 질서와 법칙을 담고 있는 책이라는 의미입니다.

삼례三禮는 인간 사회에 필요한 기본 예절과 제도를 통해, 생활을 질서정연하게 펼쳐내고, 국가의 수립과 번영, 각종 관직의 설치와 정비, 제왕 제도를 정돈한 예법에 관한 책입니다.

『춘추』는 세상에서 옳고 그름과 선하고 악한 일들을 판단하고 결정하는 데 필요한 중요한 사건들이 기록되어 있습니다. 대강의 뜻을 펼쳐 세상을 어지럽히는 자들이 두려움을 갖도록 한 책입니다. 『좌씨전』, 『공양전』, 『곡량전』 등이 그것을 해석하여 보완하는 데 크게 기여했습니다.

『논어』와 『맹자』는 유교가 지향하는 대체적 윤곽을 보여 주고, 그 의미를 구체적으로 분석하여 제시한 책입니다. 그것은 유교를 연구하는 학자들에게 별이나 태양처럼 빛나고 있습니다.

또한 『효경』은 인간의 삶에서 가장 중요한 도리를 논리적으로 정리하고 이를 실천할 수 있도록 정돈한 책입니다. 『이아爾雅』는 문자를 통해 인간 세상의 문명을 체계적으로 정리한 책입니다. 사물의 모양이나 이름 등 제반 사항을 널리 기록해 놓았습니다. 이 모두가 성현이 남긴 교훈으로, 학문의 근본적인 뜻을 담고 있습니다.

그러므로 유학의 학문 전통을 전수하여 공자와 맹자의 학문으로 그 연원과 계통을 이은 사람들은 반드시 이 십삼경을 연구하고 실천하려고 했습니다. 나아가 그것을 해석한 자료를 곁에 두고 학문의 방향을 설정한 사람들도 반드시 이 십삼경을 공부하려고 노력했습니다. 이렇게 본다면, 십삼경은 참으로 덕성을 수련하는 데 필요한 풀무와도 같고, 삶의 예술을 간직한 창고인 셈입니다.

경전을 열정적으로
탐독하라

경전 공부는 앎과 실천이 하나되는 길로서 경전을 깊이 읽으면 지혜가 쌓이고, 삶의 길이 밝아진다. 이를 바탕으로 한 구절을 깨우칠 때마다 마음이 단단해지고 세상을 보는 눈이 넓어질 수 있다. 이렇듯 경전 공부는 단순한 독서가 아니라, 나 자신을 단련하는 과정이다. 매일 조금씩 경전을 익히면, 언젠가 그 가르침이 스스로를 지킬 수 있는 힘이 되어 줄 것이다. 사회의 지도자는 모름지기 이런 태도로 공부를 하며 현실 정책에 반영해야 한다.

> 정조가
> 말했다.

하늘을 날줄經로 하고 땅을 씨줄緯로 하는 것을 경經이라 한다. 성인이 짓고 이에 대해 현인이 서술한 것을 경經이라 한다. 옛날이나 지금이나 두루 통하고 우주를 잇는 것을 경經이라 한다. 이처럼 경經은 영원히 변하지 않는 최고의 길이자 없어지지 않는 큰 가르침이다.

그러므로 경전의 글은 깊고 넓으며, 경전의 뜻은 간략하면서도 심오하다. 빛나고 크면서도 곧고 밝은 것이 바로 경전의 가르침이다.

이처럼 경전의 가르침은 꿰뚫어 밝아지면서 지혜가 생기게 만든다. 자세하게 쌓아 나가게 한다. 사물을 열고 본분을 이루게 한다. 이처럼 수많은 깊은 이치의 기틀을 다지게 했다.

아, 경전은 그 자체로 한량없이 크구나! 그러나 구차하게 형벌이나 제도 및 술수에만 매어 모든 사안을 해결하려는 자들이 많고, 경전의 내용에 대해 아는 것이 어찌 이렇게도 얕은가!

진나라의 분서갱유焚書坑儒를 비롯하여 한나라를 거치면서 잃어버리거나 빠진 경서들을 고찰하려고 해도 근거로 할 자료가 없다. 오직 추鄒나라·노魯나라·제齊나라·양梁나라 사이에 『시경』과 『예경』, 『춘추春秋』에 해박한 학자들이 잃어버린 부분을 주워 모으고 빠진 내용을 보충하여 보물이나 족보처럼 간직하였다. 진晉나라와 당唐나라에 이르러 십삼경十三經의 주석들이 비로소 갖추어졌다.

이에 송나라의 학자인 구양수歐陽脩가 "여러 학자가 경전의 장구章句에 담긴 학문에 대해 돌아가면서 서로 강론하고 서술하여, 성스러운 유학의 내용이 대략 밝혀졌다!"라고 말한 것이다. 물론, 이 말들이 모두 순수하지는 않지만, 그 공로가 아주 없어질 수는 없다.

다행히 송나라에서 훌륭한 학자들이 나오면서 전해지지 않은 유학 전통을 계승하고, 한나라와 당나라 시절의 나쁜 관습들을 쓸어 버렸다. 『중용』과 『대학』을 『예기』에서 발췌해 내고, 『맹자』를 격상시켜 『논어』와 짝하게 하여, 심성心性과 도기道器, 즉 이理와 기氣의 학설로 발전시켰다. 이에 유림儒林과 도학道學이 두 갈래로 갈라지고, 한나라 이래로 훈고訓詁와 고대의 명물名物과 같이 고증에 치중하던 학문이 차츰 사라져 갔다. 그렇지 않은가?

> 다산이
> 답했다

　십삼경의 전체 체계와 그 전반적 작용이 깊고 빛나서 천지에 참여하고 우주에 뻗쳤습니다. 그 문체는 별처럼 반짝거리고 태양처럼 찬란합니다. 그 풍부하고 넉넉함은 땅처럼 두텁고 바다처럼 넓습니다. 그 자세한 뜻이 신神의 경지에 들고, 신묘한 묵계默契가 도리에 부합되었습니다. 참으로 훈고학을 일삼는 학자들은 그 뜻의 한쪽도 엿보지 못할 것입니다.

　진나라에서 불타 없어지고 한나라에서 잃어버렸으나 남은 경서들이 없어지지는 않았습니다. 제나라와 노나라에서 암송되고 읽혀서, 남은 향기가 지금까지 전해졌습니다. 실제로 도리를 품고 경서를 연구하는 사람이 시대마다 있었던 것입니다.

　그 가운데는 간혹 순금 속에 철이, 쌀 속에 쭉정이가 있기도 했습니다. 그러나 그 공로가 허물을 덮을 수 있으니, 이는 훌륭한 학자들이 용서해야 할 일입니다.

　송나라의 훌륭한 학자들이 나오면서 또 한 번 그 도리를 발전시켰고, 주자朱子에 이르러서는 집대성하여 회통하고, 대일통大一統하여 거듭 창건하여, 아주 먼 옛날의 학문을 능가하고 우주까지도 포함하는 발전을 이루었습니다.

　그러나 그 연대가 멀고 사실을 증명할 수 없어, 주자의 해박한 지식으로도 오히려 자신이 있는 것은 남겨 놓고 의심스러운 것은 빼놓았습니다. 처음에는 갑甲이라 하였고 나중에는 을乙이라 하지 않을 수 없었습니다.

아! 주자가 한나라 초기에 책을 구해 들이던 때 출생하지 못해, 공안국·정현·유향·동중서와 같은 학자들이, 그 학술을 사용할 수 없도록 하지 못한 것이 안타까울 뿐입니다.

정조가 물었다

명나라 영락제永樂帝 때 사서四書와 오경五經을 전국의 학교에 배포하고자 하였다. 그 뒤로, 농사짓는 선비들이나 책 속에 사는 학생들이 어려서부터 늙은 나이에 이르도록 공부를 해도, 끝내는 호광胡廣과 해진解縉이 만든 대전大全에서 벗어나지 못했다.

그러니 공안국이나 정현 이후의 학설이나, 마융과 왕숙 등 여러 학자의 같고 다른 점을 물으면 많은 이들이 눈이 휘둥그레지고 입을 딱 벌린 채 대답을 하지 못한다. 이런 상황에서 교육과 학습의 공로를 빛내고, 옛날부터 내려오는 유학의 전통을 이으려 한다면, 서로 모순되어 어렵지 않겠는가?

오늘날 다시 보니, 경전의 근원을 소급하고, 세속 학문의 오류를 바로잡아야 한다. 그러기 위해서는 큰 것에만 힘쓰고 작은 것을 소홀히 여기지 않아야 하고, 현재 유행하는 것만을 본받고 옛날 것을 그르다 하지 않아야 한다. 뜻을 공손히 가져 널리 배워야 하므로, 먼저 나온 학설을 기본으로 갖추고, 뒤에 나온 학설을 공부해야 한다.

그렇게 하여 십삼경의 뜻이 조목마다 해석되어 해와 별처럼 환하게 하려면, 그 방법은 무엇인가?

그대들은 경전을 연구하고 옛것을 배웠을 뿐만 아니라, 평소에 좋은 대책과 방법을 연구한 것이 있지 않은가! 형식에 얽매이지 말고, 마음을 다하여 대답하라! 내가 지금 기다리고 있노라.

다산이
답했다

명나라가 세상을 다스려 문명이 크게 밝아지면서, 주자朱子를 절대적으로 신봉하여 따르고 유학 이외에 다른 학설을 금지했습니다. 호광과 해진 등을 시켜 칠서대전을 편찬하게 만들고 사서삼경을 전국에 배포하였습니다. 그리하여 학자들에게 자기의 지혜와 의사를 무시하고 그저 이러한 체계를 따르도록 했습니다. 이로써 한나라 이래의 다양한 학설이 번성하지 못하고 폐지되기에 이르렀습니다.

물론, 이러한 방향이 여러 학설의 학통을 바르게 하고, 잘못된 학풍을 구제하는 데 참으로 도움이 된 것도 사실입니다. 그러나 그 폐단은 구부러진 것을 바로잡는 정도를 넘어서는 과도함도 없지 않았습니다. 이런 연유로 후대의 학자들은 점점 학문에 대한 이해력이 부족해지고, 몽매하고 거칠어서 다양한 이론과 서로 다른 경서의 판본이 존재한다는 사실조차 모르는 경우가 많아졌습니다. 단순히 굳어진 학설만을 따르고 세속의 학문만을 숭상하여, 그런 학문은 하늘이 만들어 낸 것으로 알 뿐, 스스로의 총명을 닫아 버렸습니다.

옛것을 소급하여 근본을 찾는 사람에게는 새로운 것을 좋아한다고 지적하고, 경전을 인용하여 주석을 검토하는 사람에게는 괴이한 학문을 숭상한다고 꾸짖는 지경에 이르렀습니다. 이러한 탓에 『의례』가 쓸모없는 것이 되고, 『주례』가 외면당했으며, 『공양전』과 『곡량전』이 이단으로 취급받고, 『이아』와 『효경』이 마치 부적이나 비기祕記처럼 여겨지고 말았습니다. 그런가 하면, 마융과 정현의 이름은 잊혀지고, 공영달의 주석이나 가규賈逵의 해석은 제대로 보존되지 못했습니다. 이런 학문 풍토에서 옛 학설은 아주 간략하게 되거나 형체도 모르게 찢겨 없어져, 다시는 옛것을 계승할 수 없게 되었습니다. 유학의 침체가 오늘날과 같은 때가 없었습니다.

아! 세상의 이치는 처음엔 하나에서 시작되어, 중간에는 온갖 다른 것으로 나뉘었다가, 마지막에는 다시 하나의 이치로 합치됩니다. 그러므로 학문을 할 때도 널리 배우고 난 뒤에 핵심을 정리하고 요약해야 합니다. 그것이 유학에서 면면히 전해 오는 학문의 방법입니다. 다름 아닌, 널리 학문을 닦고 예절을 바르게 한다는 뜻의 '박문약례博文約禮'입니다.

그러나 오늘날 경전의 학설은 어지럽고 뒤섞여서 그 기강이 없습니다. 진실로 깊이 있게 연구하고 널리 구명하여 그 표준을 정립해야 합니다. 이를 바로잡지 않는다면 경전의 도리가 거의 사라질 것입니다.

사과, 배, 포도, 귤 등 맛이 다른 과일들을 함께 늘어놓으면, 소반 앞에 앉은 사람이 스스로 과일을 선택할 것입니다. 금金, 패貝, 주珠, 옥玉 등 다양한 보배를 시장에 같이 늘어놓으면 구하는 사람이 스스로 선택할 것입니다. 마찬가지로 해박한 학자에게 서적을 널리 구해 주고, 아울러 진위를 판단할 줄 아는 사람들에게 연구할 수 있도록 해야 합니다. 경문經文 아래에는 그 시대를 참고하고 그 주석을 신되, 그 가운데 번잡한 것은 간략하게 정리하고, 중복된 것은 줄여 없애야 합니다. 진·한나라에서부터 명나라에 이르기까지, 새로 강조된 학설로 한 가지 뜻이라도 갖춰진 것이면 모두 그 정미한 뜻만을 취하고, 뜻이 맞는 사람끼리 뭉쳐 쓸모없는 말은 모두 정리해야 할 것입니다.

그리하여 글 읽는 학자들이 책을 펴 보면 어떤 학설은 어떤 사람한테서 나왔고, 어떤 뜻은 어떤 책에서 비롯된 것인가를 환히 알게 해야 합니다. 이와 동시에, 취하거나 버릴 권한, 좇거나 좇지 않을 권한은 배우는 이들 스스로가 선택하게 해야 합니다. 학문을 해 나가는 데 있어 억지로 따르게 하지 않는다면, 점차 학식이 넓고 성품이 단아한 학자들이 등장하여 우리나라의 교육을 빛내고 유학의 은미한 뜻을 밝힐 것입니다. 이 어찌 아름답지 않겠습니까?

또한, 우리나라에서는 아직까지 십삼경十三經을 정식으로 간행하지 못했습니다. 이는 외부에 알려지면 부끄러운 일입니다. 곁가지에 해당하는 경서까지 모두 간행할 필요는 없지만, 이전에는 제외되었던 책들도 별도로 인쇄하여 배포해야 마땅합니다. 그렇게 하면 사람들이 오랫동안 스스로 익히게 되어 눈과 귀가 높아지고, 때에 맞게 내리는 비처럼 경학에서 반드시 변화가 있을 것입니다.

그러나 경서 강론을 통해 뽑는 과거제도인 명경과明經科가 도입된 이후, 경서의 뜻을 밝히기보다는 글을 읽는 기술에만 치중하게 되었습니다. 서당 훈장에 불과하다는 비판이 나올 정도로 학자들의 자질도 날로 낮아졌습니다.

그러므로 이제 마땅히 그 제도를 조금씩 고쳐야 합니다. 경서를 연구하는 학자들이 독해나 낭독 능력에만 얽매이지 않도록 한다면, 경학을 발전시키는 데에도 조그만 도움이 될 것입니다. 학문의 발전 없이는 정치적 진보나 사회 개혁도 없습니다. 바라건대, 임금께서는 이에 힘쓰십시오!

정조가 물었다

상황이 정말 개탄스럽다. 인간의 마음은 모름지기 새로운 것은 좋아하지만 옛날 것은 싫어한다. 그래서인지 세상의 도덕은 더럽혀지기는 쉬워도 깨끗하게 지속되기는 어렵다.

오늘날 저마다 학파가 분열되어 스승의 학설이 여러 갈래로 나누어졌다. 자기와 뜻이 맞는 사람끼리는 한 패거리가 되고, 자기와 뜻이 다른 사람들은 마구 배척하여 폐단이 이만저만이 아니다. 십삼경의 글은 겨우 실오라기처럼 보존되었고, 그 가르침도 깃발에 달린 술처럼 위험스럽게 간들거리고 있다. 세상을 아름답게 만들어 보려는 마음으로, 사람을 이끌고 교육할 임무를 맡은 사람으로서 이런 상황이 어찌 걱정되지 않겠는가?

무엇보다도 먼저 박문약례博文約禮, 즉 학문을 넓히고 예의로 집약해야 한다. 그리하여 모든 문제를 꿰뚫어 보면서 세상일을 처리해 나가는 것이 진정 오늘날 나의 소망이다. 이런 차원에서 다시, 인간 사회에서 요청되는 십삼경의 역할과 기능을 다시 간략하게 고민해 보면 좋을 듯하다.

『주역』은 사람들을 낳는 봄의 창고이다. 『서경』은 사람들을 기르는 여름의 창고이고, 『시경』은 사람들을 성숙시키는 가을의 창고이다. 『춘추』는 사람들을 간직하는 겨울의 창고에 해당한다. 이처럼 계절의 창고에 비유하여, 나누어 소속시킨 의미는 무엇이겠는가?

다산이
답했다

『주역』『서경』『시경』『춘추』, 이 네 개의 경서를 춘하추동, 즉 사계절에 나누어 소속시킨 것에 대해 살펴보겠습니다.

송나라 때의 학자인 소강절邵康節은 『황극경세서』 「관물觀物」에서 황皇·제帝·왕王·패霸를 춘하추동으로 나누어 배치해 놓았습니다. 그리고 『주역』은 삼황三皇인 복희伏羲·신농神農·황제皇帝, 『서경』은 이제二帝인 요堯·순舜, 『시경』은 삼왕三王인 우왕禹王·탕왕湯王·문왕文王, 『춘추』는 오패五霸인 제 환공齊桓公·진 문공晉文公·진 목공秦穆公·송 양공宋襄公·초 장왕楚莊王에게서 비롯되었다고 했습니다.

여기에서 넷으로 나눈 것은 사계절에서 대강의 모습을 취한 것에 불과합니다. 소강절의 학문은 『주역』의 괘상卦象과 수리數理를 중심으로 연구한 상수象數에 치우쳐 억지로 끌어댄 점이 없지 않습니다. 그런 만큼 제가 멋대로 지어내서 자세히 논의할 수는 없습니다.

> 정조가
> 물었다

　진秦나라가 서적들을 불태워 버린 사건에서 『주역』만 유일하게 남았다. 『역易』 가운데서도 『연산連山』이나 『귀장歸藏』은 끝내 없어져 버려, 지금은 전해지지 않고 있다.

> 다산이
> 답했다

　『역경』의 경우, 『연산』이나 『귀장』이 없어져 전해 오지 않은 것에 대해 신중하게 살펴보았습니다.
　두자춘杜子春은 『주례』 주석에서 "『연산』은 복희伏羲의 역이고, 『귀장』은 황제黃帝의 역이다."라고 했습니다. 또 『세보』와 같은 책에는, "신농神農의 다른 이름을 연산씨連山氏라 하고, 황제의 다른 이름을 귀장씨歸藏氏라 한다."라고 하였으므로, 『연산』과 『귀장』은 복희·신농·황제의 역인 것이 분명합니다.
　그런데 또 어떤 사람은 다음과 같이 설명하기도 합니다.
　"하夏나라의 역은 첫머리가 간괘艮卦이기 때문에 산처럼 드러난다는 뜻의 『연산』이라 하고, 은殷나라의 역은 첫머리가 곤괘坤卦이기 때문에 땅처럼 감춘다는 뜻의 『귀장』이라 한다. 간艮은 튀어나온 산山에 해당하고 곤坤은 간직되어 있는 장藏에 해당하기 때문이다.
　『좌전』에 '목강穆姜이 점을 쳐서 간괘艮卦를 얻었다.'라고 했는데, 이는 『연산』을 말하고, 『예기』 「예운」에서 공자가 '송나라에서 곤괘坤卦

와 건괘乾卦를 얻었다.'라고 했는데, 이는 『귀장』을 말한다."

이런 견해를 보면, 춘추시대 말엽까지도 『연산』과 『귀장』이 그대로 보존되었는데, 진나라 수도인 함양이 몰락할 때, 항우項羽가 불을 질러 모든 것을 태워 버렸을 것으로 추측됩니다. 그러므로 총서叢書에 실린 『연산』이나 『귀장』은 위작僞作일 뿐입니다.

정조가 물었다

공자의 옛집 벽 속에 간직된 서적 가운데 『시경』은 없었다. 그런데도 『시경』의 「국풍國風」이나 「아雅」와 「송頌」이 제모습을 잃지 않은 것은 무엇 때문인가?

다산이 답했다

『시경』에서 「국풍」, 「아」, 「송」이 제모습을 잃지 않고 온전하게 전해 내려온 것에 대해 고찰해 보았습니다.

『상서尙書』, 즉 『서경書經』은 단순히 공자의 옛집 벽 속에 숨겨져 있었기 때문에 전해진 것만은 아닙니다. 그것보다는 복생伏生이라는 학자의 역할을 높이 평가할 필요가 있습니다.

복생은 진시황의 분서갱유焚書坑儒 때 『서경』을 벽 속에 숨겨 놓고, 피난을 떠났습니다. 한참 후에 한나라가 세상을 평정하자, 다시 집으로 돌아와 『서경』을 찾아냈습니다. 하지만 책의 상당수가 사라지고, 29편만 남아 있었다고 합니다. 복생伏生은 과거 노나라와 제나라 지역으로 가서, 『서경』의 남은 편과 자신의 기억에 의존하여 제자들을 양성했습니다. 이런 복생의 구전口傳으로 인해, 『서경』의 내용이 사라지지 않은 것이기도 합니다. 마찬가지로, 『시경』 또한 그러했습니다.

당시에 『시경』을 연구한 몇몇 학자가 있었습니다. 한나라 때 과거 제齊나라 지역에서 활동하던 후창后蒼과 노魯나라 지역의 신공배申公培, 그리고 연燕나라 지역에 살고 있던 한영韓嬰 등이었습니다. 이들 세 사람이 모두 스승에게 『시경』을 전해 받아서 학통이 그런대로 끊어지지 않았습니다. 더욱이 『시경』의 글을 읽고 노래로 읊은 것이 관악管樂이나 현악絃樂으로 올려져 있습니다. 그렇게 책의 글에만 의존하지 않았기 때문에 『시경』이 사라질 염려가 없었습니다. 이는 의심할 필요가 없습니다.

정조가 물었다

『논어』와 『맹자』의 경우는 어떠한가? 『논어』에는 크게 『노논어魯論語』와 『제논어齊論語』가 있었다고 한다. 『노논어』는 노魯나라 사람들이 전해 온 책으로, 현재 우리가 보고 있는 서적이다. 『제논어』는 제齊나라 사람들이 전한 『논어』이다. 이 둘은 모두 공자의 제자들에 의해 전해져 왔다. 그런데 『제논어』에 수록되어 있던 「문왕問王」이, 한나라 안창후^{安昌侯} 장우^{張禹}가 만들어서 전한 『논어』인 『장후논어^{張侯論語}』에는 삭제되었다.

『맹자』는 『내서^{內書}』와 『외서^{外書}』가 있다. 『맹자내서』는 현재 우리가 보고 있는 『맹자』 7편을 말한다. 『맹자외서』는 현재의 『맹자』 7편 이외에 4편으로 된 책을 가리킨다. 이는 모두 맹자의 사상에서 나온 것인데, 『맹자외서』의 「성선^{性善}」은, 후한 때의 조기^{趙岐}가 주석한 『맹자』에는 누락되었다.

이와 같이, 경전은 후세에 전해지기도 하고 없어지기도 한다. 이 또한 자연스럽게 흘러가는 운명인가?

다산이
답했다

『논어』의 「문왕」이 『장후론』에서 삭제되었는데, 이 문제에 대해 저는 이렇게 생각합니다.

『논어』는 모두 세 종류인데, 「문왕」과 「지도^{知道}」는 『제논어』에만 있습니다. 「경적지^{經籍志}」에는 다음과 같이 기록되어 있습니다.

"장우가 『제논어』와 『노논어』 두 가지 책을 하나로 합쳐, 그 가운데 번거롭고 의심스럽거나 넘치고 거짓스러운 내용들을 삭제해 버렸다. 이 무렵, 옛날 글로 된 『논어』가 나왔는데, 내용이 『노논어』와 서로 합치되었다."

「문왕」 등이 『장후논어』에서 삭제된 것은, 반드시 그 당시에 정확한 근거가 있었을 것입니다. 따라서 「문왕」이 없어진 것을 애석하게 여길 필요까지는 없다고 봅니다.

『맹자』에서 「성선」이, 조기가 주를 낸『맹자』에 누락된 것에 대해, 저는 이렇게 생각합니다.

『맹자외서』는 바로 「성선변性善辨」, 「문설文說」, 「효경孝經」, 「위정爲正」 등 4편입니다. 조기는 『맹자외서』에 대해 다음과 같이 평가했습니다.

"글이 깊이도 없을 뿐만 아니라 모방한 내용이 많다!"

이런 인식을 비롯하여 당시『맹자외서』를 방치하고 돌아보지 않았던 이유가 반드시 있었을 것입니다. 그러나『순자』에 실려 있는 "사악한 마음을 먼저 물리쳐야 한다!"라거나 "나쁜 마음을 제거해야 한다!" 또는 『양자楊子』에 실려 있는 "뜻은 있으나 도리에 이르지 못한 사람이 있다!"와 같은 언급들은, 모두『맹자』 7편 가운데 있는 글은 아니지만, 또한 후대 사람들을 충분히 깨우쳐 분발시킬 만합니다.

이 때문에 옛날 학자들 가운데 간혹『맹자외서』가 방치되었던 부분에 대해 애석하게 여기기도 했습니다.

정조가 물었다

예전부터 학자들이 다음과 같이 말했다.

"구사九師가 오면서『주역』의 도道가 숨겨지고, 오전五傳이 생기면서『춘추』의 뜻이 흩어졌으며, 『대대례기』와『소대례기』가 나오면서

예禮가 쇠잔해지고, 『제시齊詩』『노시魯詩』와 『한시韓詩』『모시毛詩』가 생기면서 시詩가 미약해졌다."

'구사'는 한나라 회남왕淮南王 유안劉安이 『주역』에 해박한 9명의 스승을 초빙하여 도덕에 관한 교훈 20편을 짓게 하고, 그것을 『구사역九師易』이라 불렀다. '오전'은 『춘추』의 「전」을 지은 다섯 학자로 『추씨전鄒氏傳』『협씨전夾氏傳』『좌씨전左氏傳』『공양전公羊傳』『곡량전穀梁傳』을 말한다.

그렇다면 경서를 해설한 '전傳'이나 '주注'가 도움이 되지 않고, 도리어 해만 있다는 것이 이와 같다는 말인가?

다산이
답했다

진나라가 분서갱유를 통해, 경적經籍을 불사른 뒤, 육경六經이 잿더미가 되어, 타다 남은 죽간들의 조각들이 뒤섞인 채로 민간에서 발견되었습니다. 제齊나라와 노魯나라의 여러 학자가 제각기 들은 내용으로 주석을 달지 않았다면, 수천 년 뒤에 어떻게 그 내용을 조금이나마 알아냈겠습니까?

당나라 때의 시인 왕발王勃이 공자의 비석인 익주묘비益州廟碑의 비문을 지었습니다. 거기에 보면, 다음과 같이 새겨져 있습니다.

"구사九師는 『주역』의 학파만 분리하였고, 오전五傳은 『춘추』의 범위를 찢어 놓았다!"

이 표현은 진실로 피할 수 없는 비판입니다. 하지만, 그렇다고 어찌 '숨겨졌다!' '흩어졌다!' '쇠잔해졌다!' '미약해졌다!' 등등의 한마디 말로 평가할 수 있겠습니까? 이는 모두 마음과 기질이 거칠고 호방한 사람들이 함부로 선배 학자들을 헐뜯는 말입니다.

저는 그렇게 생각하지 않습니다. 아래 네 명의 유학자들이 후세에 유명한 사람으로 알려지지 않는 이유는 따로 있습니다.

『북사北史』에서는 다음과 같이 기록하고 있습니다.

"수나라 때의 육애陸乂가 오경五經에 가장 정통하여 당시 관학에서는 상대할 학자가 없었다. 또한 후한 때 정홍丁鴻은 백호관白虎觀에서 오경을 강론하였는데, 당시 관리들 사이에는 대적할 사람이 없었다."

"후한 때의 정단井丹과 주거周擧는 경전에 널리 통하고 얼마나 담론을 잘했는지, 수도에서 그들을 위한 노래까지 생기게 되었다."

정단은 어렸을 때부터 오경에 능통하고 담론에 뛰어나 '오경에 해박한 이는 정대춘이다!'라는 노래가, 주거는 '오경을 종횡한 이는 주선광이다!'라는 노래가 불렸다고 합니다. 대춘은 정단의 자字이고, 선광은 주거의 자입니다.

그러나 이들은 모두 한때 재주와 말솜씨만을 과시했고, 후세에 전한 저술이 없습니다. 저술을 남겨 후세에 끼친 공로가 없기에, 지금 그들의 이름이 일컬어지지 않고 말았습니다.

『중용』의
가르침을
실천하라

사서四書의 하나인 『중용』은 본래 『예기』의 한 편이었으나, 그 중요성이 부각되면서 독자적인 경서로 자리매김했다. 또한 짧은 문장이지만 유교의 핵심을 압축하여 담고 있는 경전으로 널리 인정 받고 있다. 이에 정조는 그 내용을 유교 철학의 기초를 확인할 수 있는 것으로 판단하고, 정약용에게 재차 검토를 요청하며 자문을 구한다. 그것이 '중용책中庸策'이다.

정조가
물었다

『중용』은 자사子思가 지은 글이다. 최고의 인격을 갖춘 여러 성인聖人이 서로 이어온 심법心法, 즉 마음의 법칙을 담고 있다. 그러므로 『중용』은 우주 자연의 질서와 인간 사회의 법칙에 관한 전반적인 체제와 작용을 잘 설명하고 있다. 그 자세한 내용과 드러나지 않고 숨겨진 뜻을 말할 수 있겠는가?

> 다산이
> 답했다

저는 『중용』에 대해, 일찍부터 다음과 같이 생각해 왔습니다. 『중용』은 사실 『논어』의 「향당鄕黨」 편과 그 뜻이 서로 겉과 속처럼, 상보적인 관계에 있다고 말입니다.

왜냐하면 『논어』 「향당」은 성인의 엄숙한 삶의 태도나 몸가짐, 그리고 글이나 말이 외부에 드러난 것을 말했고, 『중용』은 성인의 도덕이 내부에 충만한 것을 들어 말했기 때문입니다. 그런 만큼, 성인의 내부에 쌓인 덕을 알려고 하는 사람이 이 『중용』의 내용을 보지 않고 무엇을 하겠습니까?

『중용』을 지을 당시, 공자의 제자들이 보고 느꼈던 것은 공자와 같은 성인에게서 풍기는 엄숙한 삶의 태도나 행동에 불과했습니다. 하지만, 자사子思는 공자의 손자로서 집안 대대로 내려오는 학문에 근본을 두고, 학통을 이었습니다. 이 때문에 자사가 알고 있던 것은, 가장 중요하면서도 보이지 않게 축적된 유학의 알맹이 내용들이었습니다.

공자의 제자 자공子貢은 "공자의 글이나 말은 볼 수 있으나 본성이나 우주 자연의 질서에 대한 말씀은 들을 수 없다!"라고 말했습니다. 공자의 최측근이라고 할 수 있는 자공조차도 들을 수 없었던 것들을, 손자였던 자사는 집안에서 몸소 체험하면서 그 핵심 사상을 『중용』에 담았던 것입니다.

그러므로 학자들은 배움에 임할 때, 자세를 제대로 가다듬을 필요가 있습니다. 먼저, 『논어』 「향당」을 읽고, 그 가운데 표현된 글과 말들을 체득해야 합니다. 그리고 『중용』을 읽고, 그 속에 함축된 도덕성을 현실에서 실천해야 합니다.

모름지기 내면과 외면을 통일시키는 작업이 중요합니다. 이렇게 한다면, 학문을 하는 데 무슨 어려움이 있겠습니까?

『맹자』의
교훈에서
배우라

『맹자』는 인간의 심성을 규정하고, 그에 따라 사회 현실에 관한 대책을 많이 논의하는 유교 경전이다. 그 내용도 상당히 구체적이고 자세하다. '인간이라면 인간다워야 한다'라는 본분론本分論에 의거하여, 사람답지 못한 존재들에게는 철퇴를 가할 정도의 혁명 사상이 담겨 있고, 의리義理를 강조한다.
정조와 정약용은 효율적인 국가 운영을 고민하며 『맹자』의 주장에 큰 관심을 갖고 대화를 이어 가는데, 그것이 '맹자책孟子策'이다.

정조가
물었다

맹자는, 공자 이후, 학문의 정점에 선 사람으로 볼 수 있다. 맹자의 사상은 『맹자』 7편에 잘 정돈되어 있다. 이를 통해 맹자가 구상하는 정치의 방식, 나아가 인간 사회의 길을 알 수 있다. 이에 대해 자세하게 말해 보겠는가?

다산이 답했다

저는 일찍이 성현의 도통道統을 말할 때 다음과 같이 저의 생각을 정돈했습니다. '위로는 무왕武王에서 일단락되고, 아래로는 맹자에서 일단락된다!'고 말입니다.

다시 말하면, 위로부터는 '요-순-우-탕-문왕-무왕'으로 이어지고, 아래로는 '주공-공자-맹자'로 이어진다고 볼 수 있습니다. 도통을 일단락 짓는다는 의미에서 무왕과 맹자, 이 두 분의 기상도 서로 비슷하다고 봅니다. 지금 『맹자』의 사상을 바탕으로 그가 구상한 삶의 전반적인 도리를 구한다면, 거의 오류가 없을 것입니다.

맹자는 평생을 몇몇 나라를 돌면서 유세하며 살았습니다. 그리고 100리의 땅에 나라를 반듯하게 세워 잘 살 수 있도록 하기 위해, 그에 마땅한 왕도王道를 일으키는 데 온 정력을 바쳤습니다. 하지만, 그 방법을 제시한 것은 몇 구절에 불과합니다. 예를 들면, "5무五畝의 집터에 뽕나무를 심고, 닭이나 돼지의 번식 시기를 놓치지 않도록 하자!" 또는 "상庠이나 서序와 같은 학교 교육을 신중히 하여, 효도와 공경의 도덕 정신을 거듭 밝히자!" 등이 그것입니다.

지금 이러한 맹자의 사유를 들여다보면 참으로 평범해 보입니다. 특별히 깊이 있는 정책으로 느껴지지 않습니다. 그런데 당시의 제후들은 아주 쉽게 실천할 수 있는 이런 제안을 귀담아듣지 않았습니다. 그 결과, 전쟁의 소용돌이에서 벗어나지 못했고, 사람들이 굶주리고 법도가 무너지는 혼란한 사회로 내몰렸습니다.

그리하여, '무왕' 이후로 왕도王道의 이상이 끝나 버렸습니다. 『중용』 19장에 이와 연관되는 무왕의 말이 기록되어 있습니다.

"늙은 나이에도 불구하고, 세상을 구제하고 평안하게 만들라는 천명을 받았다!"고 말합니다. 이 말은 '말수명末受命'이라고도 하는데, 이 세 글자가 과거로부터 대대로 뜻있는 선비들의 한恨이 되었습니다.

옛날에 공자가 음악을 평가한 적이 있는데 순임금의 음악인 '소韶'에 대해서는 "완벽하게 선하고 아름답다!"라고 했습니다. 무왕의 음악인 '무武'에 대해서는 "아름답기는 하지만 선하지는 않다!"라고 했습니다. 진선盡善과 진미盡美, 이 두 가지를 두고 차이가 있는 이유는 무엇이겠습니까? 이후의 학자들이 볼 때, 공자와 맹자에게도 분명 '소韶'와 '무武'의 차이와 같은 구분이 있습니다. 맹자는 무엇보다도 이단異端을 배척하고 심성心性의 근원을 명확하게 논의했습니다. 때문에, 맹자는 진정으로 신성神聖인 공자의 다음에 자리하는 것입니다.

그런데 불행히도 어떤 사람들은 맹자를 비방하였습니다. 그것은 『순자』가 「비십이자非十二子」에서 논의한 내용에 근거한 것입니다. 순자는 맹자에 대해 다음과 같이 비난하였습니다.

"옛 임금들을 법도로 삼기는 하지만, 그 정통을 알지 못한다. 점잖은 척하지만 성질은 격하고, 보고 듣는 것이 이것저것 너무도 넓으며 뜻은 크다. 옛날 일을 참고하여 자기의 학설을 만들었지만, 매우 편벽되고 어긋나 규범이 없다. 내용이 모호하여 명확하게 설명되지 않는다. 그래도 말을 꾸며 공경하면서 참된 사람의 말이라고 한다. 자사가 이것을 주창했고, 맹자가 이에 따랐다. 세상의 어리석고 미련한 선비들은 이를 진리처럼 생각하며 왁자지껄 떠들어 대지만, 그것이 왜 그릇된 것인지 알지 못하고 있다."

이런 비난으로부터 시작되어, 맹자를 꼬투리 잡고 늘어지는 자들이 줄기차게 이어져 왔습니다. 그 결과, 오늘날 학문이 퇴행하고 이단의 학설이 멋대로 날뛰고 있습니다. 이런 시점에서 맹자의 학문을 하루 빨리 드러내 밝히고 세상에 퍼트려야 합니다.

때마침 임금께서 맹자의 학문에 관해 물었으니, 제가 임금님과 편하게 대화만 하고 가만히 있어서야 되겠습니까? 그 뜻을 사람들에게 널리 알리는 것이 마땅하지 않겠습니까?

정조가 물었다

어떤 학자는 "맹자가 여러 나라를 방문하며 유세했지만, 때를 만나지 못하자 물러나 교육하며 『맹자』를 저술했다."라고 하고, 어떤 학자는 "맹자가 세상을 떠난 후, 그 문인들이 『맹자』의 내용을 추가로 만들었다."라고도 하는데, 두 가지 설 중에 어떤 것이 옳은가?

다산이 답했다

두 가지 주장 모두 나름대로 일리가 있습니다.

맹자가 직접 저술했다고 주장하는 사람들은 "장주莊周가 자신을 스스로 장자莊子라고 하고, 안영晏嬰이 안자晏子라 하였듯이 『맹자』에서 '맹자'라고 스스로 일컬은 것을 보면, 돌아가신 후에 추가로 만들었다고 볼 수 없다."라고 합니다.

돌아가신 후에 만들어졌다고 주장하는 사람들은 "등문공滕文公과 양양왕梁襄王이 죽은 시점이 모두 맹자보다 나중이기 때문에, 그 시호를 미리 사용할 수 없다! 공도자公都子와 악정자樂正子의 무리가 모두 맹자에게 폐물을 가지고 맹자에게 가르침을 청하러 왔으므로, '자子'를 써서 존칭할 수 없었을 것이다."라고 합니다.

이처럼 두 가지 주장이 모두 논리적 근거가 있습니다. 그러나 조기趙岐가 일찍이 『맹자외서』 4편은 그 문체가 넓고 깊지 못하여 『맹자』와 같지 않다고 판단했습니다. 이에 그것을 잘라내 버리고 주注를 내지 않았습니다. 따라서 당시 전해져 익히던 내용이 모두 맹자가 직접 저술한 것이었다고 간주했음을 알 수 있습니다.

정조가 물었다

『논어』에는 '인仁'을 강조했으나, 『맹자』는 '인仁·의義·예禮·지智'의 사덕四德을 아울러 말했다. 『춘추』에는 오직 '주周나라'를 높였는데, 『맹자』에는 어떤 왕을 만나더라도 "왕도王道 정치를 행하라!"고 권했다. 맹자가 원했던 것은 공자를 배우는 데 있었다. 그런데 서로 반대되는 듯한 이런 자세는 무엇 때문인가?

> 다산이
> 답했다

저는 이렇게 생각합니다.

『맹자』에서 사덕四德을 아울러 말한 것이 『논어』와 다르게 느껴질 수 있습니다만, 사덕은 본래 한 글자씩 의미가 나눠지는 것이 아닙니다.

맹자는 부모를 모시는 효도와 형제자매 사이의 공경, 즉 '효제孝弟'를 사덕의 실제로 삼았습니다. 공자도 효孝와 제弟로서 인仁의 근본으로 삼았습니다. 이를 근거로 말한다면, 맹자는 사덕을 합쳐서 인仁과 의義로 삼았고, 공자는 인·의를 합쳐서 인仁으로 삼은 것입니다. 근원적으로 두 가지로 나뉘어져 있는 것이 아닙니다.

"왕도王道 정치를 행하라!"고 권한 것이 『춘추』와 다르다는 견해도 마찬가지입니다. 공자가 천하를 주유周遊한 것이 주나라 왕을 높이기 위해서였습니까, 아니면 왕도를 행하기 위해서였습니까?

공자가 애공哀公의 물음에 답한 내용을 보십시오! 그 규모와 절차가 분명한 제왕帝王의 제도에 대해, 주나라 왕을 높여야 한다는 말이 한마디도 언급되어 있지 않습니다. 이런 점만 보아도 공자의 평소 뜻을 대충 알 수 있습니다.

『춘추』에서 주나라 왕을 높이는 사안에 대해, 두드러지게 큰 비중을 둔 것은 그 글이 역사책이기 때문이었습니다. 어떤 사람은 맹자가 활동하던 전국시대는 주나라가 더욱 쇠약해져, 제후들에게 왕도를 행하라고 권했다고 주장합니다. 하지만 저는 이런 주장을 믿지 않습니다.

정조가
물었다

맹자는 "호연지기浩然之氣를 잘 기르면 된다!"라고 말했다. 이는 이전의 성인들이 강조하지 못했던 사유를 펼쳐낸 탁월한 부분이다.

그러나 "성性은 선善하다!"라는 한마디로 성선설을 말했는데, 이는 인간의 기氣에 대해 충분히 설명하지 못한 혐의가 있지는 않은가?

다산이
답했다

맹자가 호연지기를 강조하고, 성이 선하다고 말한 것에 대해서는 깊이 고민해 보아야 합니다. 제가 생각할 때, 맹자의 성선설은 하늘의 천명天命에 근본하고 있는 사유이기 때문에 일찍이 사람의 기질氣質을 함께 말하지 않은 것입니다. 기질에 대한 부분을 해명하지 못하였으나, 저는 감히 맹자의 이론을 본성과 기질에 대해 모두 '갖추지 못한 혐의가 있다!'고 생각하지는 않습니다.

정조가
물었다

중국 고대 학자들이 『시경』과 『서경』에 대해서는 다방면으로 말하기를 좋아하면서, 『주역』의 글은 인용하지 않았다. 성현의 경지에 들었으면서 오히려 전국시대의 습속을 면하지 못한 것은 왜 그런가?

완벽한 기준을 갖추었으나 천 길 절벽에 우뚝 선 기상이 있었고, 색종이를 오려서 꽃을 만들어 냈으나 흔적이 없는 것처럼, 조화의 공부가 모자란 것은 무슨 까닭인가?

다산이
답했다

『시경』과 『서경』은 말하면서 『주역』을 인용하지 않은 것은 여러 사례를 찾아볼 수 있습니다. 『논어』와 『예기』에도 주역을 인용한 글이 없습니다. 선진先秦시대의 여러 학자들도 『주역』을 인용한 적이 없습니다. 하지만 『시경』과 『서경』를 인용한 것으로는 『좌전』과 『국어』가 있습니다. 이 점에 대해서는 의심할 부분이 없습니다.

제가 아쉽게 여기는 점은, 성현의 경지에 들어갔으면서도 전국시대의 남은 버릇을 가지고 있었던 것입니다. 성현은 일정한 틀에 매여 똑같이 할 필요가 없다고 생각합니다. 요·순·탕·무의 왕들은 시대마다 그 기상이 현격하게 달랐습니다. 단지, 문장이 날카롭고 논의가 준엄한 것을 들어 전국시대의 특징이라고 하는 것은 옳지 않습니다.

'천길절벽에 우뚝 선 듯한 것'은 그 기상이 준엄하기 때문입니다. '색종이를 오려서 꽃을 만들어낸 것'은 그 환하고 아름다운 자취가 있기 때문입니다. 그러나 이와 같은 식의 논의는, 직접 모시고 배운 사람이 아니고서는 함부로 평가할 수 없는 것입니다.[32]

32 다산은 각 시대의 학자들이 그 시대의 독특한 특성을 갖추어야 하며, 특정 문헌을 인용하지 않았다고 해서 그것을 비판하거나 그 학문의 깊이를 폄하할 수 없다고 주장하였다. 또한 성현의 기상 또한 문장에만 의존하는 것이 아니라, 그 시대의 정수를 제대로 드러내는 방식으로 표현되어야 한다고 강조하고 있다.

시대에 따라
『맹자』는
다르게 읽힌다

『맹자』에는 마음과 본성에 관한 이론을 비롯하여 도덕성, 의리, 호연지기, 대장부, 혁명론 등 다양한 이론이 담겨 있다. 특히, 지도자의 리더십과 결부되는 '왕도정치王道政治'에 관한 사례들이 풍부하다. 이 때문에 맹자를 이해하고 평가하는 방식이 시대에 따라 조금씩 달랐고, 경전으로서의 위상도 다르게 인식되었다. 『맹자』를 비롯한 사서오경四書五經의 공부는 인간 사회에 무엇이 중요한지, 그 도리를 밝히고 세상에 상식이 되도록 하는 것이다. 이렇듯 아름다운 나라를 만드는 데 기여할 수 있는 공부다.

정조가
물었다

어떤 학자는 "『맹자』는 배우려고 해도 근거로 삼아 힘쓸 만한 곳이 없다!"라고 한다. 어떤 학자는 "읽고 나서야 비로소 왕도王道가 실행하기 쉽다는 것을 알 수 있다!"라고 한다.

이처럼 학자들의 의견이 각기 다른 것은 무슨 까닭인가?

> 다산이
> 답했다

진지하게 고려해야 할 주장들이라고 생각합니다.

"배우려고 해도 근거로 삼을 곳이 없다!"라고 주장하는 사람의 경우, 맹자의 영명한 기운이 글 속에 넘쳐흐르므로, 그런 측면에 빠져 실천 공부가 드러나지 않았기 때문입니다.

"읽고 나서야 비로소 왕도를 알 수 있다!"라고 주장하는 사람의 경우, 맹자의 말씀이 곧으면서도 쉬우므로 삐딱하게 권모술수를 부리는 말과는 같지 않기 때문입니다.

> 정조가
> 물었다

책을 분류할 때, 『맹자』는 처음에 '유가류儒家類'에 끼었는데, 후대에 그것을 '경류經類'의 서열에 올린 것은 누가 한 일인가?

> 다산이
> 답했다

『맹자』는 진시황의 분서갱유 때 소각되어 사라지지 않았습니다. 왜냐하면 처음부터 '제자류諸子類'에 섞여 있었기 때문이었습니다. 한나라 문제 때 『논어』와 함께 경전에 해박한 박사博士를 두었지만, 그때도 '제자류'로 분류되었기에 『맹자』를 다루는 학자는 맹자박사가 아니라 전기박사傳記博士라 일컬어졌습니다. 후한 때에 이르러서야, 조기趙岐가 처음으로 『맹자』를 주석하여 설명했습니다.

그러나 한나라 이래의 「예문지」를 보면, 『논어』는 모두 '경류'로 분류하였고, 『맹자』는 '유가류儒家類'에 넣었습니다. 이후, 양梁나라와 수隋나라 무렵에 비로소 『논어』『맹자』『중용』『대학』을 아울러서 '소경小經'이라 불렀습니다.

이를 따라 송나라 학자였던 진진손은 『서록해제書錄解題』에서 『논어』와 『맹자』를 함께 '경류'에 넣었습니다. 송나라 때는 『맹자』를 점점 높이고 숭상하여 안자顏子와 증자曾子와 나란히 태학太學에 배향配享했습니다. 이것이 『맹자』가 역사 속에 묻혀 있다가 드러난 전말입니다.

정조가 물었다

『맹자』에 관한 박사博士 제도를 처음 설치한 것은 어느 시대인가? 또한 『맹자』를 과거시험의 교과목인 학과學科로 정하도록 요청한 것은 누구인가?

다산이 답했다

한나라 문제文帝 때 처음으로 『맹자』에 관한 박사 제도를 설치하였습니다. 당시『맹자』는 경전으로 분류되어 있지 않고, 유가 학파의 책들 가운데 하나에 속해 있었습니다. 따라서 맹자박사가 따로 있지 않고, 전기박사傳記博士를 두어 논어박사와 함께 다루어졌습니다. 이후, 양나라와 수나라에 이르러『맹자』는 비로소 경전으로 승격되었습니다. 이런 사실을 보면, 맹자박사가 처음 설치된 시대를 가늠할 수 있습니다.

『맹자』를 과거시험의 교과목으로 설치하자고 요청한 사람이 누구인지 꼬집어 단정하기는 쉽지 않습니다. 다만, 조기趙岐와 육선경陸善經이『맹자』주석서를 낸 것이 한나라 때이므로, 그 이후부터 모든 경서經書의 뜻을 풀이하는 데『맹자』를 인용했습니다.

그렇게 되니『맹자』의 글을 근거로 들어 사리를 밝혀야만 '널리 학문을 했다!'라는 소리를 들을 수 있었습니다. 따라서 과거시험의 과목으로『맹자』를 포함하자는 논의는 당연히 이보다 뒤에 있었을 것입니다.

정조가 물었다

송나라 고종이『맹자』를 직접 써서 병풍으로 만들었다는 이야기를 보면, 고종이『맹자』를 너무나 좋아했다고 할 수 있지 않은가? 염희헌廉希憲이라는 자가 '맹자'라고 불릴 정도였다는데, 그렇다면『맹자』를 잘 알았다고 할 수 있지 않겠는가?

다산이 답했다

송나라 고종이 손수 써서 만든 병풍에 대해 깊이 생각해 보면, 단순히 『맹자』를 좋아했다는 것 이상의 의미가 있음을 알 수 있습니다. 고종의 병풍 글씨는 '의리義理와 이익利益', 그리고 '왕도王道와 패도霸道'를 분별하는 데는 유용합니다. 하지만 그렇다고 해서 고종이 『맹자』의 핵심을 제대로 이해하고 실천했다고 보기는 어렵습니다. 이런 점에서 훌륭하다고만 평가할 수는 없습니다.

염희헌이 '맹자'라 호칭을 받은 것도 마찬가지입니다. 그에게 뛰어난 자질이 있었던 것은 사실입니다. 하지만, 원나라 세조가 '맹자'라고 호칭을 붙여 준 것은 한때의 칭찬에 불과했습니다. 염희헌은 19세에 궁중에 들어갔는데, 경전을 손에서 떼지 않았다고 합니다. 하루는 『맹자』를 읽고 있었는데, 갑자기 세조가 불러서 그 책을 가지고 들어갔습니다. 세조가 책의 내용에 대해 묻자, 염희헌은 '성선性善과 의리義利' 그리고 '인정仁政과 폭정暴政' 등을 들어가며 대답했습니다. 이에 세조가 가상히 여기며, 그를 '염맹자廉孟子'라고 불렀다 합니다. 그러므로 염희헌의 사안도 진지하게 서술할 일은 못 됩니다.

정조가 물었다

일찍이 명나라 초기에 학자인 전당錢唐이 태조에게 죽음을 무릅쓰고 간언한 일이 있었다. 그러나 이에 앞서 문장을 몰래 가져와서 글을 지었다.

또한, 북송 때의 학자이자 정치인인 사마광은 『맹자』의 내용을 의심하여 자기가 책으로 엮으면서 비판적 내용을 담았다. 이런 사안에 대해, 낱낱이 지적하여 자세히 말할 수 있겠는가?

다산이 답했다

명나라 태조가 『맹자』를 읽다가 "임금이 신하를 지푸라기처럼 하찮게 본다면, 신하도 임금을 원수와 같이 여긴다!"라는 구절을 보고, 크게 화를 냈습니다. 그리고 맹자를 문묘[33]에 배향한 것을 취소하며 말했습니다.

33 공자를 모시는 사당을 말한다.

"나의 조치에 대해 간언하는 사람이 있으면 불경죄로 다스리겠다!"

당시 전당은 이에 대해 다음과 같이 항의하며 따졌습니다.

"신이 맹자를 위해 죽을 수 있다면, 죽어서도 큰 영광이겠습니다!"

이 말을 듣고 태조는 맹자의 문묘 배향을 원래대로 유지하기로 했습니다. 하지만, 전당은 훗날 다른 일에 연루되어 수주壽州로 유배를 갔다가 거기서 죽었습니다.

『맹자』에 나오는 "지푸라기처럼 하찮게 여긴다!"라는 말은, 본래 『서경』「태서」에 나오는 "나를 어루만져 주는가? 나를 학대하는가?"라는 글에서 기인한 것입니다. 이 글은 당시의 제후들을 경계하기 위해서 쓰인 것인데, 태조가 자신에 대한 비판으로 받아들인 것입니다.

그러나 당시 전당이 항의하는 말투가 너무 격하여, 차근차근 논리적으로 설득하지 못했던 것은 아쉬운 부분입니다. 태조가 문묘 배향 철회를 선언하고, 곧바로 맹자의 위패에 활을 쏠 때, 전당이 배를 내밀며 화살을 맞겠다고 하였다는 말이 전해집니다. 이에 대해, 제가 감히 말씀드릴 수는 없습니다.

북송시대의 학자 사마광은 『맹자』에 대해 의심을 품고 『의맹疑孟』 11편을 지었습니다. 그리고 『맹자』 7편의 글이 맹자의 저술이 아니라고 의심한 것입니다.

그러나 후대의 학자인 여윤문余允文이 다시 『존맹변尊孟辨』 7권을 지어 사마광의 주장을 조목조목 반박했습니다. 여윤문뿐만 아니라, 이구李覯의 『상어常語』, 정원鄭原의 『예포절충藝圃折衷』, 왕충王充의 『논형』에서도 『맹자』에 관한 비판 및 소동파의 『논어설論語說』 가운데 『맹자』와 달랐던 내용들을 모두 자세하게 반박했습니다.

이런 학문의 태도가 성인의 학설을 따르는 바른 자세입니다. 저는 이것으로 임금님의 질문에 대한 답을 대신하려고 합니다.

정조가
물었다

한나라 이후로 『맹자』는 이미 『논어』, 『중용』, 『대학』과 함께 경전의 하나로 나란히 놓이게 되었다. 그러자 어떤 학자는 '겸경兼經'이라

하고, 어떤 학자는 '소경小經'이라 하여 학자들 사이에는 『맹자』를 높이고 신봉했다.[34] 물론 당시에 『중용』과 『대학』은 '소경'에 끼지 않았다.

정자程子와 주자朱子에 이르러서는 『맹자』의 장章과 구句를 분석하여 그 뜻을 명확히 밝혔다. 따라서 이러한 학문적 작업을 따라 공자와 맹자의 학문적 연원을 거슬러 올라간다면, 학문의 뿌리가 어디에 있는지 고민할 필요가 없을 것이다.

[34] 겸경은 기존의 다른 중요한 유교 경전과 동등한 수준으로 인정받는 경전이라는 의미다. 반대로 소경은 상대적으로 낮은 격의 경전이라는 의미로, 『맹자』를 주요 경전보다는 낮은 위치에 두는 입장을 말한다.

그런데 어찌하여 이 지경에 이르렀는가? 『맹자』의 내용이 밝혀질수록, 반대로 학문의 상황은 더욱 어두워지는 것 같다. '양지良知'의 학문은 고자告子에게 전수되고, 세상에서 들리는 말은 거의 실제로 한 것도 없는데 칭찬을 받는 시골 사람들이 지껄이는 것들뿐이다.

오늘날 맹자가 제시해 놓은 뜻을 알고, 이를 '인仁'에 머물고 '의義'를 행하는 사다리로 삼으려면 어떻게 해야 하겠는가?

다산이 답했다

아! 시대가 멀어지고, 전해 오던 성현의 말씀도 사라져서, 그 향기와 명성 또한 거의 잊혀져 가고 있습니다. 이제 남은 흔적이라도 엿볼 수 있는 것은 성현의 경전에서뿐입니다.

명나라 때, 호광胡廣이 영락제永樂帝의 명령을 받들어 칠서대전七書大全을 편찬했습니다. 칠서대전은 사서삼경에 관한 주석의 종합판이라고 할 수 있습니다. 하지만 이 책이 세상에 유행한 이후로, 세상에 태어나 학문을 한다는 사람들은 어린이에서 늙은이에 이르기까지 모두가 이 책에만 빠져 있습니다. 칠서대전 50권의 테두리를 도무지 벗어나지 못하는 것입니다. 그 속의 글자 하나, 글씨 한 획도 마치 하늘이 만들어 낸 것으로 여기고, 한 글자나 한 구절도 바꾸거나 어길 수 없는 절대 규칙으로 생각합니다.

그러다 보니, 자신의 지혜나 생각하는 힘조차도 잃어버리고, 감히 대전의 내용과 다르게 논의할 엄두도 내지 못합니다. 옛날 훌륭한 학자들의 주석과 해설은 이미 기이하거나 형편없는 글로 취급되고, 후세 학자들의 논변은 사상에 어긋난 행동을 했다는 이유로 모두 사문난적斯文亂賊으로 몰렸습니다. 이게 말이나 되는 일입니까?

더욱 기가 막힌 것은 3년마다 치르는 과거시험입니다. 특히 대비과大比科, 식년과式年科, 명경과明經科에 선발된 자들의 면면을 보십시오. 과연 어떠한 사람들입니까? 이들은 단지 소리 내어 읽는 음독音讀 기술만을 익혀, 이를 출세의 방법으로 삼을 뿐입니다. 음담패설과 같은 내용을 암호처럼 외워, 경전의 글귀를 쉽게 외우기 위한 방법으로 왜곡하여 '성령醒令'이라 일컫기도 합니다. 이렇게 경전이 추구하는 의미가 무엇인지 아무것도 구분하지 못하는 상태에서 시끄럽게 외우는 데만 몰두하고 있습니다.

제가 볼 때, 나라에서 이런 사람을 중앙의 관직으로 등용한다고 한들, 무슨 도움이 되겠습니까? 또한 이런 사람을 관직에서 내보냈다고 해서 무슨 손실이 있겠습니까? 도무지 모르겠습니다.

이단의 해악으로 따지자면, 물론 노장老莊의 도교와 석가모니의 불교가 가장 심합니다. 그러나 우리나라에는 본래 도교가 없었고, 불교만이 신라와 고려에서 흥성하여, 그것이 끼친 폐해와 영향력이 지금까지도 없어지지 않았습니다. 크고 높은 사찰들이 명산마다 들어앉고 불교 서적이 서가마다 가득 찼습니다. 그런데 사찰은 그대로 두고 그 서적만을 소각하라는 명령은 들을 수 없습니다.

여러 왕릉을 수호하고 후궁後宮들의 소원을 비는 사찰들이 곳곳마다 즐비하고 날마다 새롭게 만들어집니다. 이 때문에 제가 한밤중에 분통을 터트리며, '임금님의 권한이 행여나 확고하지 못하신 것은 아닌가!' 의심하지 않을 수 없습니다.

아니면, 임금님께서는 혹시 재앙과 행복의 문이 여럿이라 생각하여, 여러 가능성을 열어 두고 요행을 바라시는 것입니까? 마치 한 무제가 방사方士들에게 빠져 참다운 도사道士를 만날 것을 바랐던 것처럼 말입니다.

『시경』에서 노래했습니다.

"화락한 군자여! 복을 구하는 데 사특함이 없도다."

임금께서는 학문이 높고 경전에 뛰어나신데, 어찌 재앙과 행복의 근원을 모르고, 이처럼 현혹되십니까?

지금 『맹자』의 글을 읽고 『맹자』의 도리를 펼치려고 하신다면, 그 방법은 간단합니다. 성현의 경전을 밝혀 올바른 학문인 정학正學을 보호하십시오! 또한 이단을 없애 간사하고 왜곡된 뜻을 끊어 버리십시오!

그러나 제가 생각할 때, 성현의 경전이 크게 밝아지지 못한 것은 그것을 깊이 연구하지 않았기 때문입니다. 마찬가지로 이단이 없어지지 않는 것은 정학이 충분히 밝아지지 않아서입니다. 시각을 가리면 귀가 밝아지고, 청각을 가리면 눈이 밝아지는 것은, 뜻을 하나로 하여 애써 노력하기 때문입니다. 그러므로 키나 갖옷, 수레바퀴나 수레틀을 만드는 기술이 대대로 전해지듯이, 학문도 마땅히 연구하는 사람이 대대로 전해야 할 것입니다.

이 때문에 한漢나라에서는 경전에 관한 전문직을 두어 책임지게 한 것입니다. 더구나 세상의 이치를 정확하게 이해하지 못하고, 말뜻을 자세하게 판단하지 못하면서, 사람들에게 일방적으로 어떤 일을 금지하고 본받지 말라고 강요한다면, 사람들은 의혹에 휩싸일 수 있습니다.

어리석은 사람들에게 '석가모니'나 '관세음보살'과 같은 말이 어그러지고 망령된 것이고, '윤회'나 '인과'와 같은 이론이 허황된 말임을 알게 해야 합니다. 날마다 종아리를 때리면서 그 부모를 버리거나 자신이 좋아하고 즐기려는 욕망을 끊으라고 하면, 머리를 깎고 소나 돼지 같은 중들에게 절하라고 요구해도 따르지 않을 것입니다.

임금님께서는 지금 명을 내리시어 새로 오경박사五經博士를 두십시오. 그리고 옛날부터 지금까지 전해 오는 오경에 대한 학설을 수집하여 경전을 꿰뚫어 보고 분별하게 하십시오. 또한, 오경 이외의 경전에도 제각기 과목을 설정하여 전공의 효과를 볼 수 있도록 책임을 부여하고, 별도로 하나의 교과를 두어 불교를 제거할 방법만을 연구하도록 하십시오. 이러한 과정들 가운데 논변이 명확하고 논의할 가치가 있는 내용을 높은 등급으로 부과하십시오. 그리고 핵심 내용을 선별하여 책을 만드십시오. 그 책을 전국에 배포하여, 사람들에게 제각기 쌓인 의혹을 풀고, 바른길로 돌아가게 하십시오.

 이렇게 하면, 맹자가 평생에 걸쳐 고심한 삶의 문제가 후세에 와서도 널리 알려질 것입니다. 그리하면 인간의 큰 도리가 밝혀져 세상에 퍼지도록 하는 데 더할 나위 없을 것입니다.

다산의 질문 ⑨

방위에 스며든 이치를 점검하라

동서남북! 다산이 이 뻔한 듯한 사방의 방위를 따지는 이유는 무엇인가? 인간의 사유와 삶의 방향, 나아가 사회제도에 이르기까지, 인생의 수많은 활동은 자연지리의 방향에 근거하기 때문이다. 정약용은 이에 관한 해박한 지식을 통해 조선 사회의 실정과 미래를 고심했다.

중앙에 위치한 곳에서 사방을 향해 외곽으로 나아가면, 이것이 이른바 동서남북東西南北이다. 그런데 각 방향을 나타내는 글자들이 제각기 달라 일관성이 없는 것은 무엇 때문인가?

'동東'자는 태양太陽이 솟아오르는 것을 본떴다. '서西'자는 새가 깃드는 것을 본떴다. '남南'자는 '오午'자를 따라 만들었다. '북北'자는 '배背'자를 본뜬 것이다. 그런데 글자의 모양을 상형象形으로도 하고 회의會意로도 한 사례가 어찌 이처럼 산만하고 질서가 없는가?

북극北極과 남극南極은 영원히 옮겨지지 않는다. 이는 일정한 자리가 있기 때문이다. 반면 동해東海와 서해西海는 위치에 따라 명칭이 바뀐다. 이는 일정한 명칭이 없기 때문이다. 이는 일정함이 없는 위치를 일정함이 있는 위치에 배열시켜, 사방四方에 넣은 것이다. 논리에 어긋나는 것이 아닌가?

또한, 금金·목木·수水·화火의 성질을 사방에 배열하였다. 그러나 남극도 북극처럼 추우니 남쪽에 화열火熱과 같은 뜨거운 성질을 취한 근거가 어디 있는가? 마찬가지로 진震·태兌·리离·감坎을 사방에 배열하였으나, 남극도 북극처럼 어두우니 남쪽에 리명离明과 같은 밝은 성질을 취한 근거가 어디 있는가?

중국은 적도赤道의 북쪽에 위치하고 있다. 그러므로 북극을 북극이라 하는 것이 당연하다. 반대로 북호국北戶國35은 적도의 남쪽에 위치하고 있으므로, 남극을 북극이라 이를 수 없다! 중국도 밝은 곳을 향하여 집을 짓고 북호국도 밝은 곳을 향하여 집을 짓는데, 중국은 북이 되고 북호국은 남이 된다면 어찌 보편적인 논의라고 말할 수 있겠는가?

35 북호국(北戶國)은 고대 중국 문헌에서 등장하는 지명으로, 정확한 위치는 명확하지 않지만 문맥상 남반구에 있는 나라를 가리키는 것으로 보인다.

대하大夏에서는 촉蜀을 동쪽이라 하고, 촉나라 사람들은 제齊나라를 동쪽이라 하니, 동쪽을 확고하게 정할 수 있겠는가? 일본日本은 우리나라를 서쪽이라 하고, 우리나라는 중국을 서쪽이라 하니, 서쪽을 임의로 확고하게 정할 수 있겠는가?

동지선冬至線은 태양 궤도의 최남단이고, 하지선夏至線은 태양 궤도의 최북단이다. 이 두 선의 거리가 과연 몇 도나 되는가? 또한, 해가 뜨는 곳에서는 오전이 짧고, 해가 지는 곳에서는 오후가 짧아야 할 텐데, 동방과 서방 사람들이 모두 오정午正을 하루의 중앙으로 삼는 것은 또 무슨 까닭인가?

춘春·하夏·추秋·동冬을 동서남북의 배열하였다. 그러나 북극과 남극은 1년의 반은 낮이고 반은 밤이다. 이곳에서는 춘하추동의 사계절이나 동서남북의 사방이 존재하지 않는 것은 아닌가? 마찬가지로 자子·오午·묘卯·유酉의 12지지를 사방에 배열하였다지만, 동지선과 하지선의 아래에서는 사계절이 반대가 된다. 이곳에서는 60갑자六十甲子로 사방을 정할 수 없지 않겠는가?

동쪽의 창룡蒼龍, 서쪽의 백호白虎, 남쪽의 주조朱鳥, 북쪽의 현무玄武는 고대 중국에서 사방을 상징하는 별자리다. 하지만 이 별들은 하늘에서 항상 같은 자리에 머무는 것이 아니라 이리저리 움직인다. 그렇다면 이들을 동서남북으로 사방에 배열한 것은 억지가 아닐까?

동풍을 곡풍谷風, 서풍을 양풍涼風, 남풍을 개풍凱風, 북풍을 태풍泰風이라 한다. 그러나 사실 바람은 이리저리 불규칙하게 흩어져 반드시 일정한 방향으로만 불지는 않는다. 바람의 방향을 구분하는 8풍八風에 대해 상세히 말할 수 있을까?

남극南極은 땅 밑에 있고 북극北極은 땅 위에 있다. 그런데『천문록天文錄』에서 "남극은 높고 북극은 낮다."라고 한 것은 무엇 때문인가? 또한, 하늘은 서북쪽으로 기울어졌고, 지구는 동남쪽으로 이지러져 낮다고 한다. 그런데도 역법가曆法家들이 "하늘과 땅은 모두 둥글다."라고 주장하는 것은 무슨 까닭인가?

「후천도後天圖」의 진震·태兌·리離·감坎의 배열이 「선천도先天圖」에서는 리離·감坎·건乾·곤坤으로 배열되었다. 「하도河圖」의 8·9·6·7의 배열이 「낙서洛書」에서는 3·7·1·9로 배열되어 있다. 따라서 동·서·남·북의 위치가 모두 틀려서 서로 맞지 않다. 이것을 천지의 바른 위치라 할 수 있겠는가?

종묘宗廟의 제도에서 위패를 배열하는 방식을 보자. 소목은 옛날 사당의 제도인 묘제廟制로 위패位牌를 모시는 순서를 말하는 것인데, 옛날에는 남북으로 소목昭穆을 삼았는데, 지금은 동서로 소목을 삼는다. 천자天子는 시조始祖를 가운데 모시고, 2세世·4세·6세는 소昭라 하여 왼편에, 3세·5세·7세는 목穆이라 하여 오른편에 모시어 7묘廟가 된다. 제후諸侯는 5묘이고 대부大夫는 3묘이니, 그 규모는 다르더라도 어찌 그 기준이 동서로 바뀌었을까?

천맥阡陌은 밭을 구획하고 구분하는 밭두둑을 의미하는데 때로는 동서로 밭두둑을 만들기도 하고, 때로는 남북으로 밭두둑을 만들기도 하였다. 이 법의 이익과 손해, 옳고 그름에 대해 모두 분석하여 설명할 수 있겠는가?

동쪽엔 장인국長人國, 남쪽엔 조제국雕題國, 서쪽엔 뇌연雷淵, 북쪽엔 증빙增氷이라는 나라가 있었다고 한다. 지금의 어느 나라가 이에 해당할까? 또한 동쪽엔 의려醫閭, 남쪽엔 양산梁山, 서쪽엔 곽산霍山, 북쪽엔 유도幽都와 같은 지역들이 있다. 여기에서는 무슨 보물이 생산되었는가?

동서남북의 방위는 세계관에서도 중요한 역할을 하였다. 추연鄒衍은 사해四海에 대한 설說을 말했고, 회남자淮南子는 8역八域에 대한 설을 말했다. 이들이 과연 몸소 가서 눈으로 보고 말한 것이라 할 수 있는가?

불교에는 사주四洲의 명칭이 있어 세계를 네 개의 땅으로 나누고, 『직방외기職方外紀』에서는 다섯 개의 땅으로 나누어 오대주五大洲라고 하였다. 하지만, 이는 모두 황당무계한 말을 듣고 기록한 것이 아니겠는가?

공자는 말했다. "나는 동서남북으로 일정한 주거 없이 돌아다니는 사람이다." 그가 몸소 갔던 끝 지점을 모두 지적하여 말할 수 있겠는가?

자연이 만든 것은 모두 둥글고, 사람이 만든 것은 모두 모가 나 있다. 그래서 모난 물건은 자연스럽게 사방이 정해지기 마련이다. 동·서·남·북이라는 방향의 개념도 여기에서 생긴 것이다.

그리하여 사람의 몸에도 사방이 있어 왼쪽과 오른쪽을 정하게 되고, 방에도 사방이 있어 밝은 남쪽과 어두운 북쪽을 분별하게 된다. 나라마다 자신을 기준으로 한 사방이 있어 동서남북의 문門을 통하게 된다. 중국에도 또한 사방이 있어 동서남북의 국경을 통해 다른 나라들과 연결된다.

동서남북의 사방에 위아래를 뜻하는 상하를 아울러 말하면 6합六合이라 하고, 모퉁이까지 모두 들어 말하자면 8굉八紘이라 한다. 하늘과 땅은 이것으로 위치가 바르게 되고, 만물은 이것으로 차례를 이루게 된다. 이러한 원리에 따라 예로부터 사람들은 음陰을 등지고 양陽을 향하며 살아왔고, 또한 왼쪽은 성聖으로, 오른쪽은 인仁으로 여겨 중요한 가치로 삼아 왔다.

임금이 나라를 세우면, 방위를 분간하여 관청이나 관직의 지위를 정하게 된다. 그리고 관청의 큰 뜻을 정돈하고, 정전正殿인 명당明堂에서 조회할 때는 병풍을 등지고 남쪽을 향하여 신하들에게 답례한다. 이것이 하夏·은殷·주周 삼대三代의 좋은 법이었다. 그런데 어찌하여 세대가 내려갈수록 사회 분위기가 황폐하여 이설이 분분하게 일어나는지 모르겠다.

역법을 연구하고 천체를 관측하는 사람들이 북극北極과 남극南極 이외에 따로 연신年神의 방위를 세웠다. 이는 동남·동북·서남·서북의 네 간방間方을 기준으로 24방위를 나누고, 해당 방위에 각각 신神을 안배하여 그해의 건축 및 보수補修 등의 길흉을 점치는 방식이다.

또한, 나라를 세우고 도읍을 설치하는 제도에서도 왼쪽에는 종묘宗廟, 오른쪽에는 사직社稷을 세우는 전통적인 원칙 이외에 별도로 풍수설風水說의 구애를 받게 되었다.

농사도 마찬가지다. 봄에 씨를 뿌리고 가을에 추수하는 절기가 정확하지 않게 되자, 사람들은 방위에 따른 길흉을 따지게 되었다. 남쪽에는 창을 내고 북쪽에는 담장 쌓는 원칙이 허물어지자, 용호龍虎, 즉 좌청룡左靑龍과 우백호右白虎의 형세를 보고 길흉을 묻게 되었다.

집을 동향東向으로 짓는 규칙은 없지만, 마을 터는 북향北向으로 잡는 경우가 많다. 손님이 오르내리는 서쪽 계단인 빈계賓階와 주인이 오르내리면서 손님을 맞고 전송하는 동쪽 계단인 조계阼階는 때에 따라 그 동서의 위치가 바뀌기도 하고, 내당內堂과 외당外堂은 때에 따라 남북을 반대로 하기도 한다.

하지만 이렇게 되면 자연의 음양陰陽 질서를 어긋나게 하고, 바꿀 수 없는 건곤乾坤의 이치를 어기를 결과가 될 수도 있다. 옛 선왕이 하늘의 원리인 천리天理와 인정人情에 맞도록 만들어 놓은 예법을 따르지 않는 사람이 많은 것은 특히 염려할 만하다.

이제 우리는 사방의 본래 뜻을 분명히 이해하고, 그 실제 이치를 연구해야 한다. 그리하여 만물萬物의 질서를 바르게 잡고, 삼대三代 시대의 바른 법도를 회복하여야 한다. 이를 위해 어떤 방법을 써야 하겠는가?

다산의 질문 ⑩

대나무를 실용적으로 활용하라

대나무는 인품과 학덕이 높은 사람을 상징적으로 비유하는 대표적인 상징이다. '매梅·란蘭·국菊·죽竹'의 사군자의 하나이기도 하고, '송松·죽竹'으로 꼽히며 굳은 절개를 나타내기도 했다. 뿐만 아니라, 무기로 사용할 때 만드는 화살이나 생활에 필요한 각종 도구를 만드는 데도 매우 긴요한 물건이었다. 농경사회에서 그만큼 쓰임이 큰 물건도 흔하지 않을 정도였다. 이런 대나무에 관한 표현이나 정책 제도도 의미 있게 다뤄졌다.

대나무는 따뜻한 동남 지방에서 잘 자라는 아름다운 상록 식물로, 그 쓰임새가 매우 다양하다. 예법과 음악, 문학과 무예 등 여러 분야에서 대나무를 사용하여 만들지 않는 곳이 없다! 그런 만큼, 대나무의 쓰임이 정말 소중하지 않은가?

고대 중국에서는 해곡嶰谷이라는 지역에서 자란 대나무가 황제黃帝 헌원씨軒轅氏 시대부터 사용되었다고 전해진다. 흥미로운 점은 수컷 봉황새가 울면 암컷 봉황새가 따라 우는 소리가 반드시 6의 수로 맞춰진다는 것인데, 그 이치를 구명하기 어렵다.

여기에서 '6'이라는 수는 음악의 율려律呂와 관계된다. '1·3·5·7·9·11'의 황종黃鐘·대주大簇·고선姑洗·유빈蕤賓·이측夷則·무역無

射은 양陽에 안배하여 6률六律이라 하고, '2·4·6·8·10·12'의 대려大呂·협종夾鐘·중려仲呂·임종林鐘·남려南呂·응종應鐘은 음陰에 안배하여 6려六呂라고 한다. 수컷 봉황새의 울음은 양율陽律이고, 암컷 봉황새의 울음은 음려陰呂를 의미한다.[36]

> 36 자연 속 현상을 음악의 원리와 연관 지어 해석하는 것은 동양의 고전적 사고의 특징 중 하나다.

형주荊州 지역의 대나무는 『서경』「우공」에 기록되어 있다. 하지만, 대나무로 만든 작은 화살대인 균가箘簬와 긴 화살대인 노가簵簬를 세 나라에 나누어 바쳤다는 기록은 있지만, 정확히 어느 지역에서 생산된 것인지는 확실하지 않다. 지금 이런 기록을 하나하나 분석하여 논의할 수 있겠는가?

어린 대나무, 즉 '랑죽筤竹'을 반드시 『주역』의 '진뢰震雷'와 짝하도록 한 것은 자연의 법칙을 상징적으로 표현한 것이다. 활의 화살대로 쓰이는 대나무, 즉 '시죽矢竹'을 반드시 음陰·양陽으로 나누어 구분해야 한다는 것은 어느 경전에 나오는가?

어찌하여 『주역』의 괘卦 이름을 대나무 마디인 '절節'이라 하였는가? '절節'은 원래 일정한 간격으로 끊어져 있는 대나무의 마디를 뜻하며, 각 마디와 같이 '경계 지어진 단락'을 바탕으로 64괘를 만들었기에 64괘의 하나하나를 '절節'로 표현한다.

어찌하여 예禮를 대나무 줄기인 '균筠'에 견주는가? 『예기』「예운禮運」에 "인간 사회에 예가 있는 것은 화살대에 대나무 줄기가 있는 것과 같다!"라고 하였다. 예를 대나무 줄기에 비유한 것이다.[37]

대나무의 족보인 『죽보竹譜』를 지은 사람이 몇 사람이나 되는가? 또한 대나무를 노래한 죽부竹賦에 나열된 대나무는 모두 몇 종류나 되는가?

대나무는 일반적이거나 흔한 보통의 화훼花卉가 아니다. 그릇을 만들 경우만 보더라도 네모진 광주리筐, 둥근 광주리匡, 큰 상자箱, 작은 상자篋, 네모진 옷상자笥, 아름다운 바구니인 채롱籠, 도시락 그릇簞, 폐백상자筹 등이 있는데, 이것들은 대개 대나무가 아니면 다듬기 어려운 것들이다.

악기를 만들 경우에도 통소簫, 젓대笛, 쌍피리管, 피리篳, 쟁箏, 지箎, 대통소萩, 그칠풍류篤 등이 대나무로 만들어진다. 이것들은 대나무가 아니면 제작하지 못한다. 무기武器를 만들 경우에도 화살을 만들고 쇠뇌[38]를 만드는 데 대나무가 사용된다.

글을 쓰는 데 필요한 도구의 경우에도 죽간竹簡과 붓을 만들어 쓴다. 농사꾼은 대나무로 키를 만들고 삿갓을 만든다. 길쌈하는 사람은 대나무로 자새를 만들고 바리를 만든다.[39] 또한 수레를 만드는 사람은 대나무로 수레의 뒤쪽 창을 만들고 발箴을 만든다. 고기 잡는 사람은 통발을 만들고 기리를 만든다. 의약을 다루는 사람은 대나무로 죽여竹茹라는 약재를 만들고, 점술을 하는 사람은 대나무로 점대筴를 만든다. 정말 쓰임이 많지 않은가?

37 대나무 줄기가 화살을 곧게 유지하는 것처럼, 예(禮)도 인간 사회의 질서를 바로잡는 역할을 한다는 의미다.

38 활의 한 종류로, 일반 활보다 멀리까지 쏠 수 있고, 연달아 화살을 쏠 수 있게 만들어졌다.

39 자새는 길쌈에서 실을 뽑거나 풀어 주는 도구이며, 바리는 베틀에 쓰이는 대나무 도구 중 하나로 실을 정리하고 조절하는 데 사용된다.

이외에도 일상에서 대나무로 만들어 사용하는 생활 도구가 너무나 많다. 횃대를 만들어 옷을 걸고, 대나무로 만든 밥솥으로 밥을 짓고, 부채를 만들어 더위를 피하고, 빗을 만들어 머리를 빗고, 빗자루를 만들어 먼지를 쓸어 내고, 우산을 만들어 비를 막는다.

기술자들이 온갖 기교를 이용하여 만드는 기구의 대부분은, 대나무가 아니면 만들어지지 못한다. 어떤 차원에서 보아도, 대나무의 쓰임이 정말 중요하지 않은가?

이처럼 대나무의 쓰임이 너무나 중요하기 때문에, 옛날부터 대나무 재배를 권장하는 정치를 게을리하지 않았다. 삼황三皇 오제五帝 시대로부터, 사관史官들은 가는 대나무나 왕대나무가 잘 자라는 것을 경사로 삼았고, 산뽕나무나 참죽나무와 관련된 일을 역사 기록에서 빠뜨리지 않았다. 문수汶水 강변의 대나무와 수원渭園에 심은 대나무도 일컬어지지 않음이 없었다. 대나무의 중요성은 옛사람의 기록에서도 충분히 그 근거를 찾을 수 있다.

우리나라로 말하자면, 대나무는 호남 지방에서 가장 많이 생산된다. 영남 지방에서 나오는 대나무는 죽재竹材가 많기로 유명하다. 제주도에는 3만 평이나 되는 대나무 숲이 빼어나게 아름답고, 울릉도의 대나무는 배로 실어 나르기도 한다. 이런 점들을 보면 각종 기구를 만들 재료가 풍족한 것이 마땅한데, 최근에는 생산력이 점점 나빠져 일용할 도구를 제작하는 데 필요한 대나무의 수량이 넉넉하지 못하다고 한다.

그 실상을 살펴보면 국가 소유의 대나무밭이나 민간 소유의 대나무밭은 대부분 황폐해져 있고, 바다나 육지로 운반하는 일도 제대로 이어지지 못하고 있다. 화살대가 무기 창고에 채워지지 못하고, 대나무 동구미와 대나무 그릇이 시장 가게에 진열되지 못하며, 대나무를 공물로 바치는 문제에 대한 폐단이 임금의 교서教書에 여러 차례 나오고, 대나무를 판매하는 상인들이 제대로 남북을 왕래하며 장사하지 못한다.

이런 일이 임금의 정치보다 먼저 실시할 것은 아니다. 하지만, 관련 기관이나 관리들이 마땅히 근심해야 할 일이 아니겠는가? 집집마다 풍부하게 대나무를 가꾸어, 국가의 경비에 보태는 동시에 살림을 넉넉하게 할 방법이 없겠는가? 한번 깊이 생각해 보라!

茶山策問

부록

다산 정약용의 일생

이 글은 다산 정약용이 세상을 떠난 후 85년이 지난 1921년, 다산의 현손玄孫인 정규영丁奎英이 작성한 「사암선생연보俟菴先生年譜」를 기초로, 독자들의 이해를 돕기 위한 내용을 추가하여 현대적 용어로 재정리하였다.

1762년
1세, 영조 38년

6월 16일 오전 10시 무렵, 광주군 초부면 마현리에서 4남 1녀 가운데 4남으로 태어났다. 마현리는 현재 남양주시 조안면 능내리이다. 본관은 압해押海인데, 압해는 나주에 속한 조그마한 고을이므로 일반적으로 '나주'라고도 한다.

관례를 치르고 성인이 되면서 새로 지은 이름인 관명冠名은 '약용若鏞'이고, 별도로 부르던 이름인 자字는 '미용美鏞' 또는 '송보頌甫'이며, 호는 '사암俟菴' 또는 '다산茶山'이다.

아버지 정재원丁載遠은 사도세자의 죽음과 연관된 사건을 둘러싸고 시파時派에 가담하였다가 벼슬을 잃었다. 시파는 사도세자를 동정하거나 옹호한 남인南人 계열로, 세자를 무고하고 비방한 벽파僻派와 대립하였다.

다산은 아버지가 귀향할 때 출생했는데, 이 때문에 자字를 '귀농歸農'이라고도 했다.

1763년
2세, 영조 39년

완두창豌豆瘡을 앓았다. 완두창은 천연두 때 생기는 물집의 크기가 완두콩 크기여서 붙인 이름이다.

1765년
4세, 영조 41년

천자문千字文을 배우기 시작했다.

1767년
6세, 영조 43년

아버지 정재원이 연천현감으로 부임하자 그곳에 따라갔다. 이때 아버지로부터 직접 여러 교육을 받았다.

1768년
7세, 영조 44년

오언시五言詩를 짓기 시작했다. 특히 「산」이라는 제목의 다음과 같은 시를 지었다.

"작은 산이 큰 산을 가렸네.(소산폐태산小山蔽大山)
멀고 가까움이 다르기 때문.(원근지부동遠近地不同)"

이 시구를 보고 아버지 진주공晉州公은 자식의 명석함에 놀랐다.

다산은 어린아이 때 천연두를 앓아 오른쪽 눈썹 위에 흔적이 남았는데, 눈썹이 세 개로 나누어졌다. 이에 스스로 호를 '삼미자三眉子'라고 했다. 다산의 책 가운데 『삼미자집』이 있는데, 이는 10세 이전의 저작이다.

1770년
9세, 영조 46년

어머니 해남 윤씨가 세상을 떠났다. 다산의 어머니는 고산孤山 윤선도尹善道의 후손으로, 윤선도의 증손인 공재恭齋 윤두서尹斗緖가 다산의 외증조부이다.

다산의 얼굴 모습과 수염이 외증조부인 공재를 많이 닮았다.

일찍이 다산은 문인들에게 말했다. "나의 정분精分, 즉 생물학적 유전은 외가에서 받은 것이 많다!"

1771년
10세, 영조 47년

경서經書와 사서史書를 공부했다. 즉 유교 경전과 역사책을 배우고 익혔다. 이때 여러 경전과 역사책을 본보기로 삼아 지은 글이 자기의 키 높이만큼이나 되었다고 한다.

1774년
13세, 영조 50년

중국 당나라 때의 시인, 두보杜甫의 시詩를 본보기로 시를 지었다. 아버지의 친구들로부터 칭찬을 받았다.

1776년
15세, 영조 52년

관례를 치르고 풍산 홍씨인 홍화보洪和輔의 딸과 결혼했다. 이때 아버지가 호조좌랑戶曹佐郎이 되어 서울에 있었는데, 아버지를 따라 살림집을 세내어 서울 남촌에 살았다.

1777년
16세, 정조 1년

선배인 이가환李家煥과 자형姊兄인 이승훈李承薰을 따라 성호星湖 이익李瀷의 유고遺稿를 보고 공부했다.

다산의 자형인 이승훈은 교명이 베드로이며 본관은 평창平昌이다. 자는 자술子述이고 호는 만천蔓川이다. 1784년, 조선인 최초로 중국에서 천주교 세례를 받았다. 이가환은 공조판서를 지냈는데, 이승훈의 외삼촌이고, 다산 정약용이 그의 처남이다. 아버지를 따라 중국에 가서 세례를 받고 귀국한 후, 천주교 전도에 힘쓰며 이벽, 권일신과 함께 '명례방공동체'라는 천주교 신앙 모임을 이끌었다.

다산은 아버지가 관직을 전남 화순으로 옮기자 그곳으로 따라갔다. 청주, 전주 등지를 유람하면서 시를 지었다.

1778년
17세, 정조 2년

전남 화순의 동복현에 있는 물염정勿染亭과 광주 서석산瑞石山을 유람했다. 겨울에 둘째 형인 정약전丁若銓과 함께 화순현에 있는 동림사東林寺에서 공부했는데, 『맹자』를 주로 읽었다.

1779년
18세, 정조 3년

아버지 진주공의 분부에 따라 과거시험에 쓰이는 글인 공령문功令文을 공부했고, 성균관에서 시행하는 승보시陞補試에 합격하였다.

다산의 형인 손암巽庵 정약전이 녹암鹿庵 권철신權哲身을 스승으로 모시고, 겨울에 천진암天眞庵 주어사走魚寺에서 천주학 강학회를 열었다. 눈이 펑펑 내리는 밤 중에, 이벽李檗이 찾아와 촛불을 켜 놓고, 밤새도록 경전에 대한 토론을 벌였다.

권철신은 성호 이익의 문하생으로 조선 후기 성호학파를 대표하는 학자였다. 이승훈의 영향으로 천주교 신자가 되었으며, 천주교 세례명은 암브로시오다. 1777년 경기도 양주에서 정약용, 이벽 등 남인南人의 학자들과 함께 서양의 학문 및 천주교에 대한 모임에서 함께 활동했다.

당시 권철신이 44세였고, 정약전이 22세, 그리고 다산 정약용이 18세였다.

그 후 7년이 지나 천주교에 대한 비난이 일어나자, 이와 같이 의미 있는 강학회가 다시는 열릴 수 없게 되었다.

1780년
19세, 정조 4년

아버지 진주공이 예천군수로 부임하자 그곳에서 공부했다. 반학정伴鶴亭, 촉석루矗石樓를 유람하며 공부를 하고 시를 지었다.

겨울에 어사御使의 모함으로, 아버지가 예천군수를 사임하고 마현으로 돌아왔다.

1781년
20세, 정조 5년

서울에서 과거시험을 볼 때 짓는 시문의 형식을 익혔다.

7월에 딸을 낳았는데, 5일 만에 죽었다.

1782년
21세, 정조 6년

서울 창동倉洞에 집을 사서 살았다. 창동은 남대문의 안쪽에 있었다.

1783년
22세, 정조 7년

최고의 교육기관인 성균관에 들어갔다.

2월에 세자 책봉을 경축하기 위한 증광감시增廣監試가 있었다. 세자는 나중에 순조 임금이 되고, 이때 둘째 형 정약전과 함께 경의經義 초시初試에 합격했다.

4월에는 회시會試에서 소과小科의 마지막 관문인 생원生員으로 합격했다.

회현방으로 이사하여 재산루在山樓에 살았다.

9월 12일에 큰아들 학연學淵이 태어났다.

1784년
23세, 정조 8년

인품을 갖추고 재능 있는 사람을 왕에게 천거할 때, 그 선택을 위해 활을 쏘는 의식인 향사례鄕射禮를 행하고,

『중용강의』 80여 항목을 자세하게 해설하여 임금에게 바쳤다. 내용은 율곡 이이의 기발설氣發說을 중심으로 설명했는데, 정조가 감탄했다.

이벽과 함께 배를 타고 두미협斗尾峽을 내려가면서 천주교에 관한 얘기를 듣고 책 한 권을 보았다. 두미협은 남한강과 북한강이 만나 서북쪽 한강으로 이어지는 좁은 길목으로 지금의 팔당댐 근처다.

다산은 이익의 『성호사설』을 통해 상위수리象緯數理에 관한 책들 이외에도 서양인 방적아龐迪我의 『칠극七克』, 필방제畢方濟의 『영언여작靈言蠡勺』, 탕약망湯若望의 『주제군징主制群徵』 등의 책을 쭉 훑어보았다.

6월 16일, 성균관 재학생 가운데 일정한 점수를 획득한 사람이 치르는 과거시험인 반제泮製에 뽑혔다.

9월 28일, 대궐 안마당에서 시험을 보는 정시庭試의 초시에 합격했다.

1785년
24세, 정조 9년

2월 25일과 27일, 4월 16일에 반제에 뽑혔다. 이때 상으로 종이와 붓을 받았다.

10월 20일, 정시의 초시에 합격했다.

11월 3일, 감제柑製의 초시에 합격했다. 감제는 겨울에 제주도에서 공물로 바치는 노란 귤을 성균관 재학생들에게 내리고 실시하던 과거시험이다. 이때 다산이 초시에 수석으로 합격했다.

12월 1일, 임금이 춘당대春塘臺에 직접 나와 식당에서 음식을 먹었다. 그리고 식당의명칭을 짓도록 했는데, 다산이 수석을 차지하여 『대전통편大典通編』을 상으로 받았다.

1786년
25세, 정조 10년

2월 4일, 성균관 재학생들을 학문 의욕을 고취하고 나라에 경사가 있을 때 보던 별시別試의 초시에 합격했다.

7월 29일, 둘째 아들 학유學游가 출생했다.

8월 6일, 도기到記의 초시에 합격했다. 도기는 성균관 재학생이 성균관에 기숙하면서 식당에 들어간 횟수를 적던 일을 말한다. 이는 성균관 재학생들이 얼마나 학업에 열중하며 부지런한지, 그 정도를 파악하기 위해 기록하는 장부다. 아침저녁 두 끼를 1도到로 하여 50도가 되면, 봄과 가을에 있는 과거시험에 응시할 수 있었다.

1787년
26세, 정조 11년

1월 26일과 3월 14일의 반제에서 수석으로 뽑혔다. 상으로 『국조보감國朝寶鑑』과 백면지白綿紙 100장을 받았다.

8월 21일의 반제에 뽑혔고, 8월에 성균관 시험에 합격했다. 상으로 『병학통兵學通』을 교지教旨와 함께 받았다.

12월의 반제에 또 뽑혔다.

이때 다산은 과거 보는 일을 그만두고, 경전의 뜻을 궁구하려는 마음을 가졌다. 아마도 임금이 다산을 무인武人으로 등용할 뜻이 있었기 때문으로 추측된다.

1788년
27세, 정조 12년

1월 7일, 반제에 합격했다. 희정당熙政堂에서 정조 임금을 뵈었는데, 책문策文이 몇 수인지를 물었다.

3월 7일, 반제에 수석 합격하여 희정당에서 정조 임금을 뵈었는데, 초시와 회시를 몇 번이나 보았는지 물었다.

1789년
28세, 정조 13년

1월 7일, 반제에 합격했다. 정조 임금이 4번이나 초시를 본 것을 확인하고, 다산이 급제及第하지 못했음을 민망하게 여겼다.

3월, 전시殿試에 나가서 탐화랑探花郎의 예로 7품관에 붙여 희릉직장禧陵直長의 관직을 부여받았고, 초계문신抄啓文臣에 임명되었다.

'전시'는 복시覆試에서 선발된 사람에게 임금이 직접 치르던 과거시험의 마지막 관문이다. 문과文科 33명, 무과武科 28명의 합격자를 재시험하여 등급을 결정했는데, 특별한 사유가 없는 한 떨어지지 않았다. 최종 면접과도 유사하다. '탐화랑'은 과거시험에서 갑과甲科에 셋째로 급제한 사람을 말하는데, 정7품正七品의 품계品階를 주었다. '초계문신'은 국가 인재를 양성할 목적으로 37세 이하의 당하 문신堂下文臣 가운데 선발하여 규장각奎章閣에 소속시키고 공부하게 했다. 매달 강경과 제술로 시험을 치렀고, 40세가 되면 자동으로 제외되었다.

5월에 부사정副司正으로 옮겼고, 6월에 가주서假注書에 임명되었다. 이해에 시험에서 5번 수석을 했고, 수석과 마찬가지로 인정받은 것이 8번이었다.

각과문신閣課文臣으로, 울산부사직을 수행하고 있던 아버지 진주공을 찾아뵈었다.

겨울에, 배다리, 즉 작은 배를 한 줄로 여러 척 띄워 놓고 그 위에 널판을 깐 다리인 주교舟橋를 설치하는 공사가 있었다. 다산이 그에 관한 규정을 만들어 성공리에 마쳤다.

12월에 셋째 아들 구장懼牂이 태어났다.

1790년
29세, 정조 14년

2월 26일, 한림회권翰林會圈에서 뽑혔고, 29일에 한림소시翰林召試에서 뽑혀 예문관 검열檢閱에 단독으로 임명되었다.

3월 8일, 해미현海美縣으로 정배定配되었다. 13일에 배소配所에 이르렀는데, 19일에 용서받아 풀려났다. 정배는 죄인을 지방이나 섬으로 보내 정해진 기간에 그 지역 내에서 감시를 받으며 생활하게 하던 형벌이다.

5월 3일, 예문관 검열로 다시 들어가고, 5일에 용양위龍驤衛의 부사과副司果로 승진하였다.

7월 11일, 사간원 정언正言으로 임명되었다.

9월 10일, 사헌부 지평持平으로 임명되어 무과감대武科監臺에 나아갔다.

1791년
30세, 정조 15년

5월 23일, 사간원 정언으로 임명되었다.

10월 22일, 사헌부 지평으로 임명되었다.

겨울에 『시경의詩經義』 800여 조를 지어 올려 정조 임금에게 칭찬을 받았다. 정조는 다산이 올린 책에 대해 다음과 같이 평가하였다.

"여러 학자의 학설을 인용하여 문장으로 표현해 놓은 것이 끝이 없다. 참으로 평소 학문이 축적되어 해박한 사람이 아니라면, 어떻게 이와 같이 훌륭하게 해설할 수 있겠는가?"

겨울에는 호남에서 진산사건珍山事件이 일어났다. 진산사건은 최초의 천주교도 박해 사건으로, 신해사옥辛亥邪獄이라고도 한다. 목만중, 이기경, 홍낙안 등이 공모하여 천주교에 빠진 자들을 모두 제거하려고 했다.

1792년
31세, 정조 16년

3월 22일, 홍문관록弘文館錄에 뽑혔고, 28일 도당회권 都堂會圈에서 선발되어, 29일 홍문관 수찬修撰으로 임명되었다.

정조 임금이 남인 가운데 사간원, 사헌부의 관직을 이을 사람을 채제공蔡濟恭과 상의하였다. 채제공은 영조와 정조에 걸쳐 활동한 정치인으로, 정조의 아버지 사도세자를 가르친 스승이자 세자궁의 측근이었다. 남인이며 시파에 속했는데, 남인의 영수로 정조의 최측근이기도 하며, 정약용와 이가환 등의 정치적 후견자이기도 했다.

다산이 사간원, 사헌부의 관직을 이을 사람 28명의 명단을 작성하여 올리자, 그 가운데 8명이 먼저 두 부서에 배치되었다.

4월 9일, 진주에서 아버지 진주공이 세상을 떠났다.

5월, 아버지가 객지에서 돌아가셨으므로 충주로 옮겨 장례를 치르고, 고향인 마현으로 돌아와 슬픔을 달랬다. 그리고 광주廣州에 삼년상을 치르기 위해 여막을 짓고 거처했다.

겨울에 수원성을 축조하는 전반적인 규정을 만들었고, 「기중가도설起重架圖說」을 지어 올려 4만 냥의 비용을 절약하였다.

1793년
32세, 정조 17년

4월에 소상小祥을 지내고 연복練服으로 갈아입었다. '소상'은 아버지가 돌아가신 날로부터 1년이 지나서 지내는 제사다. '연복'은 소상에서 삼년상을 마칠 때까지 입는 상복이다.

여름에 화성 유수로 있던 채제공이 돌아와 영의정이 되었다.

1794년
33세, 정조 18년

6월에 아버지의 삼년상을 마쳤다.

7월 23일, 성균관 직강直講으로 임명되었다.

8월 10일, 비변랑備邊郎에 임명하려는 건의가 있었다.

10월 27일, 홍문관 교리校理에 임명되었다가 28일 수찬에 임명되었다.

12월 7일, 정조 임금이 경모궁景慕宮에 아버지 사도세자의 덕을 칭송하며 칭호를 추존해 올릴 때, 다산이 그것을 관장하는 도감都監의 책임자가 되었다. 경모궁은 정조의 아버지인 사도세자(장헌세자)의 신위神位를 모시던 궁이다.

1795년
34세, 정조 19년

1월 17일, 사간원 사간司諫에 임명되었다. 품계가 통정대부通政大夫에 오르고 동부승지同副承旨에 임명되었다.

2월 17일, 병조참의에 임명되어, 정조 임금이 수원으로 행차할 때, 최측근 경호를 담당했다.

3월 3일, 의궤청儀軌廳 찬집문신纂輯文臣이 되었고, 규영부奎瀛府 교서승校書承으로 임명되었다.

3월 20일, 우부승지右副承旨로 임명되었다. 『화성정리통고華城整理通攷』를 편찬하고 사도세자의 능인 현륭원顯隆園의 터를 설치하라는 명령을 받고, 이가환, 이만수, 윤행임 등과 함께 작업하였다.

4월에 규영부 교서승에서 물러났다. 이는 반대파의 무리가 헛소문으로 선동하여 모함하고 헐뜯고 간사한 꾀를 썼기 때문이다. 다산은 이 무렵부터 우울한 마음에 사로잡히기 시작했고, 다시는 대궐에 들어가 교서를 하지 않았다.

7월 26일, '주문모周文謨 입국 사건'으로 서울에서 떨어진 홍주의 금정도金井道 찰방察訪으로 임명되었다. 주문모는 중국인 출신의 로마 가톨릭교회 사제다. 외국인 최초로 조선에 입국한 천주교 선교사로 1795년 1월에 서울에 잠입하여 6년간 선교활동을 하다가, 정순왕후와 노론 벽파가 주도한 1801년 신유박해 때 검거되어 새남터에서 순교하였다.

다산은 이때, 성호 이익의 증손자인 목재木齋 이삼환李森煥에게 요청하여 온양의 석암사石巖寺에서 만났다. 당시 온양 부근 내포內浦의 이름 있는 집 자제들이 소문을 듣고 모여들어, 날마다 유교의 학문을 강학하고, 사단칠정四端七情의 뜻과 정전제井田制 등에 대해 질문을 했다. 이에 별도로 문답을 만들어 『서암강학기西巖講學記』를 지었다.

성호星湖 선생이 유고遺稿를 가지고 와서, 『가례질서家禮疾書』를 시작으로 교정을 했다. 또 『퇴계집退溪集』의 절반을 가지고 와서, 매일 새벽에 일어나 세수한 다음, 퇴계 선생이 다른 학자에게 보낸 편지 한 통을 읽었다. 그런 뒤에 하급 관리들의 아침 인사를 받았다. 정오가 되면 『연의演義』의 한 조목씩을 읽으며, 나름대로 해설하여 기록하면서 스스로 경계하고 성찰하였다. 그것을 책으로 엮어 『도산사숙록陶山私淑錄』이라 했는데, 모두 33칙則이다.

12월 20일, 용양위 부사직으로 임명받아 자리를 옮겼다.

1796년
35세, 정조 20년

10월에 규영부 교서가 되었다. 『사기영선史記英選』의 제목과 『규운옥편奎韻玉篇』의 범례에 대해 자문했다. 이만수 등과 더불어 『사기영선』을 교정했다.

12월 1일, 병조참지兵曹參知로 임명되었고, 3일에 우부승지로 임명되었다. 다음날 좌부승지에 올랐다가 또 부호군副護軍으로 임명되었다.

1797년
36세, 정조 21년

3월 규장각의 대유사大酉舍 향연에 참석하고, 『춘추전春秋傳』을 교정했다. 이서구, 김조순과 함께 두보의 시詩를 교정했다. 교서관校書館에 숙직을 하면서 『춘추좌씨전』을 교정했다.

6월 22일, 좌부승지를 사퇴하는 「변방사동부승지소辨謗辭同副承旨疏」를 올렸다.

윤달 6월 2일, 곡산부사谷山府使에 임명되었다.

겨울에 홍역紅疫을 치료할 수 있는 여러 가지 처방을 제시한 『마과회통麻科會通』 12권을 지었다.

1798년
37세, 정조 22년

4월에 『사기찬주史記纂註』를 만들었다.

겨울에 '곡산의 좁쌀과 콩을 돈으로 바꾸어 올리라!'는 명령의 철회를 요청하여 허락을 받았다. 『오례의도척五禮儀圖尺』과 실제 사용하는 자의 길이가 달라서 자의 길이를 통일하여 바로잡았다. '종횡표縱橫表'를 만들어 호적과 군적을 정리했다.

1799년
38세, 정조 23년

2월에 황주영위사黃州迎慰使로 임명받았다.

4월 24일, 내직으로 옮겨져 병조참지에 임명되었다.

서울로 올라오는 도중인 5월 4일에 동부승지로 임명받고 부호군으로 옮겼다.

도성에 들어온 5월 5일에 형조참의刑曹參議로 임명되었다. 이때「초도둔우계椒島屯牛啓」를 올렸다.

10월에 조화진과 충청감사 이태영이 이가환, 정약용과 주문모 밀입국을 보고한 한영익 부자를 천주교에 탐닉하였다고 임금에게 알렸지만, 정조는 무고라 생각하여 거들떠보지도 않았다.

12월에는『춘추좌전』을 공부하고 회식하는 책 씻기 의식인 세서례洗書禮 때, 왕이 직접 지은 시인 어제시御製詩에 화답하는 시를 지어 올렸다.

이달에 넷째 아들 농장農牂이 태어났다.

1800년
39세, 정조 24년

봄에 다산은 사회 분위기가 험악하고 위험하여 세상에서 활동하기가 쉽지 않다고 느꼈다. 그리하여 전원으로 돌아가려고 마음먹었다.

6월 28일, 정조 임금이 세상을 떠났다.

겨울에 정조 임금의 졸곡제卒哭祭를 지냈다. '졸곡제'는 장례를 마치고 삼우제三虞祭를 지낸 다음, 석 달이 지나고 거행한다. 졸곡제를 지낸 다음부터는 수시로 소리 내어 슬피 울던 곡哭을 멈추고, 아침저녁에만 곡을 한다. 아침과 저녁 사이에 슬픔이 밀려오더라도 곡소리를 내지 않는다.

졸곡제를 지낸 다산은 고향인 한강 상류의 '열수洌水'

로 돌아갔다. 이에 다산은 초천苕川 별장으로 돌아가 형제가 함께 모여 날마다 경전을 읽고 토론하며, 그 집에 '여유당與猶堂'이라는 편액을 달았다. 이해에『문헌비고간오文獻備考刊誤』가 만들어졌다.

1801년
40세, 순조 1년

2월 8일에 사간원의 건의가 있었고, 9일에 감옥에 갇혔다. 이른바 '책롱사건冊籠事件'이 발단이었다. 책롱사건은 책을 넣는 농짝에 천주교 관련 물건을 넣어 운반하다가 발각된 사건을 말한다.

투옥된 지 19일 만인 2월 27일, 감옥에서 나와 장기長鬐로 유배되었다. 장기는 현재 포항시 남구 장기면 마현리 지역이다. 형인 손암 정약전은 신지도薪智島로 유배되었다.

3월에 장기에 도착하여『이아술爾雅述』6권과『기해방례변己亥邦禮辨』을 지었는데, 신유사옥辛酉邪獄으로도 부르는 겨울 옥사 때 분실되었다.

여름에 성호가 모은 100마디의 속담에 운을 맞춰 지은『백언시百諺詩』를 만들었다.

10월, 황사영의 백서사건으로 형 정약전과 함께 다시 투옥되었다.

11월, 다산은 강진현康津縣으로, 정약전은 흑산도黑山島로 유배되었다.

1802년
41세, 순조 2년

큰아들 학연이 와서 아버지 다산을 뵈었다.

겨울에 넷째 아들 농장이 요절했다는 소식이 왔다. 이제 겨우 네 살이었다.

1803년
42세, 순조 3년

봄에 『단궁잠오檀弓箴誤』를 지었다.

여름에 『조전고弔奠考』를 지었다.

겨울에 『예전상의광禮箋喪儀匡』을 지었다.

1804년
43세, 순조 4년

봄에 『아학편훈의兒學編訓義』를 지었다.

1805년
44세, 순조 5년

여름에 『정체전중변正體傳重辨』 3권을 지었다. 『정체전중변』은 『기해방례변己亥邦禮辨』이라고도 한다.

겨울에 큰아들 학연이 찾아왔다. 이에 보은산방寶恩山房에 나가 밤낮으로 『주역』과 『예기』를 가르쳤다. 아들 학연이 의심스러운 부분에 관해 질문했는데, 아버지 다산이 그에 대해 답변한 내용을 기록하여 책으로 엮었다. 바로 52조목으로 된 『승암문답僧菴問答』이다.

1807년
46세, 순조 7년

5월에 장손長孫 대림大林이 태어났다.

7월에 형의 아들 학초學樵가 세상을 떠났다는 소식을

들고, 조카의 묘갈명을 썼다. 『상례사전喪禮四箋』 50권을 만들었다.

겨울에 『예전상구정禮箋喪具訂』 6권을 지었다.

1808년
47세, 순조 8년

봄에 거처를 다산茶山초당으로 옮겼다. '다산초당'은 강진현 남쪽에 있는 만덕사萬德寺의 서쪽에 있는데, 다산의 외가 친척인 처사處士 윤단尹慱이 만덕산 속에 지은 정자다. 정약용은 다산초당으로 거처를 옮긴 뒤, 대臺를 쌓고, 못을 파고, 꽃나무를 줄지어 심고, 물을 끌어 폭포를 만들고, 동쪽 서쪽에 두 암자를 짓고, 서적 1000여 권을 쌓아 놓고 글을 지으며 스스로 즐겼다. 뒤편의 큰 바위에는 '정석丁石' 두 글자를 새겼다. 이 무렵 『주역』의 어려운 부분을 들추어 『다산문답』 1권을 썼다.

봄에 둘째 아들 학유가 찾아왔다.

여름에 집안 대대로 이어 나가야 할 가훈家訓에 해당하는 '가계家誡'를 썼다.

겨울에 『제례고정祭禮考定』을 지었다. 또 『주역심전周易心箋』도 지었다. 『독역요지讀易要旨』 18조목을 지었고, 『역례비석易例比釋』도 지었다.

『춘추관점春秋官占』에 여러 이론을 보충하여 주석을 했다. 「대상전大象傳」, 「시괘전蓍卦傳」을 풀이하고, 「설괘전說卦傳」에서 잘못되었다고 생각한 부분을 고쳐 썼다.
『주역서언周易緒言』12권을 만들었다.

1809년
48세, 순조 9년

봄에『예전상복상禮箋喪服商』을 지었고,『상례외편喪禮外篇』12권도 만들었다.

가을에『시경강의詩經講義』를 재편집하였다. 그 내용은『모시강의毛詩講義』12권을 첫머리에 놓고, 별도로『시경강의보유詩經講義補遺』3권을 지었다.

1810년
49세, 순조 10년

봄에『관례작의冠禮酌儀』,『가례작의嘉禮酌儀』를 지었다.

봄과 여름, 그리고 가을에 3차례에 걸쳐 '가계家誡'를 썼다.

9월에 큰아들 학연이 바라를 치며 아버지의 억울함을 상소했다. 이를 계기로 특별 사면이나 유배에서 풀려날 기회가 있었으나, 홍명주의 상소와 이기경의 건의 때문에 석방되지 못했다.

겨울에『소학주관小學珠串』을 만들었다.

1811년
50세, 순조 11년

봄에『아방강역고我邦疆域考』를 지었다.

겨울에『예전상기별禮箋喪期別』을 만들었다.

1812년
51세, 순조 12년

봄에 『민보의民堡議』를 지었다.

겨울에 『춘추고징春秋考徵』 12권을 만들었다. 그리고 「아암탑문兒菴塔文」을 지었다.

1813년
52세, 순조 13년

겨울에 『논어고금주論語古今注』를 지었다. 이 책은 여러 해 동안 자료를 수집하여 이해 겨울에 완성했는데 40권이다. 이강회李綱會와 윤동尹峒이 도왔다. 『논어』에 대해서는 다른 의견이나 해설이 너무나 많았다. 그러므로 「원의총괄原義總括」 표를 만들어 「학이學而」 편에서 「요왈堯曰」 편까지 원래의 뜻을 총괄하여 정리했는데, 모두 175조목이다. 춘추삼전春秋三傳이나 『국어』에 실린 공자의 말을 모아 한 편을 만들어 책 끝에 붙였다. 「춘추성언수春秋聖言蒐」 63장이 그것이다.

1814년
53세, 순조 14년

4월에 장령掌令 조장한趙章漢이 사헌부에 나아가 특별히 건의하여, 죄인 명부에서 정약용의 이름이 삭제되었다. 그때 의금부에서 공문을 발송하여 석방하려고 했다. 그러나 강준흠姜浚欽이 상소하여 공문을 발송하지 못했다.

여름에 『맹자요의孟子要義』를 지었다.

가을에 『대학공의大學公議』 3권을 지었고, 『중용자잠中庸自箴』 3권과 『중용강의보中庸講義補』를 만들었다.

겨울에 『대동수경大東水經』을 지었다. 또 이여홍李汝弘/
李載毅의 편지에 답하여 '학문學問'과 '사변思辨'의 의의
를 논의했다.

1815년
54세, 순조 15년

봄에 『심경밀험心經密驗』과 『소학지언小學枝言』을 지었다.

1816년
55세, 순조 16년

봄에 『악서고존樂書孤存』을 지었다.

6월, 형 정약전이 세상을 떠났다는 소식을 들었다. 그
리고 형의 묘지명을 썼다.

1817년
56세, 순조 17년

가을에 『상의절요喪儀節要』를 지었다. 그리고 『방례초
본邦禮艸本』의 저술을 시작했는데, 끝내지는 못했다. 이
책은 나중에, 그 유명한 『경세유표經世遺表』로 명칭을
바꿨다.

1818년
57세, 순조 18년

봄에 『목민심서牧民心書』를 지었다.

여름에 『국조전례고國朝典禮考』 2권을 만들었다.

8월에 이태순李泰淳의 상소로 유배에서 해제되는 공문
이 도착했다. 정약용은 다산초당을 떠나 14일 열수의

본래 집으로 돌아왔다.

1819년
58세, 순조 19년

여름에 『흠흠신서欽欽新書』를 지었다. 이 책의 처음 이름은 『명청록明淸錄』이었다. 나중에 『서경』「우서虞書」에 나오는 "흠재흠재欽哉欽哉"라는 구절을 모방하여 명칭을 고쳤다. "흠재흠재"는 '형벌을 신중히 하라!'는 뜻을 지니고 있어 책의 내용에 적합했기 때문이다.

겨울에 『아언각비雅言覺非』 3권을 만들었다.

1820년
59세, 순조 20년

겨울에 외가 쪽 친척인 옹산翁山 윤정언尹正言의 묘지명을 지었다.

1821년
60세, 순조 21년

봄에 『사대고례산보事大考例刪補』를 지었다.

겨울에 외가 쪽 친척인 남고南皐 윤지범尹持範의 묘지명을 썼다.

1822년
61세, 순조 22년

다산 정약용이 회갑을 맞았다.

다산은 자신의 일생을 담은 『자찬묘지명』을 지었다.

외가 쪽 친척인 윤지눌尹持訥과 신유박해 때 유배를 당했던 이유수李儒修의 묘지명을 썼다.

평소 벼슬에 나가지 않고, 경학에 밝았을 뿐만 아니라 양명학이나 노장 사상에도 조예가 깊었으며, 다산과 친분이 두터웠던 학자 신작申綽의 편지에 답하면서 『주례周禮』의 육향제六鄕制에 대해 논의했다.

1823년
62세, 순조 23년

9월 28일, 정부에서 승지承旨 후보로 낙점되었으나 얼마 후 취소되었다.

1827년
66세, 순조 27년

10월에 윤극배尹克培가 아직도 정약용이 '천주교를 믿고 있다!'라고 상소하여, 참혹하게 무고하였다.

1830년
69세, 순조 30년

5월 5일에 약원藥院에서 달여서 마시는 한약과 관련된 일로 부호군副護軍에 추천되었다. 당시 순조의 아들인 익종翼宗이 위독하여 약원에서 어떤 약으로 처방하면 좋은지를 요청했다. 그리고 약을 달여 올리기로 했는데, 채 올리기도 전인 다음 날, 6일에 세상을 떠났다.

1834년
73세, 순조 34년

봄에 『상서고훈尙書古訓』과 『지원록知遠錄』을 수정 보완하고 합하여, 모두 21권으로 만들었다.

가을에 다산초당에 있을 때, 『상서』를 읽으면서 매색梅賾의 잘못된 이론을 바로잡아 저술했던 『매씨서평

梅氏書平』을 개정했다. 매색은 중국 동진東晉 시대의 학자다. 당시에 『고문상서』는 소실된 것으로 알고 있었는데, 매색이 『고문상서』 58편을 발굴했다고 주장하며 황제에게 바쳤다. 이 책에 오류가 있는 부분들을 다산이 바로잡았다.

이때 순조 임금의 병환이 깊은 시기였고, 임금을 만나기 위해 명을 받들고 서울로 올라왔다. 그러나 창경궁의 정문인 홍화문弘化門에서 임금이 세상을 떠났다는 소식을 들었다. 이에 이튿날 고향으로 돌아왔다.

1836년
75세, 헌종 2년

2월 22일 아침 8시 무렵, 고향 집의 별채에서 삶을 마감했다.

이날은 다산이 결혼한 지 60년이 되는 회혼일回婚日이었다. 친척들이 모두 왔고 문하생들도 다 모였다.

장례 절차는 평소 다산이 부탁한 말과 『상의절요喪儀節要』를 따랐다. 1822년 회갑 때, 다산은 조그마한 첩帖을 잘라 당부의 말을 적어 두었다. 『자찬묘지명』, 이것이 장례 절차를 일러 주었다.

4월 1일에 『자찬묘지명』에서 남긴 말대로, 여유당與猶堂 뒤편 광주廣州 초부방草阜坊 마현리馬峴里 자좌子坐의 언덕에 장사를 지냈다.

1910년
다산 사후 74년

다산 정약용이 세상을 떠나고, 70여 년이 지난 1910년 7월 18일, 나라에서는 다산을 특별히 정헌대부正憲大夫 규장각제학奎章閣提學으로 추증追贈하고, 문도공文度公이라는 시호를 내렸다.

정조가 묻고 다산이 답하다

1판 1쇄 찍음 2025년 4월 28일
1판 1쇄 펴냄 2025년 5월 14일

지은이 | 신창호
발행인 | 박근섭
책임편집 | 정지영
펴낸곳 | 판미동

출판등록 | 2009. 10. 8 (제2009-000273호)
주소 | 06027 서울 강남구 도산대로 1길 62 강남출판문화센터 5층
전화 | 영업부 515-2000 편집부 3446-8774 팩시밀리 515-2007
홈페이지 | panmidong.minumsa.com

도서 파본 등의 이유로 반송이 필요할 경우에는 구매처에서 교환하시고
출판사 교환이 필요할 경우에는 아래 주소로 반송 사유를 적어 도서와 함께 보내주세요.
06027 서울 강남구 도산대로 1길 62 강남출판문화센터 6층 민음인 마케팅부

© 신창호, 2025. Printed in Seoul, Korea
ISBN 979-11-7052-603-2 03910

판미동은 민음사 출판 그룹의 브랜드입니다.